JN109574

新装版 **The Nuts and Bolts of Workplace English**

即戦力がつく ビジネス英会話

基本から
応用まで

アルク

はじめに

2007 年に刊行された『即戦力がつくビジネス英会話 基本から応用まで』は、おかげさまで、増刷を重ね売上部数は 10 万部を超えました。数あるビジネス英会話本の中からよくぞこの本を選んでくださったと感謝の気持ちでいっぱいになります。

見聞きしてきた現場の実務英語を、手加減せず、そのままお伝えしている本であるため、学習者向けに加工してあるものと比べ、とっつきにくい感じがあったとは思いますが、レビューのコンセンサスは「辛かったけれど、実際に使えて報われた」というもののようで、わが意を得た思いがします。改めてお礼申し上げます。

本書は、もともとは NHK ラジオ「ビジネス英会話」テキストの 2004 年 4 月号から 9 月号として書いたものですが、書籍化に当たって、語釈等ずいぶんと書き足し、内容の充実をはかりました。

また、今回の新装化にともない、時代に合わせて内容の一部を新しくしております。

ハンディサイズは、本書を持ち運びたい方のご要望に応えるものです。隙間時間も活用して学習したいと願う読者の方々のお役に立てば幸いです。音声は、語学学習アプリ booco を利用すれば、スマートフォンでどこでもお聴きいただけます。

今回の新装化によって、本書がより多くの方々の英語力を高める一助となれば幸いです。

2024 年 7 月
日向清人

目次

基礎編

実践編

本書の構成と学習の進め方

本書は、「基礎編」3章、「実践編」3章の6章、全52レッスンからなり、各レッスンは、以下のとおり、DIALOG ／ FOCUSと、2レッスンごとのCHECK UP で構成されています。「基礎編」では、業種を問わず必須のコミュニケーションスキルを扱っています。初心者・上級者を問わず、しっかりマスターしていただきたい分野で、初心者の方は、充実した語句注という補助輪付きでビジネス英語の世界に触れることができ、上級者の方はこの方面の「標準語」を確かめることができるでしょう。「実践編」では、会議・交渉・プレゼンに関わる言い回しを扱っています。関心の強い部分、どこから取り組んでいただいても結構です。各章冒頭の内容紹介を参考に選んでいただけます。

レッスンの構成

DIALOG— 会話

ビジネス現場で交わされるやりとりを、聞いて理解できるようになるためのダイアログです。難しく感じる部分もあるでしょうが、何を言っているかわかる程度までは音声を聴き込んでください。単語や決まり文句は覚えていくようにしましょう。
※一部 PRESENTATIONあり

Translation
会話のニュアンスを伝える訳

Vocabulary
辞書なしで読める語句注

ダイアログ
ビジネス現場のリアルな会話

イラスト
内容理解を助けるイラスト

FOCUS— フレーズ解説

仕事現場で最低限必要な基本フレーズを覚えます。聞いてわかるだけでなくみずから言えるようにするためのフレーズです。状況別に整理して、覚えやすく配置してありますので、反復練習してしっかり身につけてください。

Key Phrase
Dialog から抜粋したフレーズ

基本フレーズ＋解説
状況別基本フレーズと使い方がわかる解説

[more] FOCUSの基本フレーズの応用表現や、より守備範囲が広がるフレーズを取り上げています。余裕のあるときに取り組んでください。

CHECK UP— エクササイズ

DIALOG ／ FOCUSのチェックコーナーです。FOCUSのコーナーでは基本フレーズを確認して言えるようにし、DIALOGのコーナーではディクテーションを行い、聞き取りができているか確認します。答えは元の文を参照してください。

DIALOG
DIALOG のディクテーション（空欄の聴き取り）

FOCUS
FOCUSの基本フレーズを書いて言ってみる（moreの文も少し入っています）

学習の進め方

STEP 1
DIALOG
　　音声をダウンロード（手順は p.10）して会話を聴いてください。聴き取れない場合は、英文を読んで内容をよく理解してください。語句注やイラスト、そして英文のニュアンスを伝える和訳がありますので、イメージを膨らませながらしっかり読んでください。内容を理解したら、繰り返し音声を聴きましょう。少なくとも4回は聴くようにしてください。

STEP 2
FOCUS
　　解説を読んで基本フレーズを理解したら、音声を繰り返し聴き、音声の後について言ってみましょう。英文は、いくつかの単語のうちの一つの音節だけが強く聞こえ、他はそれに吸収される感じであること、強く発音される部分が一定間隔のビートに乗っていることなどを意識しながら、声を出して反復練習しましょう。
　　more コーナーも学習の進め方は同じですが、難しいと感じた場合は、まずしっかり読んで内容をよく理解してから、音声について声を出して練習しましょう。

STEP 3
CHECK UP
　　FOCUS のコーナーでは、基本フレーズの太字部分を中心に書いてみて、記憶を確かなものにします。DIALOG のコーナーでは、音声を聴きながら空欄部分の英語を書き取るか、あるいは頭に浮かべてみましょう。ディクテーションは、リスニングとライティング（＝文法）の力が総合的に試される効果的な練習として、ヨーロッパでは古くから行われています。書き取りは本書に書き込むのではなく、別にノートを用意してください。

基本フレーズの反復練習について

　　FOCUS の基本フレーズは、仕事の現場で英語を使う人々にとっては、まさに The Nutsand Bolts of Workplace English（本書の英語タイトル）の the nuts and bolts であり、いちいち考えなくても使えるようにならねばならない「下位技能」です。いくらしゃれた言い回しを学んでも、この下位部分が不安定では台無しです。難しく感じるかもしれませんが、ビジネスで普通に話そうという以上、これなしでは済まない性質のものばかりです。基本フレーズを、状況に応じた表現がぱっと頭に浮かび、口を突いて出るようになるまで口頭での反復練習を続けてください。その際、音のつながり具合に注意しながら、どういう「音のかたまり」になっているのかを捉えていくのがポイントです。

　　語学の達人と言われる人たちも、こうした地道な訓練を経ているものです。D. キーン、E. G. サイデンステッカー、E. ライシャワーといった日本語の大家を輩出した、戦時中の米海軍日本語学校がいい例です。1日14時間、週6日、年50週で新聞を読み、日常会話をこなせるようになった速習プログラムですが、訓練の柱は口頭による反復練習でした。教官向けマニュアルには余計な説明はするなとまで書いてあったそうです。

　　字が読めなくても英語を話している人が大勢いる事実が示すとおり、言語は音が本質ですから、何度も音声を聴いてマスターしてください。

無料

本書の学習用音声の入手方法
本書の学習用の音声を、以下の方法で無料提供しています

 スマートフォンの場合

英語学習 booco【無料】

アルクが無料提供しているアプリです。リピート再生や数秒の巻き戻し・早送り、読み上げスピード調整、学習記録、目標設定などが可能です。また、電子版の購入もできます。

【手順】

❶ 英語学習 boocoのダウンロード

スマートフォンに、英語学習boocoをダウンロード。
※App Store、Google Playから「booco」で検索。

 ◀ **QRコードを読み取って boocoをインストール**

❷ 本書を探す

ホーム画面下の「さがす」ページで、
商品コード**7024043**で検索。

❸ 本書の音声をダウンロード

 パソコンの場合

以下のサイトで本書の商品コード**7024043**で検索してください。

アルクのダウンロードセンター
https://portal-dlc.alc.co.jp/

基礎編

Chapter 1

ビジネス
コミュニケーション
入門

Introduction to
Business Communication

Chapter 1

ビジネスコミュニケーション入門
Introduction to Business Communication

内容紹介

　第１章は慣らし運転かたがた、ビジネス用語を織り込んだスモールトークで始めます。スモールトークとは言いますが、決して「スモール」ではありません。英語が公用語化しているような外資系企業で、基本フレーズの暗記で何とかミーティングやプレゼンをこなしている中級レベルの人でも、このあたりになると苦労しているものです。たとえば、休憩などで外国人と一緒になったりすると、話がもたず、ばつの悪い思いをしているのが一般的です。英語の世界は以心伝心が通じず、口に出して初めてカウントされる世界ですから、状況に応じた会話が成り立つように、よく使われる言い回しのセットを体得しておく必要があります。そこで、会話のきっかけを作るのに使われるフレーズや、話が途切れないようにするための間投詞などを織り込んだ会話例を組み立ててみました。

　ビジネス英会話をこなせるようになるためには、こうした会話で使われるツールとしてのフレーズの意味合いを理解し、あとは条件反射的に口を突いて出る域に達するまで反復練習を続けることです。この種のフレーズを研究対象にしてしまい、ああだこうだと論評しているような方は決して話せるようになりません。He who can, does.He who cannot, teaches. という言葉があるぐらいですから、昔から自分でできない人に限って、人様にあれこれ指南したりするのでしょう。そういったことにならないよう、DO 志向で、地道な練習を繰り返してツールを身につけていきましょう。

ダイアログ紹介

▶ スモールトークをこなす（**1**）Making Small Talk (1)

Lesson 1　同僚を紹介する　Introducing your Colleagues

　自己紹介や同僚の紹介は簡単だと軽んじられがちです。しかし、ビジネスでは、「何をどういう順番で言うのか」「同僚を紹介するため、呼びかける相手は誰か」が様式化されていますので、意識しなくても自動的にできるぐらいにイメージに植えつけておく必要があります。繰り返し聴いて、パターンを覚えてしまいましょう。

Lesson 2　自己紹介をする　Introducing Yourself

　初めて出会った若い社員と研修生のカジュアルな雰囲気のやり取りで、余計なものが省かれているために、キビキビとしたやりとりになっています。話し言葉では、書くときとは語順が違っていたり、聞き手が頭の中で自動的に補充できる言葉はどんどん省略されたりするので、ここではそういうことに気をつけてダイアログを聴いてください。

Lesson 3　空港で取引先の人を出迎える　Meeting a Customer at the Airport

　　自己紹介と並んで、外国からの訪問客の出迎えも、ビジネス英語でよく取り上げられるシーンですが、ここでも話し言葉特有の表現が多数出てきます。I'm sorry to hear that.は Sorry to hear that. と I'm を省き、Fortunately, I have not encountered an air pocket. がFortunately not. になっています。こうしたことに注意して耳を傾けてください。

Lesson 4　仕事仲間に別れのあいさつをする　Saying Farewell to a Colleague

　　帰国する人とちょっとしたあいさつを交わす機会はよくあります。英会話の本やレッスンで正面から取り上げられることはないようですが、ここで出てくる discourse marker と呼ばれる、Ah, Um, Well といった言葉は、「何て言ったらいいのかなあ、すぐに言葉が出てこないので、ちょっと待ってくださいな」という合図を相手に送っているわけで、実際の会話では、一つ一つが重要な役割を果たしています。

▶ 食事に誘う、会食する　Talking over a Meal

Lesson 5　同僚とおしゃべりをする　Chatting with a Co-worker

　　同僚との食事は、ビジネスコミュニケーションの重要な場にもなります。スモールトークの力をつけて会話を楽しむことが、英語力全般のアップにつながります。こうした場面では、話し手のメッセージを一語に簡略化したものとも言える Now、Oh、Okay、Right、Fineなどが、実は大変大きな役割を果たしています。気をつけて聴いてみてください。

Lesson 6　顧客と食事をする　Having a Client Dinner

　　英語で行う顧客との食事は、慣れないと気が重いこともあると思いますが、場面ごとによく使われる基本的な言い回しを押さえておけば、なんとかなります。ここでは「私はこれを注文します」などというとき、I will have ～ か、I'm going to have ～ か、つまり willとgoing toのどちらを使うのかという、初心者が迷いがちな点に注目して学習を進めます。

▶ 出退勤時のあいさつ　Exchanging Greetings at Work

Lesson 7　仕事仲間に出勤時のあいさつをする　Saying Hello to your Co-worker

　　1日の始まりに会社で顔を合わせたときのスモールトークです。ここでは、What's the matter with you? Watch yourself! I appreciate the concern. Good for you. など、相手に対する思いやりの言葉が主体です。英語圏の人々は、文化的にそういう訓練を子どもの頃から受けているのか、相手の立場に立ったものの言い方に徹する感じがあります。

Lesson 8　仕事仲間に退勤時のあいさつをする　Saying Good-bye to your Co-worker

　　日本語だと一仕事終わった相手に対しては「よかったね」ぐらいのことしか言いませんが、英語だとそこから更に踏み込んで、「じゃあ、早く帰りなよ。よくやったんだから」というふうに、ただのあいさつにプラスして何かしらコメントするものです。そのせいか、おしゃべりな人ほど英語の上達も早いのが一般的です。

Lesson 1 ▶ スモールトークをこなす(1)-①

Introducing your Colleagues

001

John Benson of Digital English is waiting in XYZ Trading's visitor's room when Kazunori Tanaka comes in with a co-worker.

Benson: John Benson, Vice President for Marketing, Digital English. Good morning, Tanaka-san. And nice to meet you all.

Tanaka: Good morning, Mr. Benson. Welcome to XYZ Trading. Good to see you again. How are you?

B: Fine, thank you. And you?

T: Very well, thank you.

B: Oh, and congratulations on your promotion to senior managing director.

T: Thank you. Mr. Benson, I'd like to introduce Jiro Saito. He heads up our China operations.

B: How do you do, Saito-san? Here, this is my card.

Saito: How do you do, Mr. Benson? Here's my card.

T: Er, my boss, I mean my immediate supervisor, is supposed to be here, but she's running late, I'm afraid.

Mukai: Sorry I'm late. Hanako Mukai, Regional Director, Asia and Pacific.

B: Pleased to meet you. This is my business card. Mukai-san, your reputation has preceded you.

M: Nothing bad, I hope.

B: Of course not. I've heard a lot of good things about you from our mutual friend David Morse of XYZ America.

M: Is that right? It's a small world, isn't it?

DIALOG 同僚を紹介する

Translation

デジタル・イングリッシュ社のジョン・ベンソン
が XYZ 商事の応接室で待っていると、田中和
典が同僚を連れて入ってきます。

ベンソン：ジョン・ベンソン。デジタル・イングリッ
シュのマーケティング担当副社長でございま
す。おはようございます、田中さん。皆さん
にお目にかかれて、うれしく思います。

田中：おはようございます、ベンソンさん。XYZ
商事にようこそ。またお目にかかれて、うれ
しいことです。どうですか、その後？

ベンソン：元気でやっております。どうですか、
そちらは？

田中：大変元気です、ありがとうございます。

ベンソン：そうそう、専務取締役へのご昇進、
おめでとうございます。

田中：ありがとうございます。ベンソンさん、斉
藤次郎をご紹介します。中国での事業の責
任者です。

ベンソン：斉藤さん、初めまして。名刺でござい
ます。

斉藤：ベンソンさん、初めまして。私の名刺です。

田中：うーん、私のボスが、いや、つまり、直
属の上司がここに来ていなければならないん
ですが、彼女、あいにく遅れていまして。

向井：遅くなって申し訳ありません。向井華子、
アジア太平洋地区担当の地域統括部長でご
ざいます。

ベンソン：お目にかかれてうれしく思います。私
の名刺です。向井さん、おうわさはかねがね
耳にしております。

向井：悪いうわさではないでしょうね。

ベンソン：もちろん、そんなことはありません。
共通の友人、XYZ アメリカのデイビッド・モー
スさんがずいぶんとほめていました。

向井：そうでしたか。世間は狭いですね。

Vocabulary

introduce ~ ～を紹介する

colleague 同僚 ＊colleague「col（共
に）league（選ばれたもの）」

co-worker 同僚

Vice President for Marketing マ
ーケティング担当副社長 ＊vice「副、
次」。米国の「副社長」は部長クラス
のこともある。日本でいう「副社長」は
executive vice president とも言う

Nice to meet you. 初めまして。
＊Pleased to meet you. とも言う。all
を足すと「皆さん」ということ

Good to see you again. またお目
にかかれてうれしく思います。＊再会の
場合には meet ではなく see を使う

Congratulations on ~. ～おめでと
う。

promotion 昇進 ＊「降格」は
demotion

senior managing director 専務
取締役 ＊managing director「（常務）
取締役」

head up ~ ～を率いる、～の長であ
る ＊head は名詞では「頭、長」

China operations 中国での事業
＊operation「事業、営業、業務」な
ど

card / business card 名刺

immediate supervisor 直属の上
司,所属長 ＊supervisor「super（上で）
visor（見る人）」

be supposed to ~ ～ということにな
っている

run late 遅れる、遅刻する
＊run=become

Regional Director 地域統括部長
＊director は「指揮する人」で、ここ
では「責任者」の意味

reputation 評判

precede 先行する ＊Your reputation
has preceded you.「あなたの評判があ
なたより先に着いています→おうわさは
かねがね耳にしております」

Lesson 1

Focus 人を紹介する

Key Phrase

Mr. Benson, I'd like to introduce Jiro Saito. He heads up our China operations.

ベンソンさん、斉藤次郎をご紹介します。中国での事業の責任者です。

人を紹介する場合、ビジネスの現場では、「立てるべき人（上位の人）」に声をかけ、その人に下位の立場の人の氏名を告げ、あわせて役職名などを伝えます。取引先の人は上位の人になります。レディーファースト（女性優先）はありません。

❶ 立てるべき人（上位）に声をかけ、紹介する人（下位）の氏名を告げる

〈社内序列で上位の人に下位の人を紹介する〉

Mr. Brown, I'd like to introduce Yoji Shinagawa.
（ブラウン部長、品川洋司をご紹介します）

〈取引先の人（上位）に社内の人（下位）を紹介する〉

Mr. Clark, I'd like to introduce the executive vice president of our company, Taro Mita.
（クラークさん、私どもの副社長、三田太郎をご紹介します）
■ executive vice president「副社長」

❷ 紹介する人の立場（役職名など）を説明する

〈役職名を言う〉

Mr. Nakata is the IT Manager.（中田は IT 部門の部長です）

〈～部門に属している／～畑のものだと言う〉

Ms. Koyama works in Accounting.（小山は経理部門で働いています）
※ in Accounting 部分は in the Accounting Department と同じです。in Accounting では、the は入りません。自社の部署名は in the Accounting Department のように、普通、大文字で始めます。

Mr. Ono's on the technical side.（小野は技術畑のものです）

〈～部門の責任者であると言う〉

Mr. Kubo is the head of our China operations.
■ head〈名〉「（集団の）長、責任者」

Mr. Kubo heads up our China operations.
■ head ～〈動〉「～の長である、～を率いる」
（久保は私どもの中国での事業の責任者です）
※句動詞(head up)を使うとインフォーマルな表現になります。

Mr. Takahara is responsible for Marketing.
（高原はマーケティングの責任者です）

※「〜の責任者です」は be in charge of 〜 とも言いますが、ややおおげさに聞こえるためか頻度は落ちます。また、「〜は…の責任者」は、〜 is the person in charge of ... とも言えますが、〜 is the head of ... のほうが多数派と思われます。

MORE　　　　　**人を紹介するときのバリエーション**　　003 🔊

　人を紹介する場合には、格式ばる必要がある場合、その必要はない場合などいろいろなケースがあります。状況に応じた言い方ができるようにしましょう。

● **格式ばる必要のない場合**
　　Kishi: Ms. Jones, this is Mr. Smith.
　　Jones: Hi, Mr. Smith. Nice to meet you.
　　Smith: Hi, Ms. Jones. Nice to meet you too.
　　（岸：ジョーンズさん、**こちらは**スミスさんです。　ジョーンズ：こんにちは、スミスさん、**初めまして**。スミス：こんにちは、ジョーンズさん、**初めまして**）

● **格式ばった言い方が必要な場合（相手が重要人物のときなど）**
　　Kishi: Ms. Jones, it is with great pleasure that I introduce
　　　　Mr.Smith, our controller.
　　Jones: I'm delighted to meet you, Mr. Smith.
　　Smith: I'm pleased to make your acquaintance. I've been
　　　　looking forward to meeting you.
　　（岸：ジョーンズさん、私どもの財務部長のスミスをご紹介させていただきます。
　　ジョーンズ：スミスさん、お目にかかれて**たいへんうれしく存じます**。
　　スミス：お近づきになれてうれしく思います。お会いできるのを楽しみにしておりました）
　　■ controller「経理の責任者」＊ここでは「財務部長」

● **自己紹介する場合**

　　〈一般社員同士で〉
　　Hi, I'm Roy Clark, a friend of Ken's.
　　（こんにちは。健の友人の**ロイ・クラークです**）

　　We haven't met. I'm Jim Hara.
　　（初めてお目にかかります。原ジムです）

　　〈初対面の人同士で改まったあいさつをする場合〉
　　White: How do you do? Rick White. Sales.
　　Lee: How do you do? John Lee. Logistics.
　　（ホワイト：初めまして。営業のリック・ホワイトです。　リー：初めまして。物流のジョン・リーです）
　　■ sales (department)「営業部」　logistics (department)「物流部」
　　※How do you do? には距離を置こうという姿勢が見えます。How do you do? と返すのが決まりです。

　　〈目上の人に対して〉
　　May I introduce myself? Ken Kono. Sales Manager, North
　　America.（自己紹介させていただきます。河野健。北米担当の営業課長です）

Lesson 2 ▶ スモールトークをこなす (1)- ②

Introducing Yourself

004 🔊

Taro Shibuya from Sales notices a foreigner in the lobby who seems to be having trouble and starts talking to him.

Shibuya: Care if I join you?

Adams: Not at all.

S: Taro Shibuya. I'm in Equity Sales.

A: William Adams. Ah, I'm just an intern and this is my first day here.

S: I noticed you still have your travel bag with you. Come straight from the airport?

A: Yeah. My instructions were to come straight here and report to the HR department. But I don't even know where it is.

S: Look, seems we have something in common. I'm only into my second week here and I find that organizational charts and seating charts don't tell you who reports to who.

A: I see what you mean. That's been my experience as well.

S: Tell me. You said you're on an internship. Does that mean you're still in school or something?

A: Er, yes. I'm still in university.

S: May I ask what university that is?

A: I'm still an undergraduate at Kahala University. Major's computer science. Computers are my life and passion.

S: Hmm...life and passion. Know what?

A: No, what?

S: I'm sure you'll be a welcome addition to our staff. We have some computers that crash all the time.

········o **DIALOG** 自己紹介をする

Translation

営業の渋谷太郎が、ロビーで困っている様子の
外国人を見かけ、話しかけています。

渋谷：ちょっと、よろしいですか?

アダムズ：どうぞどうぞ。

渋谷：渋谷太郎って言います。株式営業です。

アダムズ：ウィリアム・アダムズ。えー、実はた
だの研修生で、きょうが初日です。

渋谷：旅行カバンをまだ持ち歩いているけど、
空港からまっすぐ?

アダムズ：そう。ここにまっすぐ来て、人事部に
出頭せよという指示でね。ところが、その人
事部がどこにあるやらも全然わからないとい
う状態。

渋谷：いやあ、これは似ているね。こっちも入
社してまだたったの2週間。組織図や座席の
配置表をもらったところで、誰が誰の部下な
のかなんてわからないよ。

アダムズ：わかるね。同じ経験したよ。

渋谷：ちょっと聞いていいかな? 研修って言って
いたよね。まだ学生かなんかってこと?

アダムズ：うーん、そう、まだ大学生。

渋谷：どこの大学か聞いてかまわないかな?

アダムズ：カハラ大学の学部学生。専攻はコン
ピューター。コンピューターが生きがいかな。

渋谷：そうか生きがいね。こりゃいいや、わかる?

アダムズ：わかるって?

渋谷：歓迎されるよ、君は。しょっちゅうフリー
ズするパソコンが何台かあるんでね。

Vocabulary

introduce oneself 自己紹介する

**(Do [Would] you) care if I join
you?** 私がご一緒したら気になりま
すか。→ちょっとよろしいですか。*
= (Do [Would] you) mind if ~? care
「気にする」。Focus 参照

be in Equity Sales 所属は株式営業
である *「株式」は一般に stock/share
だが、正式には equity securities で、
証券会社では主にこちらが使われる。
be in ~ は work in ~ と同義

intern 研修生 *自らの専攻・将来の
キャリアに関連した就業体験のために、
企業で一時的に勤務する人

instructions 業務上の指示

report to ~ 〜に出頭する、報告する

HR department 人事部 *HR =
human resources「人材」で、「人
事部」の意味にもなる。personnel
department という人事部の言い方は
廃れつつある

organizational chart 組織図

seating chart 座席表

who reports to who(m) 誰が誰の
部下か *report to ~（〜の部下であ
る、指揮下にある）

on an internship 研修期間中で *
internship（研修生としての身分、研
修期間）

undergraduate 学部学生 *大学院
生は graduate student

major 専攻科目 *Major's は major
is の略

life and passion 生きがい *life（最
も大切なもの）、passion（夢中になるも
の）

Know what? わかる? *話を振ったり、
話題を変えたりするときの決まり文句

welcome addition 歓迎されて加わ
る人 *addition「加わる人や物」

staff 部員、スタッフ

crash （コンピューターが）まるで動かな
くなる、フリーズする

Lesson 2

Focus
出だしをカットして、きびきびした会話体に

005 🔊

Key Phrase

Care if I join you? — Not at all.
ちょっと、よろしいですか？ － どうぞどうぞ。

上の Care if ~ の文は、Do[Would] you care if I join you? の Do [Would] you が省略されたものです。インフォーマルな会話では、いちいち言わなくてもわかる主語や Do[Would] you の類はよくカットされます。こうしたセンスを身につけましょう。

❶ 疑問文では、be 動詞／助動詞＋主語（代名詞）をカット

ここで言う「助動詞」には、完了形の have も含みます。

〈Are you ~? の文では are、are you をカット〉
Are you tied up? → You tied up? → Tied up?（手一杯ですか）

〈Have you seen [heard] ~ ? の文では Have you（助動詞＋主語）をカット〉
Have you seen her lately? → Seen her lately?
（最近、彼女、見かけた？）

Have you heard about the huge deal? → Heard about the huge deal?
（巨額取引のこと、聞いてる？）

〈Do [Would] you ~? の文では、Do [Would] you（助動詞＋主語）をカット〉
Do you want another coffee? → You want another coffee? →
Want another coffee? → Another coffee?（コーヒー、もう一杯いかが）
※動詞自体も略されて名詞だけ残ることもあります。

Do you think they'll accept this? → Think they'll accept this?
（これ、先方がのむと思う？）

Would you like some more wine? → Like some more wine?
（ワイン、もう少しいかが）
※疑問文でのカットで注意を要するのは、IやItの前の助動詞は省略することができないことです。May I help you?をHelp you?にはできませんし、Is it down again?「また（システム）ダウンしたの」をIt down again?とも言えません。

❷ 疑問文ではない普通の文では、主語やthere isがよくカットされる

I thought as much. → Thought as much.
（だろうと思った）
※thinkのほか、Hope so.（だといいね）、Can't believe it.（信じられない）など、「私は思う」という類の動詞（think / hope / believe）では、よく主語が略されます。

We have to wait and see. → Have to wait and see.
（成りゆきを見ないと）

There's no problem. → No problem.
（問題ないです）

MORE | 場面別の自己紹介 | 006

　自己紹介については、前レッスンの "more" でも見ましたが、ここではカットの入っているケースを見てみましょう。

● 社員食堂など社内での自己紹介
　We met at John's farewell party. Remember? [= Do you remember?] Yoko Tsuji. I work in the Marketing Department [in Marketing]. / Yoko Tsuji. Marketing Department.
　（ジョンの送別会でお目にかかりました。覚えていらっしゃいますか。辻陽子です。マーケティング部で働いています）
　※I work in the ~ Department.をI work for the ~ Department.とは言いません。I work for ~は、I work for XYZ Trading.のように、勤めている会社名に対して使い、自分が所属する部署名には普通、使いません。

また、I work in the Marketing Department. では部署名に the を付けますが、Department を省略して I work in Marketing. と言ったり、Marketing Department. と前置詞なしで言ったりする場合には the を付けないことにも注意してください。

　○ **Taro Mita. Marketing Department.**
　× **Taro Mita. The Marketing Department.**

　Kishi: Visiting [= Are you visiting] from another office?
　Jones: Yes. I'm from the Singapore office.
　Kishi: Pleased to meet you. Saburo Kishi. I'm on the IT support team.
　（岸：よその支店からお見えですか。
　ジョーンズ：ええ。シンガポールオフィスから来ています。
　岸：お目にかかれてうれしいです。岸三郎です。ITサポートチームに所属しています）

● 外部のパーティーなどでの自己紹介
　Oka: Is this seat taken?
　Jones: I don't think so.
　Oka: Mind [= Would you mind] if I sit down here?
　Jones: No, please go ahead.
　Oka: Oh, we haven't met. Takashi Oka. Sales. XYZ Trading.
　（岡：この席は空いていますか。　　ジョーンズ：空いていると思います。
　岡：掛けてもいいでしょうか。　ジョーンズ：どうぞ。
　岡：初めてお目にかかります。岡隆司です。XYZ商事の営業におります）

発音も確認
してみよう

Focus 空欄を埋めて話してみよう

人を紹介する／出だしをカットして、きびきびした会話体に

---

1. ❶ クラークさん、私どもの副社長、三田太郎をご紹介します。

   M_ C___, I_ l__ t_ i_____ t_ e_____ v__
   p_____ o_ o__ c_____, T__ M__.

   002 🔊

---

2. ❷ 中田は IT 部門の部長です。

   M_ N____ i_ t__ I_ M_____.

---

3. 小山は経理部門で働いています。

   M_ K_____ w___ i_ A_____.

---

4. 久保は私どもの中国での事業の責任者です。

   M_ K___ h___ u_ o_ C___ o_____.

---

5. MORE こんにちは。健の友人のロイ・クラークです。

   H_, I'_ R_ C___, a f____ o_ K___.

   003 🔊

---

6. 初めてお目にかかります。原ジムです。

   W_ h_____ m__. I'_ J__ H___.

---

7. 自己紹介させていただきます。河野健。北米担当の営業課長です。

   M_ I i_____ m____? K__ K___. S___ M_____,
   N___ A_____.

---

8. MORE ジョンの送別会でお目にかかりました。

   W_ m__ a_ J____ f_____ p___.

   006 🔊

22

---

9. 辻陽子です。マーケティング部で働いています。

Y___ T___. I w___ i___ t___ M_____ D_____.

---

10. よその支店からお見えですか。

V_____ f____ a_____ o___?

---

11. ええ。シンガポールオフィスから来ています。

Y__. I'__ f____ t__ S_____ o____.

---

12. お目にかかれてうれしいです。岸三郎です。ITサポートチームに所属しています。

P_____ t_ m___ y__. S_____ K___. I'__ o_ t__ I_
s_____ t___.

---

13. 掛けてもいいでしょうか。

M___ i I s__ d____ h__?

---

14. どうぞ。

N_, p_____ g_ a____.

---

15. 初めてお目にかかります。岡隆司です。XYZ商事の営業におります。

O_, w_ h_____ m__. T_____ O__. S___. X__ T_____.

※ディクテーションは書き取り用のノートを用意することをお勧めします。

DIALOG 音声を聴き取ろう

001

Introducing your Colleagues

John Benson of Digital English is waiting in XYZ Trading's visitor's room when Kazunori Tanaka comes in with a co-worker.

Benson: John Benson, ____ _____ __ _____, Digital English. _____ _____, Tanaka-san. And ___ to _____ ___ all.

Tanaka: Good morning, Mr. Benson. Welcome __ XYZ Trading. _____ to ___ ___ _____. ____ __ ___?

B: ____, thank you. ____ ___?

T: Very well, thank you.

B: Oh, and _____ __ your _____ to _____ _____ _____.

T: Thank you. **Mr. Benson, I_ ___ to _____ Jiro Saito. He _____ __ our _____ _____.**

B: ____ do ___ __, Saito-san? Here, this is my ____.

Saito: How do you do, Mr. Benson? Here's my card.

T: Er, my ___s, I mean my _____ _____, is _____ __ be here, but she's _____ ___, I'm afraid.

Mukai: _____ __ ___. Hanako Mukai, _____ _____, Asia and Pacific.

B: _____ to _____ ___. This is my _____ ____. Mukai-san, your _____ has _____ you.

M: _____ ___, I hope.

B: Of course not. ___ _____ a __ of good things _____ ___ from our _____ _____ David Morse of XYZ America.

M: Is that right? ___ a _____ _____, isn't it?

Introducing Yourself

Taro Shibuya from Sales notices a foreigner in the lobby who seems to be having trouble and starts talking to him.

Shibuya: _____ _ I _____ _____?

Adams: _____ __ __.

S: Taro Shibuya. I'm __ Equity _____.

A: William Adams. Ah, I'm just an _____ and _____ _ my _____ _____ _____.

S: I _____ you still have your _____ ___ with you. _____ _____ from the airport?

A: Yeah. My _____ were to _____ _____ here and _____ _ the ___ _____. But I don't _____ _____ _____ __ _.

S: Look, _____ we have _____ in _____. I'm only into ___ _____ _____ here and I find that _____ _____ and _____ _____ don't tell you who _____ to _____.

A: I see _____ ___ _____. That's been my _____ __ ___.

S: Tell me. You said you're __ an _____. Does that _____ you're still in _____ or _____?

A: Er, yes. I'm still __ _____.

S: May I ask _____ _____ ___ _?

A: I'm still an _____ at Kahala University. _____'s _____ _____. Computers are my __ ___ _____.

S: Hmm ... life and passion._____ _____?

A: No, what?

S: I'm sure you'll be a _____ _____ __ our staff. We have some computers that _____ __ the _____.

Lesson 3 ▶ スモールトークをこなす (2)-①

Meeting a Customer at the Airport

007 🔊

Ryoji Kawai goes to Narita Airport to pick up Jim Patton, a client. In the car on the way downtown, they start talking.

Kawai: How was the flight?

Patton: Oh, we hit some air pockets, so it was pretty rough.

K: Sorry to hear that. Air pockets may not cause a plane to crash. But even so, they're unpleasant, aren't they?

P: Oh, unpleasant is too mild a word. That one was hair-raising. Have you ever encountered an air pocket?

K: Fortunately not. Oh, excuse me. Got to get the toll ticket ready. So, what do you think of our weather?

P: Much cooler than I thought.

K: Is it? What was it like in your part of the world?

P: Spring came early and was warmer than usual where I live.

K: And where is that, may I ask?

P: It's Rockford. Near Chicago.

K: Oh, Rockford.

P: By the way, what's the plan for the day?

K: We've booked you in a hotel close to our offices. You'll have some time to freshen up, of course, and then I'll pick you up at seven o'clock. Is that okay?

P: Perfect. And thank you for making all the arrangements.

……○ **DIALOG** 空港で取引先の人を出迎える

Translation

成田空港まで取引先のジム・パットンを出迎えに行った河合遼二。都心に向かう途中、車内で2人の会話が始まります。

河合：フライトはいかがでしたか。

パットン：いやあ、何度かエアポケット（乱気流）に入ってしまい、結構揺れましたね。

河合：それはお気の毒に。エアポケットのせいで飛行機は墜落しないでしょうが、やはり不愉快ですよね。

パットン：いやあ、不愉快なんてもんじゃありませんよ。あれは身の毛もよだつやつでしたね。エアポケット、経験されたことありますか。

河合：幸い、経験はありませんね。ちょっと失礼。（高速道路の）通行券を用意しませんと。

河合：それで、こちらの天気、どう思われます？

パットン：思っていたよりずっと寒いですね。

河合：そうですか。お住まいの所はどうでした？

パットン：私が住んでいる所では春が早めに来まして、いつもより暖かめですね。

河合：どちらですか、お住まいは？　差し支えなければ、ですが。

パットン：ロックフォードです。シカゴ近くの。

河合：ああ、ロックフォードですか。

パットン：ところで、今日の予定は？

河合：うちのオフィスの近くにあるホテルに予約を入れてあります。もちろん、一休みできる時間は考えてあります。そして、7時にお迎えにあがります。よろしいでしょうか？

パットン：申し分ありません。何から何まで手配していただき、ありがとうございます。

Vocabulary

pick up ~　～を車で迎えに行く＊本文では最後のほうに pick ~ up の形で出ている

client　顧客、取引先

downtown　都心（の商業地区）へ

hit an air pocket　エアポケットに入る＊機体が突然ストンと落ちる状態。hit「（障害に）行き当たる」、air pocket「急激な下降気流」

rough　荒れた、ひどい

Sorry to hear that.　それはお気の毒です。

cause ~ to crash　～が墜落する原因となる

unpleasant　不愉快な、いやな

too mild a word　弱すぎる表現

hair-raising　身の毛もよだつような、ぞっとさせる＊raise「立たせる」

encounter an air pocket　エアポケットに入る＊encounter「遭遇する」。hit an air pocket の言い換え

(I've) got to ~　私は～しなければならない＊I've は省略されている

get ~ ready　～を準備する

toll ticket　（有料道路などの）通行券＊toll「道路通行料」。toll-gate「（高速道路の）料金所」

What was it like?　それはどんな感じでしたか。

in your part of the world　あなたが住んでいらっしゃる所では

Rockford　ロックフォード＊米国イリノイ州の都市

plan for the day　きょうの予定

book ~ in a hotel　～のためにホテルを予約する＊booking「予約、ブッキング」

freshen up　（外出先などから戻って）身繕いをする

make arrangements　手配をする

Lesson 3

Focus 疑問詞のある疑問文を使いこなす

Key Phrase

So, what do you think of our weather?
それで、こちらの天気、どう思われます?

スモールトークをこなすコツの一つは、YES/NO で答えれば済む質問ではなく、Who や What などの疑問詞を使った質問で、話が長く続くようにすることです。ただ、意外に多くの人がこうした疑問文の作り方に迷うようです。慣れておきましょう。

❶ be動詞の文では〈疑問詞+be動詞+主語~?〉の形

be 動詞の文で、where、when、what、why、how などの疑問詞で始まる疑問文を作るときは、〈疑問詞+ be 動詞+主語~?〉の形になります。つまり、疑問詞の後に be動詞の疑問形(You are ~. → Are you ~? など)を続けます。

Where are you from? — I'm from Japan.
(どちらからいらっしゃっているん**ですか**。 — 日本からです)

When is he going to leave? — He's going to leave tomorrow.
(彼はいつ発つの**ですか**。 — 明日発ちます)

❷ 一般動詞の文では〈疑問詞+do/does/did+主語+動詞の原形~?〉の形

一般動詞の文で、where、when、what、why、how などの疑問詞で始まる疑問文を作るときは、〈疑問詞+ do/does/did +主語+動詞の原形~?〉の形にします。つまり、疑問詞の後に、助動詞 do、does、did などで始まる一般動詞の疑問形を続けます。

Where do you come from? — I come from Japan.
(ご出身はどちら**ですか**。 — 日本です)

When does he plan to leave? — He plans to leave tomorrow.
(彼はいつ発つ予定**ですか**。 — 明日発つ予定です)

Why did you say that?
(なぜそのようにおっしゃったの**ですか**)

❸ 一般動詞でも、主部を尋ねるときにはdo/does/didなどの助動詞は入らない

上で見たように、一般動詞の疑問文では、一般に do、does、did などの助動詞を使いますが、述部ではなく主部について尋ねるときには、こうした助動詞は入りません。

〈一般形〉

Which <u>do you prefer</u>?(どちらがいいですか)
※You prefer ~.の~部分(述部)を尋ねており、助動詞doが入ります。

〈主部について尋ねる形〉

Which costs more?（どちらがよりコストがかかりますか）
※~ costs more.の~部分（主部）を尋ねています。この場合、助動詞は入りません。

〈一般形〉

What <u>did</u> he disregard?（彼は**何を**無視したのですか）
※He disregarded ~.の~部分（述部）を尋ねており、助動詞 did を使います。

〈主部について尋ねる形〉

What changed?（何が変わったのですか）
※ ~ changed.の~部分（主部）を尋ねています。助動詞は使いません。

初対面で話す場合、よく使われる次のようなフレーズを覚えていると、スムーズに会話に入っていくことができます。〈疑問詞+ do you +動詞~?〉の形と、〈疑問詞+ be 動詞+主語~?〉の形があることを確かめながら見ていきましょう。

MORE

009

初対面の人とのスモールトークで よく使われるフレーズ

● 旅行等の感想を話してもらう

What do you think of Japan so far?
（日本でのご滞在、これまでのところ、**どうですか**）

How's your stay in Tokyo going?
（東京でのご滞在、**いかがですか**）

How do you like Japanese food?
（日本の食べ物は**いかがですか**）

● 天気の話をしてもらう

How do you find the weather here?
（**どうですか**、こちらの天候は?）

How was the weather back home?
（あちらの天候は**どうでしたか**）■ back home「自国［住んでいる所］では」

● 相手に自分の話をしてもらう

Where do you come from?
（ご出身はどちらですか）

What's your hometown like?
（住んでいらっしゃるのは、**どんな感じの所ですか**）

※What's your home town like?は、間違ってHow's your home town like?と言う人が多いようです。What's ... like?は町の様子や人のルックスなど、あまり変化しないものについて使い、How'sはHow's business?（仕事の調子はどう?）のように変化するものについて使います。

Lesson 4 ▶ スモールトークをこなす (2)-②

Saying Farewell to a Colleague

010

Judy Mita, on a short business trip from headquarters, talks with Hiroshi Tamura, with whom she has been working in Japan.

Mita: I'm glad I bumped into you. I'm leaving for Narita in an hour or so. But before that, I just wanted to ask you a question about something.

Tamura: You're leaving...so soon! Ah, anyway, what's the question?

M: Um, do you happen to know who prepared the promotion plan?

T: Well, it was that chatty girl in Sales... Um, her name doesn't come to mind. Oh, Tae — Takako... whatever. But her initials are TE for sure. Saw it on the circulation slip.

M: That's okay. Anyway, I can look it up in the company directory. Right, I really have to leave now.

T: I'm sorry to see you leave. It's been a pleasure working with you.

M: Me too. Oh, if there's anything that I can do for you at my end, just send me an e-mail.

T: Thank you. I sure will.

M: Any time.

T: Of course. But I mustn't keep you. Have a safe trip home.

M: Thanks. Take care. Bye.

T: And send my regards to your staff, who put together all the research.

M: I will. Well, I'd better be off. Keep in touch.

T: Good-bye.

DIALOG 仕事仲間に別れのあいさつをする

Translation

短期の出張で本社から来ていたジュディ・ミタが、日本に滞在中一緒に仕事をしてきた田村弘と話をしています。

ミタ：ああ、ちょうど会えてよかった。あと1時間くらいで成田に発つところなんだけれど、ちょっと聞いておきたいことがあったのよ。

田村：発つって、こんなに早いとはね。えー、で、聞きたいことって？

ミタ：えーっと、あの販促計画作ったの、誰だか知っている？

田村：えーっと、そうだな、営業にいるあのおしゃべりな娘で、うーん、名前が思い出せないな。そうだな、タエ、タカコとか、何かそんな。でも、イニシャルは確かに TE だよ。回覧用の付せんに載っていたから。

ミタ：ま、いいわ。何であれ、職員録で調べればいいんだし。じゃあ、これで行かなくちゃ。

田村：名残惜しいな。一緒に仕事できて、よかったよ。

ミタ：こちらこそ。そうそう、何か私のほうでできることがあったら、メールちょうだい。

田村：ありがとう。そうさせてもらうよ。

ミタ：いつでもどうぞ。

田村：了解。そろそろ行ったほうがいいんじゃない。旅行中気をつけて。

ミタ：ありがとう。元気でね。さようなら。

田村：それと、あの資料をまとめてくれた君のスタッフにもよろしく。

ミタ：ええ。じゃあ、これで、行かなくっちゃ。また連絡しますね。

田村：さようなら。

Vocabulary

say farewell to ~　～に別れを告げる ＊say good-bye to ~（Lesson 8 にある）より改まった表現

headquarters　本社 ＊必ず s が付く。head office とも言う

bump into ~　～に出くわす ＊bump「ドンとぶつかる」

leave for ~　～に向けて発つ

Do you happen to know ~?　ひょっとして～を知らない？ ＊happen to ~「偶然［たまたま］～する」

promotion plan　販促計画 ＊広告キャンペーンその他の販売促進策をまとめたもの。この promotion は sales promotion「販売促進」の意味

chatty　雑談好きの、おしゃべりな

Sales　営業部 ＊in Sales=in the Sales Department

for sure　確かに

Saw　＊I saw の I が略されている

circulation slip　回覧用の付せん ＊資料を何人かの間で回覧するときに、表紙につけるメモないし付せんで、回覧される人の名前が書いてある

look up ~　～を調べる

company directory　社員名簿、職員録 ＊誰がどの部署にいるかが書いてある。directory「人名簿」

Right　じゃあ、では ＊Focus 参照

at my end　私のほうで ＊end「端」。こちらの「端」という意味

send one's regards to ~　～によろしく伝える ＊regards「あいさつ、よろしくとの伝言」。send[give] ~ my (best) regards「～によろしくお伝えください」

put together　（計画などを）まとめる

I'd better be off.　私はここを離れたほうがよい→そろそろ行かなくちゃ。＊had better「～するほうがよい」、be off「ここを離れる（= leave）」。

keep in touch　連絡する ＊「連絡を取り合いましょう」の感じで、別れ際によく使われる

Lesson 4

Focus 会話の節目を伝える合図のいろいろ

> ### Key Phrase
>
> ## Ah, anyway, what's the question?
> えー、で、聞きたいことって？

会話が流れるようにするコツの一つは、しかるべき所で Anyway、Um、Well といった「合図 (discourse marker)」を入れていくことです。こうしたものには、話し手がしゃべろうとしていることの「位置づけ」を相手に知らせる意味あいもあります。

❶ Anyway ── 話を元に戻すときや、そろそろおしまいという合図として使う

Ah, anyway, you were saying?
(えー、ところで、何でしたっけ？)

Anyway, I can look it up in the company directory.
(何であれ、職員録で調べればいいんだし)

❷ Um ── 言葉を探したりして、言いよどむときに使う

Um, do you happen to know who prepared the promotion plan?
(えーっと、あの販促計画作ったの、誰だか知っている？)

Um, her name doesn't come to mind.
(うーん、名前が思い出せない)

❸ Well ── 言いよどんだり、話題を転じたりするときに使う

Well, it was that chatty girl in Sales....
(えーっと、営業にいるあのおしゃべりな娘で…)

Well, I'd better be off.
(じゃあ、これで、行かなくっちゃ)

次のように、相手の期待どおりではないことを言う際の緩衝材としてや、新たに話を始めるときにも使います。

Well, I don't think I can agree with that.
(うーむ、それには同意する気になれない)

Well, let's get down to business.
(それでは、始めましょう)

❹ Oh ── 迷いながら話したり、急に思いついたことを話したりするときに使う

Oh, Tae ── Takako... whatever.
(そう、タエ、タカコとか、何かそんな)

Oh, if there's anything that I can do for you at my end, just send me an e-mail.
(そうそう、何か私のほうでできることがあったら、メールちょうだい)

❺ Right — 話に区切りをつけて別のことを言い出すときなどに使う

Right, I really have to leave now.
（じゃあ、もうほんとに行かなくちゃ）

次のような場合にも使います。

Right, now you've all had your say. Let's have a show of hands.
（では、よろしいですね、皆さん、おっしゃりたいことは尽きたかと思います。挙手で決をとりましょう）　■ have one's say「意見を言う」　a show of hands「挙手」

❻ And — 情報を追加するのに使う

And, send my regards to your staff, who put together all the research.
（それと、あの資料をまとめてくれたスタッフにもよろしく）

MORE

その他の「合図」

so、now などもよく使われる合図です。例を見ておきましょう。

● So — 場面を転換し、新しい話題を打ち出したり、話の流れを受けたりするのに使う

So, what do you think of our weather?
（それで、こちらの天気、どう思われます？）

A: Okay, thanks for coming over. I look forward to seeing the report next month.
B: Sure. So, we'll be in touch next month.
（A：こんなところでしょうか。お越しくださり、ありがとうございました。来月になるという報告書、お待ちしています。
B：お任せください。**そういうことで**、来月、また連絡し合うということになりますね）

● Now — さて／ところで／次に／一方などの意味

A: So, please see to it that this document is hand-delivered to our outside counsel. Now, the other thing is, we'll have to send someone to meet Mr. James at Narita.
B: Okay, is that all, then?
A: Yes, that's it.
（A：それじゃ、この書類、メッセンジャー［手渡し］でうちの顧問弁護士に届くように手配してください。**さてと**、もう一つの件は、ジェームズさんを成田で出迎えるため、誰かに行ってもらう必要があるということです。
B：わかりました。それだけでしょうか、となると。
A：そう、以上です）　■ see to it that ~「（間違いなく）～となるよう取り計らう」

発音も確認
してみよう

Focus 空欄を埋めて話してみよう

疑問詞のある疑問文を使いこなす／会話の節目を伝える合図のいろいろ

---

1. ❶ どちらからいらっしゃっているんですか。

W____ a_ y__ f___?

008

---

2. ❷ ご出身はどちらですか。——日本です。

W____ d_ y__ c____ f___? — I c____ f____ J____.

---

3. ❸ どちらがいいですか。

W____ d_ y__ p____?

---

4. どちらがよりコストがかかりますか。

W____ c____ m__?

---

5. 彼は何を無視したのですか。

W___ d_ h_ d_____?

---

6. 何が変わったのですか。

W___ c_____?

---

7. ❶ 何であれ、職員録で調べればいいんだし。

A_____, I c__ l___ i_ u_ i_ t__ c_____ d_____.

011

---

8. ❷ うーん、名前が思い出せない。

U_, h__ n____ d____ c___ t_ m__.

---

9. ❸ じゃあ、これで、行かなくっちゃ。

W__, I'_ b____ b_ o_.

---

10. うーむ、それには同意する気になれない。

W__, I d___ t____ I c_ a____ w__ t__.

---

11. ❹ そう、タエ、タカコとか、何かそんな。

O_, T__, T_____... w_____.

---

12. そうそう、何か私のほうでできることがあったら、メールちょうだい。

O_, i_ t____ a_____ t__ I c_ d_ f_ y_ a_ m_
e__, j__ s___ m_ a_ e-mail.

---

13. ❺ じゃあ、もうほんとに行かなくちゃ。

R___, I r____ h__ t_ l___ n__.

---

14. ❻ それと、あの資料をまとめてくれたスタッフにもよろしく。

A__, s___ m_ r_____ t_ y___ staff, w__ p__ t_____
a_ t__ r_____.

---

15. MORE それで、こちらの天気、どう思われます？

S_, w___ d_ y__ t____ o_ o__ w_____?

012

DIALOG 音声を聴き取ろう

007

Meeting a Customer at the Airport

Ryoji Kawai goes to Narita Airport to pick up Jim Patton, a client. In the car on the way downtown, they start talking.

Kawai: ____ was the ____?

Patton: Oh, we __ some __ _____, so it was ____ ____.

K: ____ _ ___ ___. Air pockets may not ____ a plane _ ____.
But even so, they're _____, aren't they?

P: Oh, unpleasant is __ ___ a ____. That one was _____.
Have you ever _____ an __ ____?

K: _____ ___. Oh, excuse me. Got _ __ the __ ticket ____.

K: So, ____ _ __ ___ _ our weather?

P: Much ____ ___ I _____.

K: Is it? ____ ___ _ ___ in your ___ _ the ____?

P: Spring came ____ and was _____ ___ ____ where I live.

K: And ____ _ ___, may I ask?

P: __ Rockford. ___ _____.

K: Oh, Rockford.

P: By the way, what's the ____ _ the ___?

K: We've _____ you _ a ____ ___ _ our offices. You'll have some
time to _____ __, of course, and then I'll ___ ___ _ at seven
o'clock. _ ___ ____?

P: _____. And thank you for _____ all the _____.

Saying Farewell to a Colleague

010

Judy Mita, on a short business trip from headquarters, talks with Hiroshi Tamura, with whom she has been working in Japan.

Mita: I'm glad I _____ ____ you. I'm _____ __ Narita in an ____ __ __. But before that, I ___ _____ to ___ ___ a question about something.

Tamura: You're _____...so soon! Ah, _____, _____ the question?

M: Um, ___ ___ _____ to_____ who prepared the _____ ___?

T: Well, it was that _____ ___ in _____.... Um, her name _____ _____ __ _____. Oh, Tae — Takako... _____. But her initials are TE __ ____. ___ it on the _____ ___.

M: That's okay. Anyway, I can ____ it __ in the _____ _____. _____, I really ____ __ ____ now.

T: I'm sorry to ___ ___ ____. It's ____ a _____ _____ ____ you.

M: Me too. Oh, if _____ _____ ____ I can do for you __ my ___, just _____ __ an e-mail.

T: Thank you. I ____ ___.

M: Any time.

T: __ _____. But I _____ ____ you. Have a ___ ___ _____.

M: Thanks. ____ ____. Bye.

T: And ____ __ _____ __ your staff, who___ _____ all the research.

M: I will. Well, __ better __ __. Keep __ _____.

T: Good-bye.

Lesson 5 ▶ 食事に誘う、会食する①

Chatting with a Co-worker

013 🔊

Yoshio Ohmura is talking in the company cafeteria with Brian Black, who has just arrived from US headquarters.

Ohmura: So, the bottom line is, you'll need to change your visa status.

Black: How do I go about doing that?

O: The problem was explained to HR, and it's being taken care of. You'll hear from them shortly.

B: What a relief!

O: Now, on an entirely different subject, some of us are going to go have a drink after work. Would you care to join us?

B: Oh, actually, I don't touch alcohol, I mean, I don't drink. If I have even a drop of wine, I get dizzy.

O: Don't worry. We've all grown out of binge drinking. You can drink whatever you like. And at your own pace.

B: Who's coming?

O: People around our age. Nobody from management. It's nothing more than a chatty evening with friends, prattling on about who's who, and who does what in the company, and other stuff like that. But you do learn something at times, I must say.

B: Sounds interesting. Okay, count me in.

O: Right. We meet at the employee's entrance at 7:30.

B: Fine. See you later.

⋯⋯○ **DIALOG** 同僚とおしゃべりをする

Translation

社内のカフェテリアで大村良雄が、アメリカ本社からやって来た新人ブライアン・ブラックと話をしています。

大村：というわけで、結論は君の在留資格を変更する必要があるということなんだ。

ブラック：それって一体どうやったらいいのかな？

大村：この問題は人事部に説明済みで、処理が進められているから、近いうちに連絡があると思うよ。

ブラック：そりゃ大助かりだ。

大村：ところで、話変わって、何人かで仕事のあと飲みに行くけど、一緒にどう？

ブラック：いやあ、実は飲めないんだ。ワイン一滴でも、ふらふらになってしまうんでね。

大村：心配ないよ。みんな一気飲みのたぐいは卒業だから。好きなものを飲めばいいじゃない。自分のペースで。

ブラック：どんな人が来るの？

大村：われわれと同年輩の連中。管理職クラスは抜きでね。友達同士で夜、雑談している感じで、社内のどの人がどんなポストにいて、何をやっているのかといったことをあれこれしゃべっているだけさ。でも、時には役立つ情報をつかんだりするのも確かだな。

ブラック：そりゃおもしろそうだ。人数に入れておいてよ。

大村：了解。待ち合わせは、従業員通用口で7時半。

ブラック：いいよ。じゃあ、あとで。

Vocabulary

the bottom line is ~ 結論は〜だ＊bottom line は「企業の最終損益」を表すが、そこから転じて、「結論は」「要するに」「とどのつまり」という意味でも使われる

visa status （入国査証に示される）在留資格 ＊visa「入国査証」

go about ~ing 〜に取り組む、〜を処理する ＊= deal with ~

HR (department) 人事部

hear from ~ 〜から連絡をもらう

What a relief! ああ、ほっとした［助かった］。＊relief「安堵」

subject 話題、テーマ

go have a drink 飲みに行く ＊go and have ~「〜しに行く」の略

I don't touch alcohol. 私はお酒が飲めません。＊not touch alcohol「お酒が飲めない、飲まない」

get dizzy ふらふらになる、目が回る ＊dizzy〈形〉「目がくらむ」

grow out of ~ （比喩的に）〜は卒業する ＊grow「成長する」、out of ~「〜から離れて」

binge drinking むちゃ飲み ＊一気飲みなどのように大量のアルコールを短時間でとるような飲み方。binge [bindʒ]「（飲食、買い物を）しまくること」

management 経営者、管理職

nothing more than ~ 〜にすぎない

chatty 雑談好きの、おしゃべりな ＊chat「雑談（する）」

prattle on とりとめなく話し続ける ＊prattle「ぺちゃくちゃしゃべる」

who's who 誰が誰だか→誰がどのポストにいるか ＊「紳士録」の意味も

who does what 誰が何をしているか

stuff こと（発言や行為など）＊インフォーマルな表現

count ~ in （パーティーなどの参加者としてその人を）勘定に入れる ＊逆（入れない）は count ~ out

Fine. OKです。大丈夫です。＊Fine with [by] me. とも言う

Lesson 5

Focus 　自動詞と他動詞

Key Phrase

Oh, actually, I don't touch alcohol, I mean, I don't drink. (1)
いやあ、実は飲めないんだ。

You can drink whatever you like. (2)
好きなものを飲めばいいじゃない。

　上の (1) の drink は自動詞、(2) の drink は他動詞です。(1) の drink には目的語がありませんが、(2) には目的語 (whatever) があります。他動詞は必ず目的語を必要とし、自動詞は直接には目的語を取りません。例を見ていきましょう。

❶ 自動詞は直接には目的語を取らない

　次の文の wait は自動詞で、目的語 (you) を直接続けられませんから、I'll be waiting you... は間違いです。I'll be waiting for you... と、前置詞 for を後に置きます。

I'll be waiting for you in front of the reception desk.
（レセプションの前で**あなたをお待ち**しています）

※未来進行形〈will be ~ing〉は、「段取りとしてそういうことになっている」という意味で使われます。

❷ 他動詞は直接目的語を取る

I'd appreciate it if you could call me back later.
（折り返しお電話いただけると**大変ありがたい**のですが）　■ appreciate ~「〜に感謝する」

　他動詞は目的語を伴っていなければなりませんから、appreciate の後の it を落とさないよう注意が必要です。

Let's discuss our sales target.
（**売上目標の話をしましょう**）

　この文を Let's discuss about our sales target. とすると間違いになります。discuss は他動詞で、about などの前置詞を置かずに直接目的語を取ります。

❸ 自動詞と他動詞、いずれの用法もある動詞

　drink や open など、自動詞と他動詞どちらの用法もあり、どちらでも意味が変わらない動詞も多くあります。ただその一方で、自動詞か他動詞かで意味が違ってくる動詞もあり、注意を要します。次の decline の例を見てみましょう。

Our stock price declined yesterday.
（昨日、当社の株価が**下落した**）※ decline は自動詞で「低下する」

We declined their offer.
（当社は先方のオファーを**断った**）※ decline は他動詞で「断る」

④ 区別のポイント

他動詞は〈主語＋他動詞＋目的語〉がセットになっていて、動詞が目的語に手を差し出し、いつも目的語と手をつないでいるイメージです。これに対し、自動詞は〈主語＋自動詞〉で完結していて、目的語に差し出す手はありません。自動詞の後に目的語のような形で語を置くときには for、on などの前置詞が必要になります。

He is running a restaurant.（彼はレストランを経営している）

He is running for mayor.（彼は市長に立候補している）

上の run は他動詞、下の run は自動詞です。自動詞の場合、前置詞（この場合 for）を介して言葉をつなげます。

MORE

015

「一緒にどう?」と声をかけるときの言い回し

食堂などで「一緒にどう?」と声をかけたり、「一緒にどうですか」と食事に誘ったりする言い回しを見ていきましょう。

● **社員食堂で、見かけた知人に「一緒にどう?」と声をかける**
Jack: Jill, over here.
Jill: Hi, Jack.
Jack: Why don't you have a seat here?
（ジャック：ジル、こっち、こっち。
ジル：あら、ジャック。
ジャック：よかったら、こっちに座らない?［一緒にどう?］）

● **社員食堂で、こちらから「ご一緒していいですか」と声をかける**
May I join you?（ご一緒していいですか）
Would you mind if I join(ed) you?（ご一緒してもよろしいですか）

● **社員食堂で「席が空いていますか」と尋ねる**
Do you mind if I sit here?（こちらに掛けてもかまいませんか）
Is this seat open [taken/free]?（この席、空いていますか）
Are you saving this seat?（この席、どなたかいらっしゃるのですか）

● **食事に行くときに「一緒にどうですか」と声をかける**
Would you like to join us for dinner this evening?
（今晩、**一緒に夕食に行きませんか**）※ for の後は名詞（句）で受けます。
What do you say we eat out sometime this week?
（今週、**食事に行きませんか**）

Lesson 6 ▶ 食事に誘う、会食する ②

Having a Client Dinner

016

Kenji Shibata invited Amy Tang, a client, to a restaurant to mark the successful start of a merger.

Maître d'hôtel: Good evening. Would you like the menu?

Shibata: Thank you. And we'd like two glasses of champagne.

M: Very well.

S: What would you like as a starter?

Tang: I think I'll have the salmon.

S: And then?

T: Mmm. Everything sounds so tempting. I'm having trouble deciding. Any suggestions?

S: I always go for their seafood. But, of course, if you're not a big fish eater...

T: No. I am a seafood fan. Okay, I think I'll have the catch of the day with white wine butter sauce.

S: Mmm. Good choice. I'll have the clams steamed in a garlic butter broth.

Waiter: Here's your champagne.

S: Thank you. Well, here's to a successful launch.

T: Cheers! And here's to a successful partnership.

S: Tell me, Amy, what should I say if I'm asked to make a toast at a company function?

T: Well, something like "Please join me in drinking a toast to a successful launch," or whatever the occasion, is what you normally hear, I think.

S: Thank you.

DIALOG 顧客と食事をする

Translation

合併がうまくスタートしたことを祝って、柴田健二は、取引先のエイミー・タンをレストランに招待しました。

メートル・ドテル：こんばんは。メニューでございます。

柴田：ありがとう。グラスでシャンパンを2杯お願いします。

メートル・ドテル：かしこまりました。

柴田：前菜はいかがなさいますか。

タン：サーモンはどうかな、と思っています。

柴田：その次は？

タン：うーん。どれもみなおいしそうで。決めるのに苦労します。何かお勧めは？

柴田：私はいつもここのシーフードですね。もちろん、それほど魚がお好きでないとなると…

タン：いいえ、シーフードは大好きです。そうですね、この本日のお魚、白ワイン仕立てのバターソースでいきます。

柴田：うむ。いいですね。私は、ハマグリのガーリックバター蒸しにします。

ウェイター：シャンパンをお持ちしました。

柴田：ありがとう。それでは、今回のプロジェクトが無事スタートしたのを祝って、乾杯といきましょう。

タン：乾杯！ そして、パートナー関係がうまくくよう願って乾杯といきましょう。

柴田：ちょっと教えてください、エイミー。何か会社の行事で乾杯の音頭を取るよう言われたとしたら、どう言ったらいいのでしょう？

タン：そうですね、よく耳にするのは、様々な行事で「順調なスタートを祝って、皆さんと乾杯したいと存じます」というような言い方だと思いますね。

柴田：ありがとうございます。

Vocabulary

mark （出来事を）記念する

merger 合併

Maître d'hôtel [mèitrə doutél] メートル・ドテル *レストランのサービス責任者［給仕長］

champagne [ʃæmpéin] シャンパン

starter 前菜 *appetizer とも言う

tempting 〈形〉食欲（など）をそそる

have trouble (in) ~ing 〜するのに苦労する

suggestion お勧めのもの *recommendation と言うこともできる

go for ~ 〜を求める、選ぶ

fish eater 魚好きの人 *「肉好きの人」は meat eater、meat person と言うが、fish person という言い方はあまりしない

catch of the day 本日の鮮魚 *メニューでの言い方

clam 2枚貝（ハマグリやあさり）

broth [brɔːθ] ブロス、スープ *肉、魚、野菜などを煮出したスープ

Here's to ~. 〜に乾杯。

successful launch 順調な開始 *launch [lɔntʃ]（事業やプロジェクトの）開始、新発売

Cheers! 乾杯！ *アメリカ人は Bottoms up! とも言う

make a toast 乾杯の音頭をとる

company function 会社の行事［祝典］

join me 私と一緒にやる

drink a toast to ~ 〜のために乾杯する

whatever the occasion その他の行事 *本文は successful launch or whatever the occasion (may be) ということで、「順調なスタートとかそのほかのどのような行事であれ」の意味

normally 普通に *= usually

hear 耳にする

43

Lesson 6

Focus / will と be going to

017

Key Phrase

I think I'll have the salmon.
サーモンはどうかな、と思っています。

これからの話をするとき、とっさの判断で言うときには will を、心積もりが決まっている場合や、ある手がかりを基に見通しを語る場合には be going to を使います。

❶ will を使う場合

その場でぱっと決めた判断を伝えるのが will です。次の文で be going to を使うと、前々から電話に出るのを予定していたような妙な印象を与えてしまいます。

A: Can someone answer the phone?
B: I'll get it.
（A：誰か電話に出てくれる？ B：私が出ます）

will は、次の文のように、約束したり申し出たりするときにも使います。

A: I'll see you tomorrow, okay? B: Good. See you.
（A：明日会いましょう、いい？ B：いいよ。じゃあね）

❷ be going to を使う場合

週末や休暇などの予定を尋ねられたときなど、予定に基づいて「こういうつもりだ」ということを伝えたい場合は、もっぱら be going to を使います。

A: Any plans for the weekend? B: I'm going to play tennis.
（A：週末に何かするの？ B：テニスをします）

次のように、友だち同士のような気楽な場面で「自分はこうする」と伝えるときにも使えます。この場合 going to は gonna [ɡɔ́nə] という音になるのが普通です。

A: What are you going to have?
B: I'm going to [gonna] have a cheeseburger.
（A：何にする？ B：チーズバーガーにする）

※注意したいのは、be going to は既定のことを伝える要素が強いため、レストランに招待されて注文を申し出る際に I'm going to have ～. と言うのはストレート過ぎます。I'll have ～. と、will を使ったほうが無難です。

❸ will と be going to の微妙な違い

will も be going to も、見通しを語るときに使われますが、以下の 1) の文のように、話し手がこうなるだろうと主観的な見通しを語るのであれば will を使い、2) のように、現時点でそう言える材料があって、それを基に見通しを語るような場合には be going to を使うというのが一般的です。

1) It's unwise to extend further credit to them. I have this hunch that they'll collapse sooner or later.
(これ以上あの会社に貸すのは賢明ではない。私の勘では、遅かれ早かれ破綻するような気がする) ■ extend credit「貸し付ける」 hunch「勘」

2) All indications suggest that they're going to collapse sooner or later.
(すべての徴候は彼らが遅かれ早かれ破綻することを示唆している) ■ indication「徴候、兆し」 suggest「示唆する、何わせる」

> ### MORE
> **会食のとき役立つ決まり文句**
>
> 018
>
> 会食した場合に、始まりと終わりの決まり文句を知らないとつらいものです。役立つ決まり文句を覚えておきましょう。
>
> ● **会食の始まりに使う決まり文句**
> **Would you care for a drink?**(何か飲み物はいかがですか)
> **What would you like as a starter?**(前菜[オードブル]はどうなさいますか)
>
> ● **会食の終盤に使う決まり文句**
> **I hope you liked the food.**(お食事はお口に合いましたか)
> **How did you like the food?**(お食事はいかがでしたか)
> **Everything was delicious, and I thoroughly enjoyed our evening.**
> (すべてがおいしく、ほんとうに楽しい晩でした)
>
> ● **料理の感想を言う決まり文句**
> ※以下が代表的表現です。absolutely ~「実に~」という言い方を押さえておきましょう。
> **The clams were absolutely fresh and perfectly seasoned.**
> (ハマグリが実に新鮮で、味つけも申し分ありませんでした)
> **The meat was absolutely tender and full of flavor.**
> (お肉が実にやわらかく、とてもおいしかったです)
> **Your choice of wine was excellent [superb/inspired].**
> (選んでくださったワインは逸品でした)
>
> ● **ワインを勧める決まり文句**
> **Would you care for some wine? Red [White], perhaps.**
> (ワインなどいかがでしょう。赤[白]とか)
> **I think a Riesling should go well with your fish.**
> (あなたのお魚料理には[ワインは]リースリングが合うと思います)

発音も確認
してみよう

Focus 空欄を埋めて話してみよう

自動詞と他動詞 / will と be going to

---

1. ❶ レセプションの前であなたをお待ちしています。

I'_ b_ w____ f_ y__ i_ f___ o_ t__ r_____ d__.

014

---

2. ❷ 売上目標の話をしましょう。

L__ d_____ o_ s___ t____.

---

3. ❸ 昨日、当社の株価が下落した。

O__ s___ p___ d_____ y_____.

---

4. 当社は先方のオファーを断った。

W_ d_____ t___ o___.

---

5. ❹ 彼はレストランを経営している。

H_ i_ r_____ a r_____.

---

6. 彼は市長に立候補している。

H_ i_ r_____ f__ m____.

---

7. ❶ 誰か電話に出てくれる？

C__ s_____ a_____ t__ p____?

017

---

8. 私が出ます。

I'_ g__ i_.

---

9. 明日会いましょう、いい？

I'_ s__ y__ t_____, ____?

---

10. ❷ 週末に何かするの？

A__ p___ f_ t__ w_____?

---

11. テニスをします。

I'_ g____ t_ p__ t____.

---

12. 何にする?[何を注文する?]

W___ a_ y__ g___ t_ h___?

---

13. チーズバーガーにする。

I'_ g____ t_ h___ a c_____.

---

14. ❸ 私の勘では、遅かれ早かれ破綻するような気がする。

I h__ t__ h____ t__ t____ c_____ s____ o_ l___.

---

15. すべての徴候は彼らが遅かれ早かれ破綻することを示唆している。

A_ i_____ s_____ t__ t____ g__ t_ c_____
s____ o_ l___.

DIALOG 音声を聴き取ろう

013

Chatting with a Co-worker

Yoshio Ohmura is talking in the company cafeteria with Brian Black, who has just arrived from US headquarters.

Ohmura: So, ___ bottom ___ is, you'll ____ __ _____ your ___
_____.

Black: How do I __ _____ _____ that?

O: The problem was _____ to ___, and it's ____ ____ ___ __.
You'll ____ ____ them _____.

B: ____ a ____!

O: Now, on an _____ different _____, some of us are going to __
____ a ____ after work. _____ ___ ___ to ____ __?

B: Oh, actually, I ____ ____ _____, I mean, I don't drink. If I
have ____ a ____ of ____, I ___ ____.

O: Don't worry. We've all _____ ___ __ ____ _____. You can
drink _____ ___ ___. And at ____ ____ ____.

B: _____ _____?

O: People _____ ___ ___. Nobody from _____. It's _____
____ ____ a _____ evening with friends, _____ __ about ____
____, and ____ ____ ____ in the company, and other ____ like
that. But you __ ____ something __ _____, I must say.

B: _____ interesting. Okay, _____ me __.

O: ____. We meet at the _____ _____ at ___.

B: Fine. ___ ___ ___.

Having a Client Dinner

Kenji Shibata invited Amy Tang, a client, to a restaurant to mark the successful start of a merger.

_____: Good evening. _____ ___ ___ the _____?

Shibata: Thank you. And ____ ___ two _____ of champagne.

M: Very well.

S: ____ _____ ___ ___ as a _____?

Tang: I think I'll have the salmon.

S: And then?

T: Mmm. Everything _____ so _____. I'm _____ _____ _____. Any _____?

S: I always __ __ their seafood. But, of course, _ you're ___ a big ___ ____…

T: No. I am a _____ ___. Okay, I think __ ____ the _____ _ the ___ ____ white wine butter sauce.

S: Mmm. _____ _____. __ ____ the _____ _____ in a garlic butter _____.

Waiter: Here's your champagne.

S: Thank you. Well, here's to a _____ _____.

T: _____! And here's to a _____ _____.

S: Tell me, Amy, ____ _____ I ___ _ I'm asked to _____ a ____ at a _____ _____?

T: Well, something like "Please ___ __ in _____ a ____ _ a successful launch." or whatever the occasion, is what you _____ ___, I think.

S: Thank you.

Lesson 7 ▶ 出退勤時のあいさつ ①

Saying Hello to your Co-worker

019

Mary Bell, a junior investment banker, walks into work. Alex Harris, her colleague, looks exhausted.

Bell: Morning, Alex.

Harris: Morning, Mary.

B: What's the matter with you? You look haggard!

H: Do I look that bad?

B: Yes, you do. Go have a look in the mirror and you'll see what I mean.

H: Well, I'm assigned to a team doing a road show for an IPO. You know what it's like. I've been working 16-hour days lately.

B: But that's two full workdays! How can you do that?

H: Easy. Just when I'm about to go to bed, I get tons of emails with huge attachments and my cellphone starts ringing incessantly. You know the rest.

B: Oh, I get it. Watch yourself! **You'll get stuck in a rut and burn out.** That's what'll happen if you go on like this.

H: You can say that again. I appreciate the concern. But it'll be over and things will be back to normal in a couple of days.

B: Good for you. Anyway, don't work too hard.

H: Thank you. I'll try not to.

······○ **DIALOG** 仕事仲間に出勤時のあいさつをする

Translation

朝、投資銀行部門の若手社員であるメリー・ベルが出勤してくると、同僚のアレックス・ハリスは疲れきった様子でいました。

ベル：おはよう、アレックス。

ハリス：おはよう、メリー。

ベル：どうしたの？　げっそりしているじゃない。

ハリス：そんなにひどい？

ベル：ひどいわよ。鏡を見たほうがいいわよ。言っている意味がわかるから。

ハリス：IPO に備えたロードショーを担当しているチームに配属されていてね。わかるでしょう、どんなだか。このところずっと 1 日 16 時間労働だよ。

ベル：でもそれってまるまる 2 日分の労働時間じゃない。どうしてそうなるの？

ハリス：何でもないさ。ベッドに入ろうとすると膨大な添付資料付きのメールが山のように到来するし、携帯電話が休みなく鳴り続けるって具合さ。あとはわかるでしょう？

ベル：ああ、そういうことね。気を付けないとだめよ。溝にはまったままで、燃え尽きちゃうからね。そうなるわ、このままで行くと。

ハリス：言えてるね。お気遣い、ありがとう。でも、あと 2、3 日もすれば終わって、普段どおりの仕事に戻れるよ。

ベル：それはよかった。とにかく働くのもほどほどにね。

ハリス：ありがとう。そう心がけてみるよ。

Vocabulary

say hello to ~　〜にあいさつをする

investment banker　投資銀行業務の専門家

What's the matter with you?　一体どうしたの？ *the matter「困難、難儀」

haggard　げっそりした

be assigned to ~　〜へ配属される *assign ... to ~ に「…を〜に任命する、就かせる」。発音は [əsáin]

road show　ロードショー *株式公開などで資金調達を予定している企業による、投資家向け説明会

IPO　新規株式公開 *initial public offering の略で、initial「新規の」、public offering「公に売りに出すこと→株式公開」。企業の株式が、証券取引所での売買の対象となること

16-hour (work)day　1 日 16 時間労働

workday　1 日 の 労 働 時 間 *workweek は「1 週間の労働時間」

be about to ~　まさに〜しようとしている

cellphone　携 帯 電 話 *= cellular phone. 英国では mobile phone

incessantly　絶え間なく、ひっきりなしに

the rest　そのあと、残り

get stuck in a rut　溝にはまって動けなくなる *stuck は動詞 stick「くっつく」の過去分詞。機能的には「はまり込んで動かなくなる」という意味の形容詞。rut「溝」

You can say that again.　君の言うとおりだ。まったくだ。

I appreciate the concern.　お気遣いをありがとう。*appreciate「高く評価する、ありがたく思う」

be over　終わっている

things　事態、状況

be back to normal　平常に戻る *return to normal とも言う

Good for you.　それはよかった。

51

Lesson 7

Focus　一味違う受動態

020

> **Key Phrase**
>
> **You'll get stuck in a rut and burn out.**
> 溝にはまったままで、燃え尽きちゃうからね。

上の文の get stuck のように、get を使った受動態は、本人と無関係の力が働いていることを強調する意味合いで、会話ではよく使われます。どのような場面でこうした受動態が使われるかを、be 動詞の受動態のケースも含めて見ていきましょう。

❶ 〈get＋過去分詞〉のニュアンス

〈予想外のこと、特にネガティブな意味合いのことを言う〉

I got stuck in a traffic jam.（交通渋滞にはまって動けなくなった）
■ stuck stick「くっ付く」（stick-stuck-stuck）の過去分詞で、機能的には形容詞「はまり込んで動かなくなる」

He suddenly got demoted.（彼は突然降格された）

上の例はいずれも、I was stuck ~.、He was demoted. とも言えますが、get を使うと本人の力ではどうしようもない状況であることが強調されます。

〈例外的に、本人に都合よくいったことも表す〉

She got promoted.（彼女は昇格した）

He got picked for the development team.（彼は開発チームのメンバーに抜てきされた）

❷ 〈get/have＋名詞＋過去分詞〉という応用形のニュアンス

〈他の人、特に専門とする人に何かをやってもらう、と言う〉

I'll have the agreement reviewed by the legal department.
（法務部に契約書を見直してもらおう）

〈自分たちにはコントロールできない被害であることを言う〉

We got our server hacked three times last year.
（去年、3 回、うちのサーバーをハッカーにやられた）

ネガティブなニュアンスがあるときは、have より get を使うほうが一般的です。

❸ be動詞の受動態がよく使われるケース

英文では一般に受動態より能動態で表すことが多いのですが、以下のような場合には、〈be 動詞＋過去分詞〉の受動態が多く使われます。

〈行った主体より行われた内容に重点がある場合〉

The company was founded in 1998.（その会社は1998年に設立された）

※「誰が設立したか」を述べるなら、~ founded the company...の形になりますが、話の焦点はここでは「誰が」より「設立された」にあるため、受動態が使われます。

〈相手にカドがたたないようにしたい場合〉

Smoking is prohibited.（喫煙は**禁じられています**）
※ここでWe prohibit your smoking.などとするとカドがたちます。

〈話し手にとって重要なことを主語にしたい場合〉

Our shipment was lost in transit.（当社の荷が運送中に**なくなってしまった**）
※話し手にとって、荷の紛失という事実のほうが、誰が持っていったかより重要であるため、荷を主語とした受動態で表しています。

MORE

021

出勤時に同僚と交わすあいさつの定番

同僚と顔を合わせたときのあいさつの表現を、状況別に見ておきましょう。

● 出勤初日の場合

Hello, I'm Greg Smith. This is my first day here.
（こんにちは。グレッグ・スミスと申します。今日からお世話になります）

● 週明けの場合

Jill: Good morning, Jack! How was your weekend?
Jack: Great, the video conference went really well.
（ジル：おはよう、ジャック。週末どうだった？ ジャック：よかったよ。テレビ会議がうまくいってね）

返答は、大してよくなかった場合でも Great. ぐらいの表現で返します。また、ファーストネームを入れて親しみを出すのが慣行です。

● 相手が休暇から戻ってきた場合

Jill: Hi, Jack. How was your vacation? Did you have fun?
Jack: Hi, Jill. It was just great, thank you. But I've used up all my annual leave.
（ジル：あら、ジャック。休暇どうだった？ 楽しんだ？ ジャック：やあ、ジル。実によかったよ、ありがとう。でも有給休暇を使い果たしちゃったよ）
※長めの休暇の後に顔を合わせたときは、Welcome back!も使います。

● 病欠していた人と顔を合わせた場合

Jill: Hi, Jack. Is everything okay?
Jack: I was down with a bad cold. But I'm feeling much better. Thank you.
（ジル：あら、ジャック。どう、大丈夫？ ジャック：ひどい風邪をひいちゃって。でも、だいぶ良くなったよ。ありがとう）

Lesson 8 ▶ 出退勤時のあいさつ ②

Saying Good-bye to your Co-worker

022

Mary Bell is on her way out of the office, after pretty much finishing up a backlog of work. On the way out, she speaks to Akira Yamamoto.

Bell: I'm leaving for the day, Akira.

Yamamoto: Oh, you managed to clear the backlog, then?

B: Not really. But I was able to get the bulk of it done today. I'm pretty sure I'll be done with the rest of it in about two hours.

Y: Good. Off you go. Take that well-earned rest.

B: Um, can I ask you a favor?

Y: Sure, anything.

B: If Emi, I mean Emi, the secretary to Mr. Carter, comes looking for me or, rather, one of these files, just tell her everything will be ready by noon.

Y: Got it. The emphasis is on "by noon," right? It's supposed to soothe their nerves.

B: Exactly. Ah, can I ask you another favor?

Y: Well, it depends. Try me. But, I'm leaving in about an hour myself.

B: That's okay. If someone from IT shows up, tell him or her that my PC is running slow. I put in a help request two days ago, but haven't heard from them yet. I know our IT department is understaffed. But this is too much, isn't it?

Y: I couldn't agree more! Don't they realize it's a misnomer to call them the "help" desk?

......o **DIALOG** 仕事仲間に退勤時のあいさつをする

Translation

たまっていた仕事をだいたい片付けて、メリー・ベルが帰ろうとしています。出がけに山本明に声をかけました。

ベル：今日はここまで。明、お先に。

山本：じゃあ、たまっていた仕事を何とか片付けたんだね。

ベル：いや、そうでもないかな。でもね、今日であらかた処理できたわ。きっと、あと2時間もあれば残りが片付くでしょう。

山本：そりゃよかった。もう、帰りなよ。帰ってゆっくり休む資格大ありだもんな。

ベル：えっと、ちょっと頼まれてくれるかしら？

山本：いいよ、何なりと。

ベル：江美、あのカーターさんの秘書の江美が来て、私を、いや、と言うか、このファイルのどれかを探しに来たら、昼までにはすべて用意できてるって伝えて。

山本：了解。「昼まで」ってのがミソなんだ。でしょ？ やきもきしている気持ちをなだめるってことなんだ。

ベル：そう、そのとおり。うーん、もう一つ頼んでいい？

山本：そうね、ことによるね。まあ、言ってみなよ。ただ、こっちもあと1時間ほどで帰るよ。

ベル：それは大丈夫。IT から誰か来たら、その人に、私の PC の動作が遅いって言ってもらえるかしら？ 2日前にヘルプデスクに頼んだんだけれど、何も言ってこないのよ。うちの IT が人手不足なのはわかっているけれど、あんまりじゃない、ねえ。

山本：同感！ 「ヘルプ」デスクって言ってるけど、名前負けしているの、わかっているのかな？

Vocabulary

pretty much ほぼ *= almost

backlog やり残した仕事 *log「貯蔵してある薪（まき）」

I'm leaving for the day. 今日はここまでにして帰ります。*for the day「今日のところは」。I'll call it a day.「今日はこれまでにします」などとも言う

manage to ~ 何とか～する

get ~ done ～を済ませる

bulk of ~ ～の大部分 *bulk「主要部分」

be done with ~ ～を済ませる

that その *強意の形容詞

well-earned rest 当然の休息 *well-earned「受けるに十分値する」

Can I ask you a favor? お願いがあるのですが。*favor [féivər]「好意、援助」。Can I ask a favor (of you)? などとも言う。Lesson 17 Focus 参照

secretary to ~ ～付きの秘書

file （関係書類を入れた）ファイル［書類入れ］

emphasis [émfəsis] 強調（点）

soothe one's nerves ～の神経を静める、～の気持ちをなだめる

IT (department) システム部、IT 部 *企業内でコンピューターその他システム関係を担当している部署。IT は information technology の略

PC パソコン *personal computer

run slow （機械などの）動作が遅くなる

put in ~ ～を申請する

help request （IT 部門に出す）サポートの依頼

understaffed 人手不足の *staff「職員を配置する」

I couldn't agree more. 同感。*You can say that again! と同じ

misnomer [misnóumər] 似つかわしくない命名、名前負けしていること

help desk ヘルプデスク *顧客や社員の問い合わせに対応する企業内の部門

Lesson 8

Focus　センテンスの一部を強調する

Key Phrase

Off you go.
もう、帰りなよ。

上の文は You go off.（go off「立ち去る」）の off が文頭に出ています。このように英文では、強調したい部分を先頭に出すことがあります。語順が普通でないと、聞き手も「何かある」と緊張して聞くことになります。もう少し詳しく見ていきましょう。

❶ 副詞が強調されている例

Off we go.（さあ、行きましょう）

引率の教師がよく使う表現ですが、比較的インフォーマルな会話表現です。同僚同士では使いますが、目上の人には使えません。次の表現も同じです。

Now you tell me!（何よ、**今**になって！　言うならもっと前に言ってよ！）

❷ 形容詞が強調されている例

Right you are.（そのとおり）

You are right. の right「正しい」が先頭に置かれ、強調されています。この表現はよく使われますが、Wrong you are. という言い方は聞きません。

❸ 副詞句や名詞句が強調されている例

〈副詞句の場合〉

副詞句は副詞と同様、動詞、形容詞、副詞、文全体を修飾します。次の文の on the whole は〈前置詞（on）＋名詞句（the whole）〉で副詞句です。

On the whole, the arrangements are okay.
（**概ね**、段取りはいいんじゃない）

この文は The arrangements are okay on the whole. の on the whole「概ね」が強調されて先頭に出たものです。

次の文のように just now「たった今」、on the right「右手に」など、時間や場所を表す副詞句が強調されて、先頭に置かれることもよくあります。

Just now, I was told that the Board approved our proposal.
（**たった今**、取締役会がわれわれの提案を承認したと聞きました）

〈名詞句の場合〉

名詞句は、普通名詞と同じように、主語、補語、目的語になる、一連の単語群です。次の文の this issue も、短いですが名詞句です。

This issue we have already discussed.
（この問題はすでに検討済みです）

この文では We have already discussed this issue. の this issue が先頭に出されて強調されています。会議の席などで、ちょっと改まった感じで、このように目的語を前に置く人もいます。次は文の補語（a nice guy）が強調されたケースです。

A nice guy he is.（いい人よ、彼は）

MORE

024 🔊

退勤時のあいさつのバリエーション

● 平日のやりとり

　　Jack: I'm going home now. See you tomorrow.

　　Jill: See you. Go straight home!
（ジャック：お先。じゃあ、また、あした。　ジル：じゃあね。まっすぐ帰るのよ）

相手が自動車通勤の場合、Drive safely.「運転、気をつけてね」とよく言います。相手は普通、I will, thank you.「もちろん」と応じます。

● 上司にうかがいを立ててから退社する場合

　　I've finished today's work. If there isn't anything urgent, I'd like to call it a day.
（今日の仕事は終わりました。何か急ぎのものがなければ、きょうはこれで失礼させていただきます）■ call it a day「（仕事などを）終わりにする」

● 週末を控えている場合（金曜日の退勤時）

　　Jack: Have a nice weekend.

　　Jill: You too, Jack.
（ジャック：ウィークエンド、楽しんでね。ジル：そっちもね、ジャック）

　　Jack: See you on Monday, Jill.

　　Jill: See you. / Take care. / Take it easy.
（ジャック：ジル、また月曜に。ジル：じゃあね）

※Take care.やTake it easy.は直訳すると「気をつけて」や「気楽にね、のんびりね」になりますが、軽く「じゃあね」の感じで頻繁に使われます。

●「休みをとるよ」と知らせる場合

　　Jack: I'm taking a day off tomorrow.

　　Jill: Okay, have a good day.
（ジャック：明日休みをとるんだ。ジル：わかったわ、楽しんでらっしゃい）

※I'm going to take ~とも言えますが、I'm taking ~と（近未来）進行形にすると、休暇届を出しているなど、手はずが整っているニュアンスが出ます。休暇が1週間ぐらいのときは、I'll be gone for a week on vacation. See you.（休暇で1週間いないけど、またね）と言ったりします。

発音も確認
してみよう

🔊

Focus 空欄を埋めて話してみよう

一味違う受動態／センテンスの一部を強調する

---

1. ❶ 交通渋滞にはまって動けなくなった。

I g__ s___ i_ a t_____ j__.

020
🔊

---

2. 彼は突然降格された。

H_ s_____ g__ d_____.

---

3. 彼女は昇格した。

S__ g__ p_____.

---

4. ❷ 法務部に契約書を見直してもらおう。

I'_ h__ t__ a_____ r_____ b_ t__ l__ d_____.

---

5. 去年、3 回、うちのサーバーをハッカーにやられた。

W_ g__ o__ s____ h_____ t___ t____ l__ y__.

---

6. ❸ その会社は 1998 年に設立された。

T__ c_____ w__ f_____ i_ 1998.

---

7. 喫煙は禁じられています。

S_____ i_ p_____.

---

8. 当社の荷が運送中になくなってしまった。

O__ s_____ w__ l__ i_ t_____.

---

9. ❶ さあ、行きましょう。

O_ w_ g_.

023
🔊

---

10. 何よ、今になって！／言うならもっと前に言ってよ！

N__ y__ t__ m__!

11. ❷ そのとおり。

R___ y__ a__.

12. ❸ 概ね、段取りはいいんじゃない。

O_ t__ w___, t__ a_____ a__ o___.

13. たった今、取締役会がわれわれの提案を承認したと聞きました。

J__ n__, I w__ t__ t__ t__ B____ a_____ o__

p_____.

14. この問題はすでに検討済みです。

T__ i____ w__ h___ a_____ d_____.

15. いい人よ、彼は。

A n__ g__ h_ i_.

DIALOG 音声を聴き取ろう

019

Saying Hello to your Co-worker

Mary Bell, a junior investment banker, walks into work. Alex Harris, her colleague, looks exhausted.

Bell: Morning, Alex.

Harris: Morning, Mary.

B: _____ the _____ ____ ___? You ____ _____!

H: Do I ____ ____ ___?

B: Yes, you do. __ ____ a ____ in the _____ and ____ __ what I mean.

H: Well, I'm _____ __ a team doing a ____ ____ for an ___. You know what __ ___. I've been _____ _____ ____ lately.

B: But that's ____ ___ _____! How can you __ ___?

H: Easy. Just when I'm _____ __ go to bed, I get tons of emails with huge attachments and my ___p____ starts ringing incessantly. You know ___ ___.

B: Oh, I get it. Watch yourself! **You'll** g_ s___ i_ **a r__ and** b___ o__. That's _____ _____ if you __ __ like this.

H: ___ ___ ___ that again. I _____ the _____. But it'll __ ____ and _____ will be ____ to _____ in a _____ of days.

B: ____ __ ___. Anyway, don't work ___ ____.

H: Thank you. I'll ___ ___ __.

022

Saying Good-by to your Co-worker

Mary Bell is on her way out of the office, after pretty much finishing up a backlog of work. On the way out, she speaks to Akira Yamamoto.

Bell: _____ __ the ___, Akira.

Yamamoto: Oh, you _____ __ clear the _____, then?

B: ___ ____. But I was able to ___ the ____ __it ____ today. I'm _____ ___ I'll be ____ ___ the ___ of it in about ___ hours.

Y: Good. ___ ___ __. Take that _____ ___.

B: Um, ___ I ___ ___ a ____?

Y: ____, anything.

B: If Emi, I mean Emi, the _____ __ Mr. Carter, comes l_____ f__ me or, r____, one of these f___, just tell her e_____ w_ b_ r____ by noon.

Y: G__ i_. The e_____ is on "by noon," right? It's s_____ to s_____ their nerves.

B: E_____. Ah, can I ask you a_____ f___?

Y: Well, i_ d_____. T__ m_. But, I'm l_____ in a____ an h___ myself.

B: That's okay. If someone from IT s_____ u_, tell him or her that my PC r_____ s___. I p__i_ a h___ r_____ two days ago, but h_____ h___ f___ them y__. I know our IT department is u_____. But this is too much, isn't it?

Y: I c_____ a___ m___! Don't they r_____ it's a m_____ to c__ them the "help" desk?

Chapter 2

社外との
コミュニケーション

Managing External
Communication

Chapter 2
社外とのコミュニケーション
Managing External Communication

内容紹介

　第1章で慣らし運転は終了しましたので、第2章では「社外とのコミュニケーション」というくくりで、ビジネス独特の用語用例を積極的に取り上げていきます。まずはアポイントの取り方での約束事、相手のオフィスに行ってからの話の切り出し方から始めます。基本中の基本中ですが、レッスンで取り上げたことをしっかり身につければ、誰でもある程度こなせる、そういったスキルです。

　この後の「電話をかける」「電話を受ける」「苦情を言う」「苦情に対処する」のいずれのレッスンについても同じことが言えます。最後のレッスン15・16では、採用面接で頻出する言い回しを見て行きます。自分が面接する側に立った場合に知っておく必要のある質問のしかたと、面接される側に立った場合の質問のこなし方を両方会得しておけば、余裕を持って面接に臨めるはずです。転職の際にもお役立てください。

　このようにビジネスに特有の単語や言い回しが増えてくるとは言っても、基本は皆さんがすでに身につけている英語です。英語はWho?、What?に答えるべく、主部と述部から成り立ち、その味付けのために、When? Where? Why? How?に答える副詞的要素がその後に並ぶ、といった英語固有の骨組みを意識しながら、レッスンに出てくるフレーズをまるごと覚えていき、ご自分の英語の「肉付け」を進めていってください。難しく聞こえる話も結局は基本の組み合わせでしかないのですから。

ダイアログ紹介

▶ アポイントの段取り Making an Appointment

Lesson 9　アポイントを取る Making an Appointment

　面談日時の設定場面です。ご都合は?と切り出し、最後に日時を確認する「すり合わせ」の手順、How are you fixed...? I'm tied up... といった決まり文句、そして suit、make、manage といった頻出単語に注意して聴いてください。アポイントの設定では、曜日や時間を間違いなく聴き取れるリスニング力が重要です。

Lesson 10　仕事先を訪ねる Visiting a Business Associate

　ビジネス英会話のコースを運営する企業が、音声認識技術をもつ企業を訪ねて協業を申し出る、という訪問場面です。Pleased to meet you.で始まり、I understand you wanted talk about ~で実質的内容へと水を向け、さらに、I don't want to keep you any longer.と切り上げる際のやり取りに注目しながら流れをつかんでください。

▶ 電話での対応 Business Telephoning

Lesson 11　電話をかける Placing a Phone Call

　電話での対応は、相手の表情が見えないため、緊張する人が多いようですが、基本を押さえておけば難しいものではありません。〈This is+自分の名前+from 社名（直通電話で本人が出た場合は Hi, it's ~）〉、〈May I speak toの後に相手の名前〉、が基本形です。場面ごとの電話特有の言い回しを、繰り返し聴いて自分のものにしましょう。

Lesson 12　電話を受ける Answering a Phone Call

　ある広告企画（この媒体にこの商品広告を出してはどうかといった企画）が、電話で持ち込まれています。かかってきた電話を保留して取り次ぐ場合、Hold on.といったくだけた言い方はビジネスでは不可とされています。ニュートラルなのがHold the line, please.で、一番丁寧なのがこのダイアログにあるWould you care to hold?です。普段やり取りしている相手ならともかく、場合によってはフォーマルな言い方をする必要があります。

▶ クレームとその処理 Making/Responding to Complaints

Lesson 13　苦情を言う Making a Complaint

　このダイアログでは、日ごろからやり取りのある会社間で、請求書に記載ミスがあり、請求書の再発行などを求めていくケースを取り上げています。書面でクレームをつけるときと同じで、電話の場合も、クレームがあるよ、事実関係はこうだよ、どう対処してくれますか、というふうに一定の流れがあります。

Lesson 14　苦情に対処する Responding to a Complaint

　ネットでスペイン語を勉強できるコースを申し込んだところ、後になって、希望の入門コースではなく、上級者コースに間違って申し込んだことに気づいたユーザーが電話をしてきたという想定です。対応している人が常に相手を気遣う言い方をしていることに注目してください。面接への対応　Preparing / Answering Interview Questions

▶ 面接への対応 Preparing / Answering Interview Questions

Lesson 15　面接の質問を用意する Preparing Interview Questions

　1日のはじまりに会社で顔を合わせたときのスモールトークです。ここでは、What's the matter with you? Watch yourself! I appreciate the concern. Good for you. など、相手に対する思いやりの言葉が主体です。英語圏の人々は、文化的にそういう訓練を子どもの頃から受けているのか、相手の立場に立ったものの言い方に徹する感じがあります。

Lesson 16　面接の質問に答える Answering Interview Questions

　前回のダイアログの続きで、秘書の求人担当者が応募者の1人に面接をしている場面です。応募理由、自分の長所、短所といった基本的な質問が繰り出され、それに応募者がうまく返答していきます。「数字やデータに強い」といった決まった言い方にも注意を払いながら聴いてください。

Lesson 9 ▶ アポイントの段取り ①

Making an Appointment

025

Koji Kita calls an acquaintance, Janet Sunday, to make an appointment.

Kita: Can we set up a meeting next week?

Sunday: Sure.

K: How are you fixed that week?

S: Umm, let me just check my appointment book. Oh, I'll be away for the first half of the week so that's not an option. But I'll definitely be back on Wednesday morning. How about Wednesday afternoon?

K: Sorry, I can't make it Wednesday afternoon. Would Thursday morning suit you?

S: Oh, I'm afraid I'm tied up in the morning, but I'll make myself free Thursday afternoon.

K: That's very kind of you, but Thursday afternoon is no good, I'm afraid. Can you manage Friday?

S: That'd be fine.

K: Let's say Friday then. What time suits you best?

S: Shall we say ten thirty?

K: Okay, so it's Friday at ten thirty in the morning at your office.

S: Friday at ten thirty. Fine.

K: See you then.

····o **DIALOG** アポイントを取る

Translation

北光司が知り合いのジャネット・サンデーに電話し、アポイントを取ろうとしています。

北：来週、お目にかかってお話しできますでしょうか？

サンデー：もちろんですとも。

北：来週のご予定はどんな感じですか。

サンデー：えーっと、ちょっと予定表を見てみましょう。ああ、来週の前半は出かけているので、無理ですね。でも、水曜の午前中には確実に戻っています。水曜の午後はいかがですか。

北：申し訳ない。水曜の午後は無理です。木曜の午前中はいかがですか。

サンデー：ああ、午前中はふさがっていますが、木曜の午後でしたら、空けておくようにします。

北：それは恐れ入ります。でも、あいにく木曜の午後はだめなのです。金曜日は大丈夫ですか。

サンデー：大丈夫です。

北：それでは金曜にしましょう。何時がよろしいですか。

サンデー：10 時半でどうでしょう。

北：結構です、となると、金曜の午前 10 時半、そちらのオフィスでということですね。

サンデー：金曜の 10 時半。結構です。

北：それでは金曜日に。

Vocabulary

make an appointment アポイントを取る ＊会って話す約束をする

set up a meeting ミーティングの段取りをつける ＊会って話ができるようにする。set up をもっと改まった言い方にしたければ arrange を使う

be fixed 予定が入っている ＊fix「（日にちを）決める」の使い方は Focus も参照。受動態では How are you fixed up for Monday? (月曜のご予定はどうですか) など

appointment book スケジュール帳、予定表 ＊イギリス英語では diary のほうが一般的

be away 出かけている

the first half of the week 週の前半 ＊「週の後半」は the second [latter] half of the week

option 選択肢

definitely be back 確実に戻っている

make it 都合をつける

suit ~ ～の都合に合っている

be tied up 忙しくて［予定が詰まっていて］自由が利かない、手一杯である

make oneself free 予定を空けておく

That's very kind of you. それはご親切に。ありがとうございます。

no good 役に立たない、都合が悪い

manage （日時の）都合をつける ＊make it と同意

Let's say ~ then. では～にしましょう。

What time suits you best? 何時がいちばんよろしいですか。

Shall we say ~? ～でどうでしょう。～はいかがですか。＊How about ~? と同意

Lesson 9
Focus　アポイントを取るためのスキル

Key Phrase

Can we set up a meeting next week?
来週、お目にかかってお話しできますでしょうか？

　アポイントを取る場合、基本的には、面会を申し入れ、日時を決め、確認するという手順をとります。流れに即して場面別の言い回しを見ていきましょう。

❶ 面会を申し入れる

make an appointment と arrange a meeting は面会を申し込む際に不可欠の表現です。

I'd like to make an appointment with Mr. Johnson.
（ジョンソン氏にお目にかかるお約束をしたいのですが）

Can we arrange [set up/fix (up)] a meeting?
（お会いしてお話しできますでしょうか）
※ arrange部分にset upやfix (up)などを使えば、インフォーマルな感じを出せます。

❷ 日にちと時間を決める

「（日にちを）決める」は fix (up) で表します。up を加えると「準備する」というニュアンスが強まります

Let's fix a date. / Let's fix up a date.（日にちを決めましょう）

〈都合のいい日時を聞く〉

What day and time would be good [convenient] for you?
（都合はいつがよろしいですか）
※まず日にちだけを決めるなら、What day would be good for you?になります。

suit と manage は日程のすり合わせをする上で欠かせない動詞です。

What day [time] suits you best?（何日［何時］がよろしいですか）

A: Can you manage Tuesday [ten thirty]? / Shall we say Tuesday [ten thirty]?

B: I'm afraid Friday [two in the afternoon] suits me better.
（A：火曜日［10時半］の**ご都合**はいかがですか。　B：あいにく金曜日［午後2時］のほうが**都合がいいのですが**）　■ Shall we say ~?　ダイアログにある表現で How about ~? と同意
※manageは「（日時の）都合をつける」、suitは「（その人に）都合がよい」という意味で、manageは人が主語、suitは日時が主語になることに注意してください。

「火曜日は都合が悪い」は次のように言うことができます。

I can't manage Tuesday. / Tuesday doesn't suit me.

I can't make it on Tuesday.　■ make it「都合をつける」＊＝ manage

I'm tied up on Tuesday.　■ be tied up「手一杯である、ふさがっている」

Tuesday's no good. ■ no good「都合が悪い、全然だめ」

I'm tied up ~ を使って「午前中は都合が悪い／火曜日の午前中は都合が悪い」と言う表現も見ておきましょう。「～曜日の午前中」は on ~ morning。
I'm tied up in the morning. / I'm tied up on Tuesday morning.

❸ 日時を確認する

最後に日時を確認します。Fine. や That'd be fine. を使って合意したことを確認しつつ、So, it's［曜日］at［時刻］(at［場所］)、で締めくくります。
A: How about ten thirty?
B: Fine. / That'd be fine.
A: So, it's Friday at ten thirty in the morning at your office.
（A：10時半ではいかがですか。B：結構です。A：では、金曜の午前10時半に御社でということで）

MORE

027

予定を変更するときの表現

アポイントを取っても、何かの用ができて、予定を変更せざるを得なくなるというのはよくあることです。次のケースを見ておきましょう。

● アポイントの変更

〈電話で〉**White: Hello, Ms. Black, I'm afraid I can't make our meeting scheduled for May 19. Something came up. Er, can we change the date?**
Black: Sure. That's not a problem.
（ホワイト：もしもし、ブラックさん、すみませんが5月19日に予定していた打ち合わせが難しくなりました。**急ぎの用事ができてしまって。**それで日を変えていただけますか。ブラック：わかりました。だいじょうぶです）

〈メールで〉**The May 10 meeting has been rescheduled for Tuesday, May 11, at 10:00 a.m. in the Board Room. If you have any schedule conflicts, please contact Sara at Ext.1234. Thank you.**
（5月10日の会議は、5月11日火曜日、午前10時から、場所は役員室に変更になりました。もし、都合の悪い場合は、サラまでご連絡ください。内線1234です）

● 遅刻しそうなとき

Mita: Ms. Black, I'm calling from a taxi. I'm afraid I'm going to be late. I'm stuck solid in a traffic jam. But the driver tells me I can be there in about twenty minutes.
Black: Mita-san, that's too bad. Okay, we'll be waiting for you.
（三田：ブラックさん、タクシーから電話しています。**すみませんが遅れます。**交通渋滞にはまってしまって。でも運転手は約20分でそちらに着けると言っています。ブラック：それはお気の毒ですね、三田さん。わかりました、お待ちしています）

Lesson 10 ▶ アポイントの段取り ②

Visiting a Business Associate

028 🔊

Yoshio Takamura is visiting Jill Scott's office after an exchange of e-mail.

Takamura: Good afternoon. I'm here to see Ms. Jill Scott. I have an appointment with her at 2 o'clock.

Receptionist: Ah, Mr. Takamura. Ms. Scott's expecting you. Would you like to take a seat? She won't be long.

Scott: Pleased to meet you, Mr. Takamura.

T: Pleased to meet you too, Ms. Scott.

S: It's very good to have you here. I understand you wanted to talk about a possible collaboration.

T: That's right. As I told you in my e-mail, we're running a web-based business English course. And it occurred to me that if we could jointly develop an online test of spoken English, which is the missing piece of our program, we'd mutually benefit.

S: I see, you want to administer a test based on our voice recognition technology. That definitely sounds feasible. I'll have our marketing people do some research and get back to you.

T: I'm glad that you're going to look at our proposal. Well, I don't want to keep you any longer. Thank you for taking time from your busy schedule.

S: Thank you for coming. It was nice talking to you.

T: Same here. Good-bye, Ms. Scott.

S: Good-bye.

·····○ **DIALOG** 仕事先を訪ねる

Translation

高村良夫は、ジル・スコットとEメールを交換したのち、そのオフィスを訪ねてきています。

高村: こんにちは。ジル？スコットさんにお目にかかる約束になっております。2時の約束です。

受付: ああ、高村さんでいらっしゃいますね。スコットがお待ちしております。お掛けになってお待ちください。ほどなくこちらに本人が参りますので。

スコット: 初めまして、高村さん。

高村: こちらこそ、初めまして、スコットさん。

スコット: お越しくださり、大変うれしく思っております。ところで、協業のことでお話があるということでしたが。

高村: そのとおりです。Eメールでも触れましたが、私どもも、オンラインでのビジネス英語コースを運営しています。そこで思いついたのですが、私どものプログラムに欠けている、オンラインの英会話テストを共同開発できれば、互いに利益になるのではないでしょうか。

スコット: なるほど、私どもの音声認識技術を使ったテストを実施なさりたいのですね。実用化はまず問題ないでしょう。うちのマーケティングの者にリサーチをさせて、後ほどご連絡を差し上げましょう。

高村: 提案を取り上げていただけるようで、うれしいです。これ以上お時間を取らせるわけにもいきません。お忙しいなか時間を割いていただき、ありがとうございました。

スコット: お越しいただきありがとうございます。お話しできてよかったです。

高村: こちらこそ。スコットさん、では失礼します。

スコット: 失礼します。

Vocabulary

business associate 仕事［商売］仲間、取引先 *associate「仲間、同僚」

I'm here to see ~. ～にお目にかかることになっております。

I have an appointment with ~. ～とお約束があります。

expect ~ ～を待つ、～が来るのを期待する

~ won't be long. ～はまもなく来ます。*be long = use a large amount of time を否定した形

possible collaboration 協業の可能性 *possible「考えられる」。「協業」は会社同士が協力し合うこと

web-based ネット上の

it occurred to me that ~ ～を思いついた *occur「起きる」

online test オンライン試験 *インターネットを利用して実施される試験

missing piece 欠けているもの

mutually benefit 互いに利益を得る *benefit「利益を得る、ためになる」

administer a test テストを実施する *administer「執行する、実施する」

voice recognition technology 音声認識技術 *音声をコンピューターで利用可能なデータに換える技術。マイクを通して話すと、話の内容がパソコン画面に表示されたり、音声でパソコンに指示を与えたりできる

sound ~ ～のように思われる *= seem

feasible 実用化できる、ビジネスとして成り立つ

have ~ do ... ～に…させる

marketing people マーケティング部門に属する人たち *ある部門に属する人々を、~ people と言うことがある。research people「研究部門の人たち」

get back to ~ ～にあとでまた連絡する

look at ~ ～に関心を持つ

proposal 提案

Same here. 私も同じです。→こちらこそ。

Lesson 10

I'm here to ~. を使いこなす 029

> **Key Phrase**
>
> **I'm here to see Ms. Jill Scott.**
> ジル・スコットさんにお目にかかる約束になっております。

I'm here to ~. は、ニュアンスとしては、The reason I'm here is to ~.「私がここにいる理由は〜するためです」ということですが、決まり文句として、次のようなシーンで頻繁に使われます。

❶ 受付で

受付では、I'm here to see ~. の形で使います。次のように面会相手の名前の後に肩書を入れたり、面会時間を入れたりすることもあります。

I'm here to see Mr. Yamada, Sales Manager.
（営業部長の山田さんに**お目にかかる約束になっております**）

I'm here to see Mr. Johnson at ten.
（ジョンソンさんに 10 時に**お目にかかる約束になっております**）

❷ 出迎えなど、初対面のとき

空港や駅などで初対面の人を出迎えるとき、次のように使うことができます。

Toda: Are you Mr. Ford from XYZ ONE?
Ford: Yes...
Toda: I'm here to meet you, Mr. Ford. I'm Chika Toda from XYZ TWO.
（戸田：XYZ ONE 社のフォードさんでいらっしゃいますか。　フォード：はい…
戸田：**お迎えにあがりました**、フォードさん。私は XYZ TWO 社の戸田千香でございます）
※受付の場合は I'm here to see ~と言いますが、初めて会う人にはI'm here to meet you. となります。

❸ ビジネスの話を切り出すとき

ビジネスで、訪問の目的をはっきりさせるため、次のように話を切り出すときなどにも使います。

I'm here to interest you in entering into a collaboration with us.
（私どもとの協業を考えていただきたく、**参りました**）
■ interest ~「〜の関心をひく、興味を起こさせる」　collaboration「協業」

次のように「単刀直入に本題に入らせていただきます［申し上げます］」と前置きをして、本題に入るときにも使います。

Well, I don't want to waste your time, so let me get straight to the point. Today, I'm here to introduce our new products.

（お時間を無駄にするのも何ですし、**単刀直入に申し上げます**。本日は私どもの新製品を**ご紹介するために参りました**）■ get straight to the point「単刀直入に本題に入る」

❹ 会議の冒頭などで

We're here to discuss the sales figures for the first half of the year.
（お集まりいただいたのは、本年上期の売上データを**検討するためです**）
■ sales figures「営業の数字、売上データ」

このような場合、初めに As we all know from the agenda,「議題をご覧になってすでにご承知かと思いますが、」という前置きを入れることもあります。

❺ 歓送迎会などで

We're here to welcome our new team members.
（チームの新メンバーを歓迎するためにお集まりいただきました）

このあと「皆さん、盛大な拍手で迎えてあげましょう」と呼びかけるなら、Everyone, please join me in giving them a big hand. と言います。

MORE

030

受付の人が使う言い回し

受付の人がよく使う表現を見ておきましょう。

● **前の客との話が予定より長くなった場合**
  Ms. Black has someone with her at the moment. **She'll be free in about ten minutes. Won't you have a seat?**
  （ブラックはただいま来客中です。10分ほどで手が空くと思います。お掛けになってお待ちいただけますか）

● **急用で本人が席を離れている場合**
  Ms. Black was called away on an emergency. **She's supposed to be back in ten minutes. Would you mind waiting?**
  （ブラックは急用で席を外しております。10分ほどで戻ると思います。お待ちいただけますか）■ call away ~「~を呼び出す」　emergency「急用」

● **オフィスに案内する**
  〈内線で〉**Ms. Black, I have a Mr. Sato at reception.**
  〈内線を切って〉**Mr. Sato, let me show you to Ms. Black's office. Step this way, please.**
  （〈内線で〉ブラックさん、受付に佐藤様という方がお見えになっています。
  〈内線を切って〉佐藤様、ブラックのオフィスにご案内いたします。**こちらへどうぞ**）
  ※ I have a Mr. Sato at reception.と固有名詞に不定冠詞aを付けるのは、面識のない人であることを示す言い方です。Mr. Satoがこのあと、よくこの会社に出入りするようになり、受付の人とも顔見知りになれば、そこから先は、I have Mr. Sato...という言い方になります。

発音も確認
してみよう

🔊

Focus 空欄を埋めて話してみよう

アポイントを取るためのスキル／I' m here to ~. を使いこなす

---

1. ❶ ジョンソン氏にお目にかかるお約束をしたいのですが。

I_ l__ t_ m___ a_ a_____ w__ M_ J_____.

027
🔊

---

2. お会いしてお話できますでしょうか。

C__ w_ a_____ a m_____?

---

3. ❷ 日にちを決めましょう。

L___ f_ (up) a d___.

---

4. 日時はいつがよろしいですか。

W___ d_ a_ t___ w____ b_ g___ f_ you?

---

5. 何日[何時] がよろしいですか。

W___ d_[t___] s___ y__ b__?

---

6. 火曜日のご都合はいかがですか。

C__ y__ m_____ T_____?

---

7. 火曜日は都合がつきません。

I__ t__ u_ o_ T_____.

---

8. ❸ 10 時半ではいかがですか。

H__ a____ t_ t____?

---

9. 結構です。

T____ b_ f__.

---

10. ❶ ジョンソンさんに 10 時にお目にかかる約束になっております。

I__ h__ t_ s__ M_ J_____ a_ t__.

029
🔊

---

11. ❷ お迎えにあがりました、フォードさん。

I__ h__ t_ m___ y__, M_ F___.

---

12. ❸ 私どもとの協業を考えていただきたく、参りました。

I__ h__ t_ i_____ y__ i_ e_____ i__ a
c_____ w__ u_.

---

13. 本日は私どもの新製品をご紹介するために参りました。

T____, I__ h__ t_ i_____ o__ n__ p_____.

---

14. ❹ お集まりいただいたのは、本年度上期の売上データを検討するためです。

W___ h__ t_ d_____ t_ s___ f_____ f__ t_ f___
h__ o_ t__ y___.

---

15. ❺ チームの新メンバーを歓迎するためにお集まりいただきました。

W___ h__ t_ w_____ o__ new t____ m_____.

DIALOG 音声を聴き取ろう

025

Making an Appointment

Koji Kita calls an acquaintance, Janet Sunday, to make an appointment.

Kita: Can we ___ ___ a _____ next week?

Sunday: Sure.

K: How ___ you _____ that week?

S: Umm, let me just _____ my _____ _____. Oh, I'll ___ _____ for
___ ___ ___ of the _____ so that's ___ an _____. But I'll _____
be _____ ___ Wednesday _____. ____ _____ _____
afternoon?

K: Sorry, I can't _____ _ Wednesday afternoon. Would _____
_____ ___ you?

S: Oh, I'm afraid I'm ___ ___ in the morning, but I'll _____ _____ ___
_____ afternoon.

K: _____ very ____ __ ___, but Thursday afternoon is ___ ____, ___
_____. Can you _____ Friday?

S: _____ __ ___.

K: ____ ___ Friday ____. _____ ____ ____ ___ ___?

S: ____ __ ___ ten thirty?

K: Okay, so it's _____ at ___ _____ in the morning at ____ _____.

S: Friday at ten thirty. Fine.

K: ___ ___ ____.

028

Visiting a Business Associate

Yoshio Takamura is visiting Jill Scott's office after an exchange of e-mail.

Takamura: Good afternoon. ___ ___ _ ___ **Ms. Jill Scott. I** ____ an
_____ ____ her at _____.

Receptionist: Ah, Mr. Takamura. Ms. Scott's _____ you. Would
you like to ____ a ___? She _____ __ ____.

Scott: _____ to ____ you, Mr. Takamura.

T: Pleased to meet you too, Ms. Scott.

S: It's ____ ____ to ____ ___ ____. I understand you wanted to ___
_____ a _____ _____.

T: That's right. __ I ____ ___ in my e-mail, we're _____ a web-based
business English course. And _ _____ to ___ ___ if we could
_____ _____ an _____ ___ of spoken English, which is the
_____ ____ of our program, we'd _____ _____.

S: I see, you want to _____ a ___ based on our ____ _____
_____. That definitely _____ _____. I'll ____ our
_____ _____ __ some research and __ ____ __ you.

T: I'm glad that you're going to ____ _ our _____. Well, I don't
want to ____ you ___ _____. Thank you for _____ ____ ____ your
___ _____.

S: Thank you for _____. It was ___ _____ __ ___.

T: _____ ____. Good-bye, Ms. Scott.

S: Good-bye.

Lesson 11 ▶ 電話での対応 ①

Placing a Phone Call

031

Robert Haig in New York is calling Junji Ueno in Tokyo in reply to a phone message.

Receptionist: Good morning, XYZ Trading. How may I help you?

Haig: This is Robert Haig from Haig & Associates. May I speak to Mr. Yueno, please?

R: I'm sorry. We don't have anybody of that name here.

H: It's spelled U-E-N-O, that's U as in umbrella, E as in echo, N as in November, um...

R: U-E-N— Oh, I get it. Ueno. Yes, we do have a Mr. Ueno here, in fact, we have three people with the surname Ueno. Can you tell me his first name or which department he works in?

H: I believe he works in Marketing.

R: I see. We have a Junji Ueno in Marketing. Would you care to hold? I'll transfer you.

H: Thank you.

Ueno's Voicemail: You have reached the voicemail service of Junji Ueno. Today is Tuesday, May 11. I'm in the office today, but I'm currently away from my desk. Please leave a message at the tone and I'll get back to you. To listen to this message again, press "star." Thank you.

H: This is Robert Haig from Haig & Associates, returning your call. Sorry I didn't call you sooner. I'll be in the office until 7 p.m. your time. Talk to you later. Good-bye for now.

·····o ▐ DIALOG ▐ 電話をかける

Translation

東京の上野純二から留守中に電話をもらったロバート・ヘイグが、ニューヨークから電話をかけています。

受付：おはようございます、XYZ 商事でございます。ご用件を承りますが。

ヘイグ：ヘイグ＆アソシエイツのロバート・ヘイグと申します。ユエノさんをお願いできますか？

受付：申し訳ありません。そのような名の者は当社におりません。

ヘイグ：スペルは U、E、N、O、つまりアンブレラ（かさ）の U、エコー（こだま）の E、ノベンバー（11 月）の N、うーん…

受付：U、E、N…ああ、わかりました。上野ですね。はい、上野という者は確かにおります。ただ、同じ上野姓の者が 3 人おります。下の名前か、どの部署に所属しているかをご存じですか？

ヘイグ：マーケティング部だと思いますが。

受付：わかりました。マーケティングに上野純二という者がおります。少々お待ちいただけますか、おつなぎしますので。

ヘイグ：ありがとうございます。

上野の録音メッセージ：お聞きになっているのは上野純二のボイスメールです。本日は 5 月11 日、火曜日。私は本日、社内におりますが、ただいま、席を外しております。信号音の後にメッセージをお残しください。こちらから折り返し連絡させていただきます。このメッセージをもう一度お聞きになりたいときは、＊印を押してください。よろしくお願いいたします。

ヘイグ：ヘイグ＆アソシエイツのロバート・ヘイグです。お電話を頂戴したとのことで、電話を差し上げました。連絡が遅くなってしまい、申し訳ありません。そちらの時間で7時までオフィスにおります。後ほどお話しできればと思っています。それでは、これで。

Vocabulary

place a phone call　電話をかける ＊ call、make a phone call などと同じ

in reply to ~　～に応えて

~ & Associates　～＆アソシエイツ ＊広告代理店を中心によくある企業名の形

spell ~　～と綴る

U as in umbrella　アンブレラ（傘）の U ＊~ as in ...「…の～」は綴りを伝えるときの言い方

a Mr. Ueno　上野という人 ＊「a＋人名」は面識のない人であることを示す

surname [sə́ːrnèim]　姓、名字

department　（社内の）部署 ＊ division で表すこともある

work in ~　～（配属された部署）で勤務する

Marketing　マーケティング部、営業部 ＊= the Marketing Department。会社によっては、営業に加えて広告宣伝や調査も担う

Would you care to ~?　～していただけますか。＊Lesson 12 FOCUS 参照

hold　電話を切らずにいる

I'll transfer you.　おつなぎします。＊ transfer you = transfer your call「あなたの電話を転送する」の意。I'll put you through. とも言う

voicemail service　社内の電話システムに組み込まれている留守録機能

be away from one's desk　席を外している

leave a message　メッセージを残す、伝言を残す

at the tone　信号音が聞こえたら ＊ tone「音色、口調、発信音」

star　＊のついているキー ＊一般に米印と称される

return one's call　～の電話に折り返しの電話をかける

your time　そちらの現地時間 ＊反対は our time（こちらの現地時間）

Lesson 11

Focus　電話をかけるときのポイント

Key Phrase

This is Robert Haig from Haig & Associates.
May I speak to Mr. Yueno, please?

ヘイグ&アソシエイツのロバート・ヘイグと申します。
ユエノさんをお願いできますか?

電話での会話は、相手に名乗る際に My name is... とは言わないなどの約束ごとが多い反面、次のような基本的フレーズをおさえておけば、何とかなるものです。

❶ 名乗る

電話で名乗る場合、This is [自分の姓名] from [社名] . が基本パターンです。from のところに with や of を使う人もいますが、この場合は from が多数派です。I'm calling from ~「～から電話しています」を縮めた from と理解できます。

This is Taro Shibuya from XYZ Trading.
(XYZ商事の渋谷太郎です)

❷ 「誰々をお願いします」と言う

電話で「～さんをお願いします」と言う場合の基本表現は May I speak to ~? です。アメリカ人の中には May I speak with ~? と言う人もいます。

May I speak to Mr. Haig, please?
(ヘイグさんをお願いします)

May I <u>talk to</u> ~? という言い方もありますが、talk to は通常、相手が目の前あるいは電話の向こうにいる場合に使う言い方で、話したい相手が登場していない段階では speak to が普通だとされています。

なお May I...? → Could I...? → Can I...? の順に丁寧さの度合いが落ちますが、Can I...? が失礼にあたるということはありません。

❸ 用件を簡単に伝える

「何々の件で」と用件を伝える場合の基本パターンは、I'm calling about ~. です。

I'm calling about your visit to Tokyo next week.
(来週、東京にご来社の件でお電話させていただいております)

次のように、to 不定詞のあとに用件を続けて言うこともできます。

I'm calling to find out if you're visiting Tokyo as planned.
(予定どおり東京に来られるかを知りたく、お電話を差し上げております)

❹「伝言をお願いします」と言う

基本形は、leave a message「伝言を残す」を使った次の表現です。

Can I leave a message?（伝言をお願いできますか）

「電話があったことを伝えてほしい」と言いたいなら、次の Please tell [ask] ~ that. の形を覚えておきましょう。

Please tell her that Taro Shibuya of XYZ Trading called.
（XYZ 商事の渋谷太郎から電話があった旨お伝えください）

※❶で見たように、電話で自分の名前を告げる場合、社名の前には普通fromを置きますが、伝言の場合には、客観的に勤務先を表すof「～の」を使い、「誰々 of 何々会社(Taro Shibuya of XYZ Trading)」と言うのが一般的です。

call me back「折り返し電話する」を使った次の表現も覚えておくと便利です。

Can you ask him to call me back?（折り返しお電話くださるようお伝えください）

伝言を頼んだ場合には、Thanks for your help.（お世話様でした。ありがとうございました）と言って切るのが自然です。

MORE

033

電話をかける場合のバリエーション

電話をかける場合、基本フレーズだけでは済まない場合もあります。

● **内線番号を告げる**

Can I have Extension 1234, please?（内線1234をお願いします）

May I speak to Mr. Suzuki at [on] Extension 1234, please?
（内線 1234 の鈴木さんをお願いします）
※アメリカではatを、イギリスではonを使います。

● **電話先の担当者名がわからないとき**

担当者がわからず「何々ご担当の方」と言いたい場合は someone who deals with ~(deal with ~「～を扱う」)を使います。deal in「取引する」「売買する」と間違わないようにしましょう。

May I speak to someone who deals with overseas sales?
（海外販売を扱っている方をお願いします）

人ではなく「何々を扱っている部門」と言いたいなら、handle を使います。句動詞の deal with に比べて改まった感じがします。

Can you put me through to the department that handles overseas distributors?
（海外代理店を扱っている部門につなげていただけますか）

handles のあとには、sales「営業」、accounting「経理」、overseas orders「海外からの注文」など具体的事項を入れます。

Chapter 2　社外とのコミュニケーション

Lesson 12 ▶ 電話での対応 ②

Answering a Phone Call

034

John Hilton of Bush & Bush calls Yuji Sano to discuss advertising ideas. They have a bad connection.

Receptionist: XYZ Trading America, good morning. How may I help you?

Hilton: Good morning. This is John Hilton from Bush & Bush. May I speak to Mr. Sano in Overseas Marketing?

R: Would you care to hold, Mr. Hilton? I'll put you through.

Sano: Overseas Marketing, Yuji Sano speaking.

R: Mr. Sano, I have a call for you from Mr. John Hilton of...um... Bush & Bush.

S: Yuji Sano speaking.

H: Good morning, Mr. Sano. This is John Hilton from Bush & Bush. Roberto Ingles of XYZ ONE suggested that I call you. I'd like to discuss some advertising ideas for your South American operations.

S: Hmm, South American operations...that's really my colleague's area, Maria Lopez. But she's off sick today.

H: Hello? You still there? Hello? Mr. Sano?

S: Could you speak up a little?

H: Sorry, I'm calling from a cellular and reception is poor. Can I call you back on a land line?

S: Actually, I'm due for a meeting and got to run. Can I take a message for Ms. Lopez?

H: Uh... No, thank you. That won't be necessary. I'll call again tomorrow. Good-bye.

S: If you can't get hold of her, just let me know. I can see you tomorrow morning.

H: That's very kind of you. Good-bye.

○ **DIALOG** 電話を受ける

Translation

ブッシュ＆ブッシュ社のジョン・ヒルトンが広告の企画を持ち込もうと佐野佑司に電話を入れたものの、通信状態が途中で悪くなります。

受付: XYZ 商事アメリカでございます。おはようございます。ご用件を承ります。

ヒルトン: おはようございます。ブッシュ＆ブッシュ社のジョン・ヒルトンと申します。海外営業の佐野さんをお願いできますか。

受付: ヒルトン様、少々お待ちいただけますか。おつなぎいたします。

佐野: 海外営業、佐野佑司です。

受付: 佐野さん、えー、ブッシュ＆ブッシュ社のジョン・ヒルトン様からお電話が入っております。

佐野: 佐野佑司です。

ヒルトン: おはようございます、佐野さん。ブッシュ＆ブッシュ社のジョン・ヒルトンと申します。XYZ ONE のロベルト・イングレスさんのご紹介でお電話しております。ご担当の南米での事業向けのちょっとした広告企画についてご相談をさせていただければと思いまして。

佐野: うーん、南米の事業とおっしゃると…実際のところ、同僚の担当分野なんですよ。マリア・ロペスと言います。ただ、今日は病気で休んでいます。

ヒルトン: もしもし。聞こえていますか。もしもし。佐野さん?

佐野: もう少し大きい声でお願いします。

ヒルトン: すみません、携帯からかけておりまして、通信状態がよくないようです。普通の電話(固定電話)からかけ直してよろしいですか。

佐野: 実は、会議の予定が入っていて、急いで行かなければなりません。ロペスへの伝言を承りましょうか。

ヒルトン: えー、いや、結構です。それには及びません。明日、また電話します。それでは失礼します。

佐野: もし彼女に連絡がつかない場合は、私のほうでどうぞ。明日の午前ならお会いできます。

ヒルトン: それは恐れ入ります。失礼します。

Vocabulary

answer a phone call 電話に出る[を受ける] *receive [get/have] a (phone) call も同じ意味

advertising ideas 広告の[広告を出す]企画 *idea「発案、考え、計画」

bad connection (電話の)通信状態が悪いこと

Overseas Marketing 海外営業部門

Would you care to hold? 少々お待ちいただけますか。*秘書向けマニュアルなどでは、一番丁寧な言い方として推奨されている

I'll put you through. おつなぎします。*前レッスンの I'll transfer you. と同意

I have a call for you from ~. ~様からお電話です。*電話を取り次ぐときの定番表現

~ suggested that I call you. 私があなたに電話をするよう~さんが勧めた。→~様のご紹介で電話させていただきました。

colleague's area 同僚の担当分野 *area「(担当/研究)分野、(活動)範囲」。会社の主力業務を言うときは、We have three main business areas. などと、business area を使う

be off sick 病気で欠勤している *be on sick leave「(許可 (leave) をとって)病欠している」

cellular (phone) 携帯電話 *アメリカでは cellphone、cellular だが、イギリスでは mobile phone

reception (電話・テレビなどの)通信状態 *「受付」の意味もある。reception is poor「受信状態がよくない」は connection is bad とほぼ同意

land line 固定電話 *携帯電話に対する言い方で、landline とも綴る

be due for ~ ~に出ることになっている *due「することになって」

get hold of ~ ~に連絡を取る、~をつかまえる

Lesson 12

> **Key Phrase**
>
> **XYZ Trading America, good morning. How may I help you?**
>
> XYZ商事アメリカでございます。おはようございます。ご用件を承ります。

　電話を受けるために必要な手順と使うフレーズは、以下のとおり限られていますので、覚えてしまいましょう。

❶ 社名[部署名、オフィス名]を告げる

　代表番号にかかってきた電話をとる場合の標準的な形は、「社名＋あいさつ＋How may I help you?」です。

XYZ Trading, good afternoon. How may I help you?
（XYZ商事です。こんにちは。ご用件を承ります）

※How may I help you?はMay I help you?よりフォーマルな表現で、企業の電話応対マニュアルでHow may I help you?を特に指定していることがあります。

部署の番号にかかってくるときは、「部署名＋個人名」の形が標準となります。

Overseas Marketing, Yoko Nakano speaking [here].
（海外営業部、中野洋子です）

※Yoko Nakano speaking. のように、ビジネスでは原則として「姓・名」をフルに言います。Nakano speaking.のように「姓」だけの言い方は英語圏ではまず聞きません。

特定の役員等の秘書が電話を受ける場合は、一般に次のような言い方をします。

Mr. John Benson's office.（ジョン・ベンソンのオフィスです）

❷ 電話をつなぐ

　電話を「つなぐ」状況では、hold「（電話を）切らずにいる」、put ~ through to ... / transfer your call (to) ...「…につなぐ」などの表現が基本です。

Hold the line, please. / Please hold on. I'll put you through to Mr. Oka.
（少々お待ちください。岡におつなぎします）

Would you care to hold? I'll transfer your call.
（少々お待ちいただけますか。電話をお回しします）

※「ちょっと待って」という感じのHold on a second[sec].は、外部の人には使いません。

❸ 名前を尋ねる

May I ask who's calling, please?（お名前を[どなたが電話しているか]伺えますか）

May I have your name, please?（お名前を伺えますか）

※この表現は、受付など電話以外の場面でも、人の名前を尋ねるときよく使います。

❹ 「伝言を承りましょうか」と尋ねる

「伝言を残す」は leave a message、「伝言を受ける」は take a message です。

May I take a message?（伝言を承りましょうか）

Would you like to leave your phone number?（電話番号を承りましょうか）

用件を尋ねる場合は、May I ask what this concerns?「ご用件を伺えますか」と言います。

❺ 聞き返す

Could you spell your name, please?（お名前のスペルを教えていただけますか）

Could you speak up a little, please?（もう少し大きな声で話していただけますか）

Could you speak a little slower, please?（もう少しゆっくり話していただけますか）

Could you repeat that, please?（もう一度くり返していただけますか）

※Would you mind spelling your name, please?などと、Would you mind ~ing ...?の形を使うと一段と丁寧になります。

MORE

036

本人が電話に出られない理由を言う

本人が電話に出られない場合の言い回しを、状況別に見てみましょう。

● **具体的理由を言わずに「電話に出られない」という場合**

I'm afraid she's not available at the moment.
（あいにく彼女はただいま電話に出られません）

● **状況に応じた表現**

I'm afraid she's away from her desk at the moment.
（あいにくただいま席を外しております）

I'm afraid she's on another line at the moment.
（あいにくただいま別の電話に出ております）

I'm afraid her line is busy. Would you mind holding?
（あいにく話し中になっています。そのままお待ちいただけますか）

I'm afraid she's left for the day.
（あいにく社を出ており、本日は戻ってまいりません）

I'm afraid she's taking a day off today.
（あいにく本日お休みさせていただいております）

I'm afraid she's away on a business trip and won't be back till later this week.
（あいにく出張に出ており、戻るのは今週の後半になります）

I'm afraid she's no longer with this company.（当社を退職しております）

発音も確認
してみよう

Focus 空欄を埋めて話してみよう

電話をかけるときのポイント／電話を受けるときのスキル

---

1. ❶ XYZ商事の渋谷太郎です。

T__ i_ T__ S_____ f___ X__ T_____.

032

2. ❷ ヘイグさんをお願いします。

M__ I s_____ t_ M_ H__, p____?

---

3. ❸ 来週、東京にご来社の件でお電話させていただいております。

I_ c_____ a_____ y__ v__ t_ T____ n___ w__.

---

4. ❹ 伝言をお願いできますか。

C__ I l____ a m_____?

---

5. XYZ商事の渋谷太郎から電話があった旨お伝えください。

P____ t__ h__ t___ T__ S_____ o_ X__ T_____

c____.

---

6. 折り返しお電話くださるようお伝えください。

C__ y__ a__ h__ t_ c__ m_ b___?

---

7. ❶ XYZ商事です。こんにちは。ご用件を承ります。

X__ T_____, g___ a_____. H__ m__ I h__ y__?

035

8. 海外営業部、中野洋子です。

O_____ M_____, Y__ N_____ s_____.

86

9. ❷ 少々お待ちいただけますか。電話をお回しします。

W____ y__ c__ t_ h__? I_ t_____ y___ c__.

---

10. ❸ お名前を[どなたがお電話しているか]伺えますか。

M__ I a__ w___ c____, p_____.

---

11. ❹ 伝言を承りましょうか。

M__ I t___ a m_____?

---

12. ❺ お名前のスペルを教えていただけますか。

C____ y__ s___ y__ n___, p____?

---

13. もう少し大きな声で話していただけますか。

C____ y__ s____ u_ a l___, p____?

---

14. もう少しゆっくり話していただけますか。

C____ y__ s____ a l___ s____, p____?

---

15. もう一度くり返していただけますか。

C____ y__ r_____ t__, p____?

DIALOG 音声を聴き取ろう

031 🔊

Placing a Phone Call

Robert Haig in New York is calling Junji Ueno in Tokyo in reply to a phone message.

Receptionist: _____ _____, XYZ Trading. ____ ___ I ____ ___?

Haig: ____ _ Robert Haig ____ Haig & Associates. ___ I ____ _ Mr. Yueno, please?

R: I'm sorry. We don't ____ _____ of ___ _____ here.

H: It's _____ U-E-N-O, that's U __ __ umbrella, E __ __ echo, N __ __ November, umm...

R: U-E-N— Oh, I ___ _. Ueno. Yes, we __ ____ _ Mr. Ueno here, in fact, we have three people with the _____ Ueno. ___ you ___ __ his first name or which _____ he _____ _?

H: I _____ he works in _____.

R: I see. We have a Junji Ueno in Marketing. _____ ___ ____ _ hold? I_ _____ you.

H: Thank you.

Ueno's Voicemail: You have _____ the _____ _____ of Junji Ueno. Today is _____, May __. I'm _ __ _____ today, but I'm currently ____ ____ my desk. Please ____ a _____ _ the ____ and I'll get back to you. To _____ _ this _____ again, _____ "___." Thank you.

H: ____ _ Robert Haig ____ Haig & Associates, _____ your ___. Sorry I _____ ___ ___ _____. __ __ in the office ____ _ p.m. ____ ____. Talk to you later. Good-bye for now.

034

Answering a Phone Call

John Hilton of Bush & Bush calls Yuji Sano to discuss advertising ideas. They have a bad connection.

Receptionist: XYZ _____ America, good morning. ____ ____ I ____ ____?

Hilton: Good morning. ____ _ John Hilton ____ Bush & Bush. ____ I _____ _ Mr. Sano in _____ _____?

R: _____ ___ ___ to hold, Mr. Hilton? __ ___ ___ _____.

Sano: Overseas _____, Yuji Sano _____.

R: Mr. Sano, I ____ a ___ for you ____ Mr. John Hilton of...um... Bush & Bush.

S: ___ ____ _____.

H: Good morning, Mr. Sano. ____ _ John Hilton ____ Bush & Bush. Roberto Ingles __ XYZ ONE _____ ___ I ___ you. I'd ___ _ _____ some _____ ____ for your South American _____.

S: Hmm, South American _____...that's really my _____ ___, Maria Lopez. But she's __ ____ today.

H: Hello? You ___ ____? Hello? Mr. Sano?

S: Could you _____ __ a little?

H: Sorry, I'm _____ from a _____ and _____ is ____. Can I ___ you ____ on a ____ ___?

S: Actually, I'm ____ __ a meeting and __ _ ___. Can I ____ a _____ for Ms. Lopez?

H: Uh... No, thank you. ____ ____ be _____. I'll call again tomorrow. Good-bye.

S: If you can't ___ ____ _ her, just __ __ ____. I can ___ ___ tomorrow morning.

H: _____ very ____ _ you. Good-bye.

Lesson 13 ▶ クレームとその処理 ①

Making a Complaint

037
🔊

Goro Okano calls Jim Ford to have a mistake (on an invoice) corrected.

Okano: Hello, is that Jim?

Ford: Hi, Goro. How are you doing?

O: I'm calling about an error on an invoice...the one for the voice recorders.

F: Voice recorders...oh, the order for 1,000 units. That was last month.

O: Correct.

F: What seems to be the problem?

O: As you may recall, when we placed the order for those 1,000 units, you agreed to allow us 90 days credit, didn't you?

F: That's right.

O: Unfortunately, the invoice I received says payment is due Net 30 days from the date of invoice.

F: Ah, I'm sorry for that. Let me bring up your purchase order on my screen...mmm...I did make a notation that special payment terms apply. Obviously, someone in Accounting failed to follow these instructions.

O: Okay, now that you've identified the problem, I'd like to know how you're going to deal with this.

F: First things first, I'll have a corrected invoice sent to you. Is there anything else we can do for you?

O: Yes. I'd like to have this in writing. An e-mail will do. And in that e-mail, we'd like to be assured that this incident will not adversely affect our credit. Can you do that?

F: Consider it done, Goro. And my apologies for the mishap.

O: That's all right. And one last thing. Perhaps you'd like to review your procedures to prevent a recurrence.

F: Certainly. I'll raise this issue with management. Thank you.

Translation

岡野悟郎がジム・フォードに電話して、(請求書の) 間違いを直してくれと申し入れます。

岡野：もしもし、ジム？

フォード：やあ、悟郎。どうしている？

岡野：請求書に間違いがあったんで電話しているんだけれど…デジタルボイスレコーダーの請求書。

フォード：ボイスレコーダーね…ああ、1000 台の注文。先月だ、それは。

岡野：そう、それ。

フォード：どこがおかしいの？

岡野：覚えているだろうけれど、あの 1000 台を注文したとき、支払期限は 90 日でいいってことだったよね？

フォード：そのとおり。

岡野：それが困ったことに、受け取った請求書には請求日から 30 日以内に全額を、となっているんだ。

フォード：いや、悪いことしたな。発注書を画面に出してみよう…うーん…支払条件に特約ありとちゃんと注記を入れたのに。経理の誰かがこうした指示に従わなかったんだ、これは。

岡野：なるほど、問題がわかったのだから、今度はどう処理してくれるのか教えてほしいんだけれど。

フォード：何はさておき、訂正した請求書を送らせますよ。ほかに何かできることあるかな？

岡野：うん、これ、書面にしてくれないかな。メールでいいよ。そのメールに、今回の件がウチの信用履歴に悪影響を及ぼすことはないと請け合ってほしいんだ。してもらえるかな？

フォード：おやすい御用だよ、悟郎。今回のミス、申し訳ない。

岡野：ああ、いいよ。もう一つあるんだ。再発防止のため、手続きを見直したらどうなの？

フォード：もちろん。経営陣に話を上げておくよ。ありがとう。

Vocabulary

make a complaint 苦情を言う * complaint [kəmpléint]「苦情、不平」。動詞は complain「不満を言う」

have a mistake corrected 間違いを修正してもらう

Is that ~? 〜さんですか。*電話口で相手を確かめるときの決まり文句

error 間違い *通常、誤記・誤解などの事務手続き上の単純ミスを指す

invoice 請求書、送り状

as you may recall 覚えているでしょうが *recall「思い出す (=remember)」

place an order for ~ 〜の注文をする

90 days credit 90 日の支払猶予 *この credit は「(掛け売りでの) 支払い猶予期間」。日本では「90 日サイト」とも言う

payment is due 支払期限が来る

Net 30 days (請求日から) 30 日以内に全額 *net は「正味 [全額]」

bring up ~ on one's screen 〜を (パソコンの) 画面に呼び出す

purchase order 発注書

make a notation 注記をする、メモをつける *notation「メモ、注釈」

payment terms 支払条件

apply 適用される

follow the instructions 指示に従う

now that ~ 〜したからには

identify 確認する、特定する

first things first 大事なことをまず先に、何はさておき

in writing 書面で

assure 保証する、請け合う

incident 出来事、事件

adversely affect 悪影響を及ぼす * adversely「不利益に」、affect「影響する」

credit 信用、信用履歴 (=credit history) *岡野は相手のミスで信用履歴に傷がつくのを避けようとしている

Consider it done. 任せておけ。引き受けた。*「それが行われたと考えよ」

mishap [míshæp] 不幸な出来事、事故

procedure [prəsíːdʒər] 手続き、手順

prevent a recurrence 再発を防止する

raise ~ with ... 〜を…に上げる、提起する

Lesson 13

Focus   クレームを言う

038

Key Phrase

I'm calling about an error on an invoice.
請求書に間違いがあったんで電話しているんだけれど。

クレームを伝えるときには、まず問題があると伝えた上で、事実関係を述べ、善処を求めるという手順になります。場面別に言い回しを押さえていきましょう。

❶ 担当部署に回してもらう

無関係の部署の人と話しても無駄ですから、担当部署に回してもらいます。

I'd like to speak to someone who deals with customer complaints.
（苦情処理の担当者の方とお話ししたいのですが）　■ customer complaint「顧客の苦情」

❷ クレームを切り出す

I'm calling about ~ は電話で用件を切り出すときに便利な基本表現です。

I'm calling about a billing error.（請求書の間違いのことで電話しています）

I have a complaint about your product.（御社の製品に不満[苦情]があります）

I'm afraid we're not satisfied with your service. Listen, here are the facts.（残念ですが御社のサービスに不満があります。いいですか、事情はこうです）

❸ 事実関係を述べる

〈納品に時間がかかり過ぎると言う〉

We're concerned that delivery is later than usual. We were told to expect delivery in about two weeks, but more than four weeks have elapsed since you acknowledged our order.
（納品がいつもより遅れているようで、心配しております。納期は2週間ぐらいと聞かされたのですが、御社が当社の注文を確認してから4週間以上経っています）
■ delivery「納品、配送」　elapse「経過する」　acknowledge「確認する」

〈品物が間違っていると言う〉

I'm afraid we received the wrong item.（受け取った品物が違っていました）

I received an item that was the wrong size.（サイズの違う品物を受け取りました）

〈品物に損傷があったと言う〉

We received a damaged shipment.（受け取った品物が壊れていました）
■ shipment「配送途上の注文品、積み荷」

〈品物に不足があったと言う〉

We received our shipment, but some items are missing.
（品物を受け取ったのですが、いくつか不足しています）　■ missing「不足している」

❹ 善処を求める

〈調べてほしいと言う〉

I would appreciate it if you could look into the matter and take appropriate steps.（この件を調べて適切な対策をとってください）

■ look into ~「～を注意深く［詳しく］調べる」

〈対処してほしいと言う〉

Could you deal with this?（この件に対処していただけますか）

〈どう対処してくれるのかを尋ねる〉

Could you let us know how you plan to deal with this?
（この件にどう対処していただけるのか、お知らせください）

MORE

社内での苦情や苦言の切り出し方

039 🔊

社内の人に言いにくいことを切り出すときの表現を見ておきましょう。

● I don't think it's a good idea to ~「～するのはよくないね」を使う

I don't think it's a good idea to post your password on a sticky note. Our boss is known as a stickler for proper security, so you'd better stop doing that at once.
（自分のパスワードを付せんに書いて貼っておくのはよくないね。ボスは機密保持にうるさいことで知られているのだから、すぐにやめたほうがいいよ）

■ sticky note「付せん」 stickler「うるさ型」 proper security「規則通りの情報保護」

●〈~, but... 〉の形で、前置きを置く

I wish I didn't have to bring this up, but you've missed two reporting deadlines in a row. I know you can do better than this. Is there anything I can do to help you?
（もちだしたくはないんだけど、君は、報告書の提出期限を2回続けて守らなかったよね。君としたことがどうしたの。私に何かできることがあるなら、言ってほしいんだけれど）

■ bring up「提起する」 reporting deadline「報告書の提出期限」 in a row「続けて」

What I'm about to tell you may not be easy for you, but I don't like what I see in your sales report. If you're having a problem, we need to talk it through.
（これから話すことは君にとっていやなことかもしれないが、君の営業報告書の内容が気に入らないんだ。もし問題を抱えているなら、きちんと話し合う必要があるよ）

This may not sit well with you, but I'm afraid I just received a complaint of sexual harassment against one of your people.
（これから話すことは君にとって心外かもしれないが、君の部下の一人に関してセクハラの苦情を今受けたんだ）

Lesson 14 ▶ クレームとその処理 ②

Responding to a Complaint

040 🔊

George Thompson, Customer Service, DLP Co., fields a call from Moe Hamada, a customer.

Thompson: DLP, Customer Service, George Thompson speaking.

Hamada: Hi. Yesterday, I enrolled in your Online Spanish Course... course for Elementary Level — but after entering the course site, using the user ID and password you sent me, I realized that I was in the wrong place. The course was for Advanced.

T: I'm sorry to hear that. Let me get your details up on the screen. May I have your name, please? I'll access your record.

H: Name's Moe Hamada.

T: Moe Hamada...H as in Hawaii?

H: Right.

T: Yes, there we are. Ms. Hamada, I'm afraid we have a form here for the Advanced Level.

H: Must have made a mistake. Can I get a refund?

T: I wish I could say "yes," but the Terms of Use, which you have agreed to, provide that tuition fees are not refundable once you enter the course site, which you did.

H: I see your point....

T: However, you do have an option here. We can offer you credit for your current purchase and apply that toward Elementary, ah, meaning you can enroll in the course without additional payment. Sorry, I should have suggested this in the first place.

H: That's all right. It's tantamount to getting a refund. How could I object? Oh, how do I go about enrolling in Elementary? Fill out another form?

T: We'll take care of that using the form you filled out for Advanced. All you need is a new set of User ID and password, which you'll get in no time by e-mail.

DIALOG 苦情に対処する

Translation

DLP社カスタマー・サービスのジョージ・トンプソンが、顧客の浜田もえからの電話に応対しています。

トンプソン： DLPカスタマー・サービスのジョージ・トンプソンでございます。

浜田： こんにちは。昨日、御社のオンライン・スペイン語コース…初級コースに申し込んだのですが、送られてきたユーザーIDとパスワードを使ってサイトに入ってから、間違った所に入っていることに気づきました。入った所は上級コースでした。

トンプソン： それはお気の毒です。お客様のデータを呼び出してみましょう。お名前を頂戴できますか？　記録を調べますので。

浜田： 浜田もえです。

トンプソン： モエ・ハマダ…HはハワイのHでしょうか。

浜田： ええ。

トンプソン： ああ、ありました。浜田様、あいにく、この申込書は上級レベル用のものですね。

浜田： 間違ってしまったんですね。返金してもらえますか？

トンプソン： ご返金に応じたいところですが、同意してくださった利用規約で、いったんコースの専用サイトに入られた場合は授業料をお返しできないと定められておりまして、お客様はいったん入られているんですね。

浜田： おっしゃりたいことはわかりますが…。

トンプソン： ただ、1つご提案できることがあります。今回のお支払い分を初級レベル（のための授業料）に充当することもできます。えー、つまり追加のお支払いなしで、このコースに入れるということです。最初からご提案申し上げればよかったわけで、申し訳ありません。

浜田： とんでもありません。払い戻しを受けられたも同然です。異論などありません。ところで、初級レベルに登録するためには具体的にはどうすればよいでしょうか。別の申込書に記入するのですか。

トンプソン： 上級コースのために記入されたものを使いますので、それはこちらにお任せください。あとは新たなユーザーIDとパスワードが必要なだけですが、これはすぐEメールでお手元に届きます。

Vocabulary

respond to ~ ～に返答する、応じる

complaint [kəmpléint] 苦情、不平

field a call from ~ ～からの電話に対応する ＊field「うまく受け止める、巧みにさばく、当意即妙に答える」

enroll 受講生となる ＊roll「名簿」

elementary level 初級レベル

user ID ユーザーID、利用者識別番号 ＊ID = identification「身分証」

advanced (level) 上級レベル

get ~ up on the screen ～を（パソコン）画面に呼び出す ＊Lesson 13にbringを使った同意表現あり

details [díːteilz / ditéilz] 詳細な記述

access ~ （電子情報などを）画面に表示する、～にアクセスする

record 記録（文書）

there we are （捜していたものが）あった

Must have ~. ～したに違いない。＊主語Iが省略されている

get a refund 返金してもらう

Terms of Use 利用規約 ＊ウェブサイトの利用者に適用される一般的規則。＊terms「（契約）条件」

provide that ~ （契約書や法令などで）～と定めている ＊provision「条項」

tuition fee 授業料 ＊tuition [tjuíʃən]「教育、トレーニング、授業料」

refundable 返金できる

see one's point ～の言い分がわかる

offer [give] a person credit for ~ ～を貸し方に記入する［入金する］、～（著作者であることなど）を認める

apply ~ toward ... ～を…に充当する

tantamount to ~ ～と同等の、～も同然で ＊[tǽntəmàunt]

object [əbdʒékt] 反対する、異議を唱える ＊objection「反対」

go about ~ing ～に取り組む

fill out a form 用紙に記入する ＊form「書式、申込用紙」

in no time すぐに

Lesson 14

Key Phrase

I'm sorry to hear that.
それはお気の毒です。

　クレームへの対応はまずは同情・共感を表すフレーズから始めます。「それは残念なことで」「それはお気の毒なことで」という気持ちを表すために sorry を交えた言い回しで始め、事実関係を確かめ、対応策を話し合うといった流れになります。

❶ 同情・共感を表す
※まずはI'm sorry to hear that.と言って、同情・共感を表します。

I'm sorry to hear that. I can certainly understand your frustration.
（それはお気の毒です。ご不満はよくわかります）

I'm sorry to hear that. I understand how you must feel.
（それは残念なことです。ご気分を害されたのもわかります）
※非が明らかで、素直に謝ったほうがいいケースであれば、I apologize for this.「申し訳ございません」という言い方ができます。

❷ 事実関係を問う

What seems to be the problem? Could you please elaborate [give me the details]?
（どういった問題があったのでしょうか。**詳しく説明して**いただけませんか）
■ elaborate「詳しく述べる」

❸ 対応策を話し合う

〈自分でできることなら…〉

I'll get on to [onto] this right away. / I'll deal with this right away.
（ただちに**対処します**）
※ get on to [onto] ~ も deal with ~ も「~に対処する」ですが、get on to [onto] ~ を使うと「取り組む」という響きが強く出ます。

〈他に回すべきことなら…〉

I'll make sure this is dealt with.（この件、きちんと**対応させ**ましょう）
■ make sure「確実を期する」　deal with ~「~に対処する」

〈どう対処できるか調べるということなら…〉

Let me see what I can do to help you. And I'll get back to you with an answer as soon as possible.
（どのようなことができるか確かめさせてください。できるだけ早くご連絡いたします）
■ let me see ~「~を確かめさせてください」　get back to ~「~にあとでまた連絡する」

❹ 連絡してくれたことにお礼を述べる

次のような言葉で、クレームへの対応を締めくくります。

Thank you for bringing this to our attention.
（お知らせいただき、ありがとうございます）

Thank you. What you told me will help us **improve our product.**
（ありがとうございます。お知らせいただいたことは私どもの製品の改善に役立ちます）

MORE	**責任を否定する言い回し**

顧客のクレームに対し、否定的返答をする場合の言い回しを見ておきましょう。

● **条件付きで否定する**

I'm afraid we're unable to repair or replace the item unless you have a warranty.
（残念ですが、**保証書がない限りは**、修理も交換もいたしかねます）
■ repair「修理する」 replace「交換する」 warranty「保証書」

I'm afraid we're unable to issue a refund unless you have a receipt.
（残念ですが、**領収書がない限りは**、返金いたしかねます）
■ issue「出す、支給する」 refund「返金」 receipt「領収書」

● **全面的に否定する**

I'm afraid this delay is beyond our control and therefore we cannot assume any liability.
（遅延は私どもの力の及ぶ範囲外であり、**一切責任を負うことはできかねます**）
■ beyond one's control「～の力が及ばない」 assume liability「（法的）責任を負う」

I'm afraid we're unable to comply with your request as we do not accept responsibility for any damage or loss in transit. You need to contact the carrier to submit a claim.
（**輸送中の損傷や滅失［紛失］**には私どもは責任を負っておらず、ご要望に応じかねます。運送会社に連絡して保険金をご請求ください）
■ comply with ~「～に応じる」 accept responsibility for ~「～の責任をとる」 damage or loss in transit「輸送中の損傷・滅失［紛失］」 carrier「運送会社」 submit a claim「保険金を請求する」
*submit「提出する」、claim「請求、主張」（insurance claim「保険金の請求」）

I'm afraid you've made modifications to our product that invalidate the warranty.
（恐れ入りますが、お客様は品物に対して**保証を無効とする**改変を加えていらっしゃいます［改変されたので、保証できません］）
■ modification「変更・手を加えること」 invalidate「効力を失わせる」

042

Chapter 2

社外とのコミュニケーション

Focus　空欄を埋めて話してみよう

クレームを言う／クレームへの対応

---

1. ❶ 苦情処理の担当者の方とお話ししたいのですが。

I_ l_ t_ s____ t_ s_____ w_ d___ w__ c_____
c_____.

038 🔊

---

2. ❷ 請求書の間違いのことで電話しています。

I_ c____ a____ a b____ e___.

3.　御社の製品に不満［苦情］があります。

I h___ a c_____ a____ y___ p_____.

---

4. ❸ 受け取った品物が違っていました。

I_ a____ w_ r_____ t_ w___ i___.

5.　サイズの違う品物を受け取りました。

I r_____ a_ i___ t__ w_ t_ w____ s__.

6.　受け取った品物が壊れていました。

W_ r_____ a d_____ s_____.

7.　品物を受け取ったのですが、いくつか不足しています。

W_ r_____ o__ s_____, b__ s____ items a__
m_____.

---

8. ❹ この件を調べて適切な対策をとってください。

I w____ a_____ i_ i_ y__ c____ l__ i___ t__ m____
a__ take a_____ e s___.

---

9. この件にどう対処していただけるのか、お知らせください。

C___ y__ l_ u_ k____ h__ y_ p__ t_ d__ w__ t__?

10. ❶ それはお気の毒です。

I__ s____ t_ h___ t__.

041

11. ❷ どういった問題があったのでしょうか。詳しく説明していただけませんか。

W___ s____ t_ b_ t_ p_____? C____ y__ p____ e_____ [g___ me t__ d____]?

12. ❸ ただちに対処します。

I_ d__ w__ t__ r___ a___.

13. この件、きちんと対応させましょう。

I_ m___ s__ t__ i_ d__ w__.

14. どのようなことができるか確かめさせてください。

L_ m_ s__ w__ I c__ d_ t__ y__.

15. ❹ お知らせいただき、ありがとうございます。

Thank y__ f_ b_____ t__ t_ o__ a_____.

DIALOG 音声を聴き取ろう

037

Making a Complaint

Goro Okano calls Jim Ford to have a mistake (on an invoice) corrected.

Okano: Hello, __ ____ Jim?

Ford: Hi, Goro. ____ __ ___ ____?

O: ___ _____ ____ an ____ on an _____...___ ___ __ the voice recorders.

F: Voice recorders...oh, the _____ __ 1,000 units. That was ___ _____.

O: Correct.

F: What _____ __ __ the _____?

O: __ ___ ___ ____, when we _____ the ____ __ those 1,000 units, you _____ to ____ __ 90 days ____, didn't you?

F: That's right.

O: Unfortunately, the _____ I received ___ _____ is ___ Net 30 days from the ___ of _____.

F: Ah, I'm sorry __ ___. Let me ____ __ your _____ ____ __ my _____...mmm...I did ____ a _____ that special _____ ____ ____. Obviously, someone in Accounting ____ __ ____ these _____.

O: Okay, ___ that you've _____ the problem, I'd like to know how you're going to ___ ___ this.

F: ___ _____ ___, I'll have a _____ _____ ___ to you. _ ___ _____ else __ ___ __ for you?

O: Yes. I'd like to ____ this __ _____. An e-mail ___ __. And in that e-mail, we'd like to be _____ that this _____ will not _____ ____ our credit. Can you do that?

F: _____ __ ___, Goro. And my apologies for the _____.

O: That's all right. And one last thing. Perhaps you'd like to _____ your _____ to _____ a _____.

F: Certainly. I'll ____ this issue ___ management. Thank you.

Responding to a Complaint

George Thompson, Customer Service, DLP Co., fields a call from Moe Hamada, a customer.

Thompson: DLP, _____ _____, George Thompson _____.

Hamada: Hi. Yesterday, I _____ in your Online Spanish Course... course for _____ ____— but after _____ the _____ ___, using the user __ and _____ you sent me, I _____ ____ I was __ the _____ ____. The course was ___ _____.

T: ___ ____ **to** ____ ___. Let me ___ your _____ ___ __ the _____. ____ I ____ your ____, please? I'll _____ your _____.

H: _____ Moe Hamada.

T: Moe Hamada...H __ __ Hawaii?

H: Right.

T: Yes, _____ __ ___. Ms. Hamada, ___ _____ we have a _____ here __ the Advanced Level.

H: ____ ____ _____ a mistake. Can I ___ a _____?

T: I ____ I _____ ___ "yes," but the _____ of ___, which you have _____ __, _____ that _____ ___ are not _____ ____ you ____ the course site, which ___ ___.

H: I ___ your _____....

T: However, you do have an _____ here. We can ____ you _____ for your current _____ and _____ that _____ Elementary, ah, meaning you can _____ in the course without _____ _____. Sorry, I _____ ____ _____ this in the ___ ____.

H: That's all right. It's _____ __ getting a _____. How could I _____? Oh, how do I __ _____ _____ in Elementary? ___ ___ another ____?

T: We'll ____ ____ of ___ using the form you ____ ___ for Advanced. __ __ _____ is a new set of User ID and password, which you'll get __ __ _____ by e-mail.

Lesson 15 ▶ 面接への対応 ①

Preparing Interview Questions

043

David Walsh discusses the conditions for hiring a new secretary with Laura Brown.

Brown: Human Resources, Laura here.

Walsh: Hi, Laura. It's David Walsh.

B: Good morning, Mr. Walsh.

W: Kate will be leaving at the end of the month, so I want you to advertise and screen for a permanent, full-time secretary.

B: Okay. A full-time secretary to Mr. Walsh. Any particular questions you want to be asked at the screening stage?

W: Yes, in addition to the standard things, please make sure any gaps in the employment history are adequately accounted for. Also, I'd prefer someone good with figures, ah, meaning spreadsheet skills are a must.

B: Okay, from what you've just told me, the list of questions will look something like this: **Why do you want to change jobs?** Can you tell us about your responsibilities at your current job? What is your greatest strength? What are your weaknesses? And of course, if there's a gap: What were you doing during that period?

W: Looks like that covers everything.

B: How many on the short list?

W: Short list?

B: I mean, how many should be left for the final interview?

W: Make it two, no, three.

B: So it's three then. Got it. I'll send in a memo with all the details.

W: Thanks.

......o **DIALOG** 面接の質問を用意する

Translation

デイビッド・ウォルシュが、ローラ・ブラウンと、新たに雇う秘書の採用条件を話し合っています。

ブラウン：人事部、ローラです。

ウォルシュ：やあ、ローラ。デイビッド・ウォルシュだけれど。

ブラウン：おはようございます、ウォルシュさん。

ウォルシュ：ケイトが今月末で辞めるんで、フルタイムの正社員ということで秘書を募集し、面接などをやってもらえるかな。

ブラウン：はい、ウォルシュさん付きのフルタイムの秘書ですね。選考段階で特に何か聞いておきたいことはありますか。

ウォルシュ：うん、普通の質問事項に加えて、職歴に空白があったら、ちゃんと説明がつくかどうかを見ておいてくれないかな。それと数字に強いほうがいい…つまり表計算ソフトをこなせるというのは不可欠だから。

ブラウン：わかりました。今伺ったお話では、質問事項はこんな感じになります。転職されたい理由は？　現在のお仕事で担当されている内容は。ご自分の最大の強みは何ですか。ご自分の短所は何ですか。そして、もちろん、空白があるときは、この間はどうなさっていたのですか。

ウォルシュ：それで全部カバーしているようだね。

ブラウン：最終選考リストには何人載せましょうか。

ウォルシュ：最終選考リスト？

ブラウン：つまり、最終面接に何人残すべきでしょうか。

ウォルシュ：2人にして、いや、3人。

ブラウン：3人ですね。了解です。詳しくは社内メモでお届けします。

ウォルシュ：ありがとう。

Vocabulary

interview 面接
conditions for hiring 採用条件 * hire「採用する」
Human Resources (Department) 人事部 *human resources「人材」
Hi, ~. It's .... こんにちは〜。…です。*直通電話で本人が対応するときの言い方
leave (a job) 離職する *口語では quit も使う
advertise 広告する、募集広告を出す *「(広告を出して) 募集する」意味にもなる
screen for ~ (面接などで) 〜を審査[選別] する *秘書が重要でない電話を選別することも screen と言う
permanent 正規の *「終身の」などの意味もあるが、ここでは臨時ではなく「正社員の」ということ
full-time 正規の *part-time「臨時の、パートの」の対義語
screening stage 選考段階 *書類審査や面接など
gap 切れ目、すき間、空白期間
employment history 職歴 *= job history
~ be accounted for 〜の説明がつく *account for ~「〜を説明する」
good with figures 数字に強い *= good with numbers
spreadsheet skills 表計算ソフトを使いこなす能力 *spreadsheet「表計算ソフト、スプレッドシート」
a must 必ず必要なこと
look like ~ 〜のように思われる
change jobs 転職する
responsibilities at one's job 職務、職責
current 現在の
strength 長所、強み
weakness 短所、弱点
cover カバーする、扱う、取り上げる
short list 一次選考等で最初の人数を絞り込んだリスト、最終選考候補者リスト
final interview 最終面接
memo (社内) 連絡メモ *memorandum の略。単なるメモではなく、簡単な報告書 (internal memo) なども含む

Lesson 15

Focus 面接での会社側質問パターン

044

Key Phrase

Why do you want to change jobs?
転職されたい理由は？

　上のフレーズは転職理由を尋ねる一般的表現です。会社側から求人の応募者に質問する際には、状況別の「TPO」とでも言うべき質問パターンに沿って質問が繰り出されます。次の例で見ていきましょう。

❶ 具体的に応募の動機を尋ねる

　上のキーフレーズの英文のほか、次のような表現ができます。

Why **are you looking for a** career change?
（なぜ転職を考えていらっしゃるのですか）　■ career change「転職」※ = job change

　次のように、前置きして why で始まる疑問節を続けることもあります。

I'm interested in hearing about the reason why **you're applying for this position. Why are you looking for a** career change?
（あなたがこの仕事に応募なさっている**理由に関心があります**。なぜ転職されたいのですか）

❷ 過去の具体的経験を尋ねる

　a time when ~, an occasion when ~ などで、過去の経験を尋ねることができます。

Could you **tell me about a time when** you negotiated well?
（うまく交渉をまとめた**経験について話してください**）

Was there ever an occasion when **things didn't work out quite so well?**
（ことが思ったように運ばなかった**というご経験はありますか**）　■ occasion「場合」

※この例は、応募者の答えに非の打ち所がなく、逆に心配になってきたときや、自信満々の人に揺さぶりをかけるためなどによく使われます。

How **have you dealt with** difficult people? （気難しい人にどう接してきましたか）

❸ もっと詳しく「続き」を聞く

　詳しく聞きたい場合に使われる、「例をあげる」「詳しく述べる」「具体的に話す」などの表現を押さえておきましょう。

Could you **give me an** example?（例を挙げていただけますか）
Could you **give me** more details?（もう少し詳しく述べていただけますか）
Could you be **more** specific?（もう少し具体的に話していただけますか）

❹ 念を押したり、確かめたりする

You were with XYZ America for ten years?
（あなたは 10 年間、XYZ アメリカで**働いていた**のですね）

Will you be able to start on Monday next week?
（来週の**月曜日から働き**始められますか）

※こういったケースではYES/NOで答えられる疑問文が多く使われます。

❺ イニシアティブを確保したいとき

With time so short, shall we move on to another area?
（あまり時間がありませんので、**別の話に移り**ましょうか）

※しゃべり続ける人に対して「次にいきましょうか」と促す場合に使います。

MORE

「5W1H」で質問を展開する

045

相手の答えが短すぎるときは、Can you give me an example? と言ってさらに聞き出すこともできますが、who、what、why、when、where、how など 5W1H を使って質問すれば、より具体的な答えが期待できます。

● **インタビューの例**

A: Can you tell me about your current job?
B: Oh, just general secretarial duties.
（A: あなたの**今のお仕事**について話していただけますか。
B: はあ、ごく一般的な**秘書の仕事**です）

〈5W1H を使ってさらに話を深める〉

Who do you report to?
（誰に報告するのですか／**誰が**上司ですか）

What special skills are required for your position?
（あなたのお仕事には**どのような**特別な技能が求められるのですか）

Why did you decide to make a career change?
（**なぜ**転職を決意したのですか）

When were you assigned to this department?
（**いつ**この部署に配属されたのですか）
■ be assigned to ~「~に配置［配属］される」

Where do you fit in the overall organizational structure?
（社内組織全体の中では**どのあたり**のポストになるのでしょうか）
■ organizational structure「社内の組織」

How did you get into the type of work you're currently doing?
（あなたが今おやりになっている職種には**どのようにして**入られたのですか）

Lesson 16 ▶ 面接への対応 ②

Answering Interview Questions

046

A member of the HR department, Laura Brown, interviews an applicant for an open position.

Brown: What interests you most about this job?

Applicant: What interests me most is the opportunity to work in a large, developed organization such as this. By "opportunity," I mean the high potential for career development.

B: I see. Could you be more specific about what you call "potential for career development"?

A: Yes. My career goal is to become a bilingual professional. And the advertised job would allow me to add to my knowledge and skills in my chosen field while actively participating in that kind of work.

B: Right. Now tell us a little about yourself. What's your greatest strength?

A: While I'm good with facts and figures, my greatest strength is in communication, both written and oral. Things like drafting memos and reports have always come easily to me.

B: Hmm. In what areas of your current job are you weakest?

A: I don't have any major weaknesses that interfere with how I do my work. Maybe one thing I should mention is that I'm a detail person and tend to overdo things—but I know where to draw the line between being meticulous and being unproductive.

B: Do you have any questions?

A: Will there be a second interview?

B: Yes, shortlisted candidates will be invited to a second and final interview. Thank you for coming. You'll hear from us next week.

A: Thank you for your time.

DIALOG 面接の質問に答える

Translation

人事部の担当者、ローラ・ブラウンが求人に応募してきた人と面接しています。

ブラウン: この仕事で一番惹かれるのは何ですか。

応募者: この仕事で一番惹かれるのは、御社のように規模が大きく、組織の整った企業で働けるチャンスだという点です。「チャンス」と申し上げたのは、キャリアアップという見地から非常に大きな可能性があるという意味です。

ブラウン: なるほど。その「キャリアアップという見地からの可能性」について、もっと具体的におっしゃっていただけますか。

応募者: はい。私のキャリアプランでのゴールは、バイリンガルのプロになることです。募集されているポストは、目指す分野での仕事に積極的に関与しながらその分野での知識と技能を伸ばせるはずです。

ブラウン: わかりました。さて、ご自身のことをちょっと聞かせてください。ご自分の最大の強みは何ですか。

応募者: 数字やデータにも強いのですが、一番の強みは書面と口頭の両方を含めてのコミュニケーションです。社内メモや報告書の起案といったものは、これまでいつも楽にこなしてきました。

ブラウン: ふーむ。現在のお仕事に関して、どのあたりが弱点ですか。

応募者: 自分の仕事をこなす上で支障となるような、目立った弱点というのはありません。ただ、一つ申し上げておいたほうがよいと思うことは、細かいことにこだわるタイプで、とかくやり過ぎてしまいがちなタイプでしょうか。でも、どこまでが徹底的にやることで、どこからが非生産的かということについてはわきまえております。

ブラウン: 何かご質問は?

応募者: このあと再度、面接があるのでしょうか。

ブラウン: はい。最終選考リストに残った方々を2回目の最終面接にお呼びします。今日はご足労いただきありがとうございました。来週、こちらから連絡いたします。

応募者: お時間を割いていただき、ありがとうございました。

Vocabulary

applicant for ~ ～への応募者 *applicant [金plikənt] は apply「出願する」の派生語。application「応募」

open position 空席となった職 *position「勤め口、職、ポスト」

opportunity 機会、チャンス

developed organization 発達した組織→整った組織

potential 可能性

career development キャリア開発、キャリアアップ *自分に適した分野を決め、その分野で腕を上げていくこと。英語で career up とは言わない

specific 具体的な

what you call いわゆる

career goal キャリア・ゴール *将来の設計図を描いたときの到達目標

bilingual professional 2カ国語を話す[バイリンガルの]プロ

advertised job 募集広告が出された仕事

knowledge and skills 知識と技能

facts and figures 数字やデータ、統計 * = statics

communication (書面または口頭での)意思の疎通・伝達

written and oral 書面と口頭の

draft 起草[起案]する、下書きをする

come easily[easy] to ~ ～にとってたやすいことだ

current 現在の

interfere with ~ ～のじゃまをする、を妨げる *[íntərfíər]

detail person 細かいことにこだわるタイプの人

overdo ~ ～をやりすぎる

draw the line between A and B AとBの間の違いを明確に区別する

meticulous [mətíkjələs] 細かいことにこだわる、綿密な

unproductive 非生産的な *productive「生産的な」

second interview 二次面接 *final interview「最終面接」

shortlisted 最終選考リストに残った

candidate [kǽndədèit] 候補者

Lesson 16

Focus　面接でよく聞かれる質問と答え　047 🔊

Key Phrase

What interests you most about this job?
この仕事で一番惹かれるのは何ですか。

面接では質問にある言葉を自分の答えに取り込むと話しやすくなります。

❶ 志望の動機

A: Why do you want to work for us?

B: I want to work for you because I see an opportunity to make a real contribution with my skills.
（A：あなたはなぜ当社に応募されたのですか。
B：貴社に応募した理由は、私のスキルを最大限発揮できるチャンスだと思ったからです）

❷ 現在の職務の説明

A: Can you tell me about your responsibilities at your current job?

B: My responsibilities include sales, invoicing, personnel, inventory, shipping, profit and loss control, and the production of weekly reports.
（A：あなたの現在の仕事の職責について話してください。
B：私の職責は営業、請求書発行、人事、在庫、発送、損益管理、そして週報の作成などです）

❸ 自己評価

A: How would you describe yourself?

B: I think I can describe myself as a morning person, and in fact, I get more done in the morning than in the rest of the day.
（A：あなたは自分をどのようなタイプだと思っていますか。
B：朝型タイプだと思っています。実際、朝はそれ以降よりも多くのことができます）

❹ 長所

A: What are your strengths?

B: My strengths lie in my ability to analyze facts and figures and to prepare reports using statistical information.
（A：あなたの強みは何ですか。
B：私の強みは、データや数字を分析し、統計資料を使ったレポートを作成する能力です）
■ statistical information「統計情報［資料、データ］」

❺ 短所

A: What are your weaknesses?

B: I have no weaknesses that affect my ability to do this job.
（A：あなたの短所は何ですか。
B：この仕事を行う能力に影響するような短所はありません）

❻ 将来の希望

A: **What are** your **ambitions?**

B: **My goal is to pursue an international career in my chosen field of specialization.**

（A：あなたが将来目指しているものは何ですか。
　B：私の目標は、自分の専門分野で国際的なキャリアを積むことです）

MORE

048

担当業務を述べる

過去の職歴についてはこれを過去形にすることで履歴書にも使えます。

● **一般事務・秘書業務**

I type invoices, handle incoming and outgoing calls, greet clients, and open and distribute incoming mail.
（請求書をタイプし、電話での連絡・取り次ぎ、顧客対応、受取郵便物の開封と配布を行っています）

I schedule meetings and appointments and also make travel arrangements.
（会議やアポイントの日程調整をし、さらに出張の手配もしています）

● **販売職**

I help customers, operate the cash register, check inventory, price merchandise, and manage in-store displays.
（接客し、レジを打ち、在庫を調べ、商品に値札をつけ、店内ディスプレイを管理しています）

I complete and submit invoices and process payments.
（請求書の作成・送付ならびに支払いの処理をしています）■ submit「提出する」

● **営業職**

I represent a line of low-end corporate PCs. Duties include making cold calls and following up leads in addition to working an assigned territory.
（業務用低価格 PC の営業を担当しています。担当地域での営業に加え、飛び込み販売および見込み客情報のフォローにも当たっています）
■ represent ～「～の営業を担当する」 line「（一定規格の）商品」 cold call「見知らぬ相手への（訪問や電話による）売り込み」 follow up leads「見込み客のフォロー」

● **管理職**

I conduct all hiring, promotions, salary adjustments, and terminations. （採用、昇格、昇給、そして解雇のすべてを担当しています）■ salary adjustments「支給額の加減」

I manage a team of 10 sales representatives, including daily assignments and annual reviews.
（10 名の営業員から成るチームを、日々の仕事の割り振りおよび年次勤務評定も含めて、管理しています）■ annual review「年次勤務評定」 ＊ review「再検討、批評」

発音も確認
してみよう

Focus 空欄を埋めて話してみよう

面接での会社側質問パターン／面接でよく聞かれる質問と答え

---

1. ❶ なぜ転職を考えていらっしゃるのですか。

W__ a_ y_ l_____ f_ a c____ c____?

044

---

2. ❷ うまく交渉をまとめた経験について話してください。

C___ y_ t_ m a____ at__ w___ y_ n_____
w__?

---

3. 気難しい人にどう接してきましたか。

H__ h__ y_ d__ w__ d_____ p____?

---

4. ❸ 例を挙げていただけますか。

C___ y__ g__ m_ a_ example?

---

5. もう少し具体的に話していただけますか。

C___ y__ b_ m__ specific?

---

6. ❹ 来週の月曜日から働き始められますか。

W_ y__ b_ a__ t_ s__ o_ M_____ n__ w__?

---

7. ❺ あまり時間がありませんので、別の話に移りましょうか。

W__ time s_ s___, s___ w_ m__ o_ t_ a_____ a__?

---

8. 御社に応募した理由は、私のスキルを最大限発揮できるチャンスだと思ったからです。

I w__ t_ w__ f_ y__ b_____ I s__ a o_____
t_ m__ a r__ c_____ w__ m_ s___.

047

110

---

9. ❷ 私の職責は営業、請求書発行、人事、在庫、発送、損益管理、そして
ウィークリーレポートの作成といったものに及んでいます。

M_r_____ i_____ s___, i_____, p_____,
i_____, s_____, p___ a__ l__ c_____, a__ t__
p_____ o_ w____ r_____.

---

10. ❸ 朝型タイプだと思っています。

I t____ I c_ d_____ m____ a_ a m_____ person.

---

11. ❹ 私の強みは、データや数字を分析し、統計資料を使ったレポートを作
成する能力です。

M s_____ l_ i_ m_ a____ t_ a_____ f___ a__
f_____ a_ t p____ r_____ u___ s_____
i_____.

---

12. ❺ この仕事を行う能力に影響するような短所はありません。

I h___ n_ w_____ t__ a____ m_ a____ t_ d_ t__
j__.

---

13. ❻ 私の目標は、自分の専門分野で国際的なキャリアを積むことです。

M g___ i_ t_ p_____ a_ i_____ c_____ i_ m_
c_____ f___ o_ s_____.

---

14. MORE 担当地域での営業に加え、飛び込み販売および見込み客情報のフォ
ローにも当たっています。

D____ i_____ m____ c__ c__ a__ f_____ u_
l___ i_ a_____ t_ w_____ a_ a_____ t_____.

（048 🔊）

---

15. 10 名の営業員から成るチームを、日々の仕事の割り振りおよび年次勤
務評定も含めて、管理しています。

I m_____ a t____ o_ 10 s___ r_____, i_____
d__ a_____ a_ a____ r_____.

DIALOG 音声を聴き取ろう

043

Preparing Interview Questions

David Walsh discusses the conditions for hiring a new secretary with Laura Brown.

Brown: _____ _____, Laura ____.

Walsh: __, Laura. __ David Walsh.

B: Good morning, Mr. Walsh.

W: Kate ____ __ _____ at the ___ of the _____, so I ____ ___ __ _____ and _____ __ a _____, _____ secretary.

B: Okay. A full-time secretary __ Mr. Walsh. Any _____ _____ you want to be _____ at the _____ ____?

W: Yes, in _____ to the _____ _____, please ____ ___ any ____ in the _____ _____ are adequately _____ __. Also, I'd _____ someone ____ ___ _____, ah, meaning _____ ____ are _ ____.

B: Okay, ____ ____ you've ___ ___ __, the list of questions will ____ _____ ___ this: **Why do you want to _____ ___?** Can you tell us about your _____ __ your _____ ___? What is your greatest _____? What are your _____? And of course, if there's a ___: What ____ you ____ _____ that _____?

W: _____ ___ that _____ everything.

B: How _____ on the _____ __?

W: Short list?

B: I mean, how many _____ __ ___ for the ___ _____?

W: _____ _ ___, no, three.

B: So it's _____ ____. Got it. I'll ____ in a _____ with all the _____.

W: Thanks.

046

Answering Interview Questions

A member of the HR department, Laura Brown, interviews an applicant for an open position.

Brown: What _____ you ____ about this job?

Applicant: What interests me most is the _____ to work in a large, _____ _____ such as this. By "opportunity," I mean the high _____ for _____ _____.

B: I see. _____ ___ be more _____ about ____ ___ ___ "potential for _____ _____"?

A: Yes. My _____ ___ is to become a _____ _____. And the _____ ___ would ____ __ to ___ to my _____ and ____ in my _____ ___ while actively _____ in that kind of work.

B: Right. Now tell us a little _____ _____. What's your _____ _____?

A: While I'm ____ with ____ and _____, my greatest strength is in _____, both _____ and____. Things like _____ _____ and reports have always ____ ____ __ me.

B: Hmm. In what ____ of your _____ __ are you _____?

A: I don't have any _____ _____ that _____ ___ how I do my work. Maybe ___ ____ I should _____ is that I'm a _____ _____ and ____ to _____ things—but I know _____ to ____ the ___ between being _____ and being _____.

B: Do you have any questions?

A: ___ ____ be a _____ _____?

B: Yes, _____ _____ will be _____ to a second and ____ _____. Thank you for coming. You'll ____ ____ us next week.

A: _____ ___ _____ ____.

Chapter 3

社内での
コミュニケーション

Managing Internal
Communication

Chapter 3

社内でのコミュニケーション
Managing Internal Communication

内容紹介

　第3章では、社内でのコミュニケーションというくくりで、いわゆるホーレンソウ（報告・連絡・相談）などが英語ではどう行われるかを見ていきます。この分野は地味なせいか、ビジネス英語として正面切って取り上げた本は少ないようですが、社内での英語の大部分を占めるのが、業務絡みの依頼、指示、そして報告・連絡・相談ですから、これなしでは済みません。ネイティブ・スピーカー並みの英語を話す人というのは、この種の言い回しを実にたくさん知っています。その意味で一つのカンドコロです。

　この章からビジネス英語特有の用語・用例が大幅に増えてきます。しかし、英語としての基本に変わりはないわけですから、初心者の方は臆することなく反復練習に努めてください。中級以上の方も、この程度は知っていると済ませることなく、ぱっと口を突いて出るかをチェックしてくだされば と思っています。

　この章の特色は、「リスク管理」というテーマを設けてリスク管理に関係した言い回しを取り上げていることです。ことの性質上、社外の人は知る機会もありませんが、大手企業はどこもこういったことに力を入れており、したがって、この分野での「リスクを評価する」といった言い方を知らないと不自由することになります。この際、基本的なものだけでも覚えておきましょう。

ダイアログ紹介

▶ 依頼と指示 Requests and Instructions

Lesson 17 仕事を依頼する Making Requests

　人事考課表を作成するよう命じられた社員が行き詰まってしまい、同僚に知恵を貸してもらうという想定のダイアログです。「クロージング力」など、辞典には出てなくても知っておく必要のある「会社用語」がたくさん出てきますので、チェックしておいてください。

Lesson 18 仕事の指示をする Giving Instructions

　監督官庁は、行政法規の実施を監視するため、会社・工場などに立ち入り検査を行うことがあります。このダイアログは検査官が来ているやや緊張した場面で、支店長が各部門の責任者にてきぱき指示を出しています。訳は「～してください」になっていても、英語での実際の響きは、「～しておいて、～しておくように」という、もっと厳しい感じのものです。

▶ 説明と見直し Explanations and Reviews

Lesson 19 支払いの段取りを説明する Explaining the Payment Process

　外部の人に仕事を依頼した場合、請求書はいつまでに出す、支払いはいつと、自社の
ルールを説明する必要がありますが、こうした場合、ダイアログの流れのとおり、一般
的ルールの説明から具体例へと説明していくのが普通です。

Lesson 20 業務の体制を見直す Reviewing the Process

　企業では、健全かつ効率的な経営、適正な財務報告、そして、不正行為などが起きな
いよう内部統制の仕組み作りが強調されます。このダイアログでは、本社の業務監査を受
けた東京支店の幹部が、問題点は何か、解決のための方策はなどを話し合っています。

▶ イニシアティブの発揮 Proactive Initiatives

Lesson 21 他の人々の力を活用する Using Other People's Skills

　モノの値段は原価にどれだけ利幅を乗せるかで決まります。原価100円のものに利幅を
20%乗せたら販売価格は120円です。「シナリオ分析」というと難しく聞こえますが、ダイ
アログは、表計算ソフトを使えば、計算がすぐできるという話をしているだけです。

Lesson 22 仕事を割り振る Assigning Work

　法律改正は日常的に行われており、その都度、関連部署は資料をアップデートする必
要がありますが、そういった場合、このダイアログに出てくるような言い回しを使いながら、
作業項目を洗い出して仕事を割り振り、優先順位をつけて処理していきます。

▶ 組織内での情報伝達 Communicating within the Organization

Lesson 23 組織内で情報交換をする Exchanging Information within the Organization

　企業内では業務改善に向けて始終、経営サイドからの「お達し」的な社内メモが回
ってきます。ここでは、Eメールを出す際、必要もないのにccをつけるな、顧客のこ
とを公の場でうかつに口にするなという「お達し」が取り上げられています。

Lesson 24 上層部または部下に報告する Reporting Up and Down the Management Hierarchy

　社員が不適切な業務遂行をしていないかを監視する業務を内部監査と言います。外資
系企業内で、内部監査部門が不正を発見した場合、同部門は法令順守部門ないしは法
務部門と連絡し合いながら、不正の生じた部門の長に報告します。

▶ リスク管理 Risk Management

Lesson 25 ビジネスリスクを管理する Managing Business Risks

　米国の証券会社などが、9.11テロで被害を受けた業務を元通り始められたのは、こ
こで取り上げているBCP（業務継続計画）が整備されていたからです。わが国でも、
BCPは日銀や金融庁の検査項目になっているぐらいで、重要な課題です。

Lesson 26 非常事態に対処する Dealing with Contingencies

　大企業では、非常事態に対処するための訓練を定期的に行っていることが多いもので
す。避難手順などをステップ・バイ・ステップで説明する場合、ダイアログにあるwalk
throughという言い方をよくします。説明はすべて現在形です。覚えておけば、いざとい
うとき必ず役立ちます。

Lesson 17 ▶ 依頼と指示 ①

Making Requests

049 🔊

Ryota Nagano from HR wants to ask his colleague, Sally Wilson, for some help on an appraisal sheet, and gets near her seat.

Nagano: I have a favor to ask, Sally. If it wouldn't be too much trouble, do you think you could help me with this draft appraisal form?

Wilson: Ah, sure. This can wait a few minutes.

N: As you can see, the column headed "APPRAISAL AREAS," which denotes the areas of measurement, contains, from top to bottom, "General Job Skills: Knowledge of product, Awareness of customer's needs, Closing ability, etc.," then comes "Productivity: Number of sales calls, New customer sales, Quota performance, etc."

W: Uh-huh, General Job Skills and Productivity...mundane yet essential they are, as these things go, I mean.

N: And as you can see on the form, opposite each item is a space for a numerical rating. The rating is based on a scale of one to five, with five being "outstanding," three being "meets expectations," and one being "unacceptable." The trouble is that I'm out of ideas to round out this column.

W: How about adding things like, ah, "Communications: Negotiating skills, Phone skills, Feedback (receiving and giving)," and you can't forget to include "Personal Qualities" to round it out.

N: Excellent. Thank you. Ah, about "Personal Qualities," what goes into that item, to be more specific?

W: Well, I'd say "Dedication to work," "Dependability," "Flexibility," "Professionalism," and, of course, the sure-fire item, "Grooming and appearance."

Translation

人事部の長野良太が、人事考課表の作成を手伝ってもらおうと、同僚のサリー・ウィルソンの席に近づきます。

長野：サリー、頼みがあるんだ。無理な注文でなければ、この考課表の原案作りを手伝ってもらえないかな。

ウィルソン：ええ、いいわよ。今やっている仕事はちょっとくらいなら余裕があるし。

長野：この表だけど、見てのとおり、評価対象を指す「評価項目」という見出しが付いている縦列は、上から、「基本的職能:商品知識、顧客ニーズの把握、クロージング力など」で、次に、「生産性:営業先への訪問回数、新規顧客開拓、ノルマ達成度など」となっているんだ。

ウィルソン：えーと、基本的職能と生産性ね…ごくごく普通だけれど必須の項目ということね。この手のものとしては、という意味でね。

長野：これも表にあるとおり、各項目の横に、数字で評価区分を入れるようにしてあるけど、この区分は 5 段階評価で、5が「優秀」、3が「期待どおり」、1が「不可」ということ。困っているのは、この縦列を完成させるための項目案が種切れになってしまったことなんだ。

ウィルソン：こういうのを足したらどうかしら。えーと、「コミュニケーション能力:交渉手腕、電話応対術、フィードバック（フィードバックを受ける、フィードバックをする）」。あと、ひととおり入れるということになると、忘れてはいけないのが「個人的特性」でしょう。

長野：素晴らしい。ありがとう。ああ、それから「個人的特性」だけど、具体的にはどういったものが入るの?

ウィルソン：そうね、私が入れるとしたら、「仕事への意欲」「信頼性」「柔軟性」「プロ意識」、そして、当然、誰も文句の付けようがない項目、「身だしなみ・外見」かな。

Vocabulary

make a request 依頼［要請］する

HR 人事部 ＊Human Resources (department) の略

appraisal sheet 人事考課表 ＊appraisal [əpréizəl]「評価、査定」

draft appraisal form 考課表案 ＊draft「原案（の）、草稿（の）」

can wait 後回しにできる

column 縦列、縦の欄 ＊line「横列,行」

head 見出しを付ける、〜の長である

appraisal areas 評価領域→評価項目が並ぶ領域→評価項目

denote 示す ＊de（下に）note（記す）

areas of measurement 評価が行われる分野→評価対象 ＊measurement「評価」

general job skills 一般的仕事力→基本的職能

awareness 気付いていること、認識

closing ability クロージング力 ＊セールスの最終段階で、契約に持ち込む能力

productivity 生産性

sales call 営業先訪問、営業の電話

quota performance ノルマ達成度 ＊quota [kwóutə]「割り当て、ノルマ」

mundane 平凡な、ありきたりの

as these things go この手のものとしては ＊as 〜 go「〜としては」

opposite 〜 〜の向こう側に

numerical rating 数字による順位付け

on a scale of one to five 5 段階評価で ＊scale「目盛り、等級表」

outstanding 〈形〉際立った→優（秀）

meet expectations 期待に応える→期待どおり

out of ideas アイディアがなくなって

round out 完成に持ち込む ＊不足分を補って完成させる

personal qualities （個人の）資質、個性

dedication to 〜 〜への献身［専念］

dependability 信頼性

sure-fire 確実な、誰でも認める

grooming and appearance 身だしなみと外見 ＊grooming「身繕い、身だしなみ」appearance「外見,服装」

Lesson 17

Focus　依頼するときの言い回し

Key Phrase

If it wouldn't be too much trouble, do you think you could help me with this draft appraisal form?

無理な注文でなければ、この考課表の原案作りを手伝ってもらえないかな。

社内の同僚などに何か仕事を頼んだり、手伝ったりしてもらいたいときは、まずは「無理な注文でなければ」「よかったら」といった前置きで始めてから頼みごとをします。その際、状況に応じて理由を説明したり、期限を伝えたりします。

❶ 頼みごとがあるときの前置き

I have a favor to ask.（お願いがあります）

よく使われる表現ですが、次のような疑問文にした方が、丁寧な感じになります。

Can [Could] I ask a favor?（お願いがあるのですが）

簡単なことなら can、それより負担が大きいことなら could を使います。Can I ~? の代わりに May I ~? とも言い、また、Will you ~? を使って Will you do me a favor? とも言いますが、同僚同士の場合は can を使った言い方が多く使われます。

Can I ask you to help me with something?（ちょっとお願いがあるんですが）

※with somethingの部分には、with translation「翻訳を」なども入れられます。返事としては、まず以下の言い方を覚えておきましょう。

Yes [Sure/Okay/Of course]. What do you need?（はい。どんなことですか）

It depends.（状況によりますが）

No, I'm afraid.（すみませんが、できないんです）　※右ページ"more"も参照。

❷ 頼みごとをする

次の文のうち、初めの appreciate を使った文も丁寧ですが、あとの Would you mind...? の文は、疑問文の形で相手の意向を尋ねているため、より丁寧です。

A: I'd appreciate it if you could help me with this translation.
B: Yes, I can help you with that.

（A：この翻訳を手伝っていただけませんか。B：ええ、いいですよ）　■ I'd = I would

A: Would you mind helping me with this translation? I'd like you to check it for grammar and usage.
B: I don't mind doing that.

（A：この翻訳を手伝っていただきたいのですが、よろしいですか。文法と言葉遣いを見てもらいたいんです。B：いいですよ）

❸ 理由などを説明する

I appreciate being able to ask you this. I won't be able to finish this in time because of my limited English.
（これをお願いできないでしょうか。英語力が足り**ず**、期限までに終わらせられないんです）

I need your help because I'm out of my depth here.
（手に余る**ので**助けてほしいんだ）■ be out of my depth「自分の能力を超えている、手に余る」

❹ 期限などを伝える

The report must be finished by the end of the day, because our customer wants it first thing tomorrow morning.（このレポートは、今日中に仕上げる必要があります。お客様が明日の朝イチでと求めているからです）

Sorry for the rush, but could you do this by noon?
（急がせてすまないが、昼までにやってもらえるかな）
※急ぎの場合には、「なるべく早く（as soon as possible [ASAP]）」といったあいまいな言い方ではなく、具体的な期限を明示するのが普通です。

MORE

051
🔊

依頼の断り方

頼みごとを断る際には、「あいにくできません」と言ってから、理由を説明したり、「その代わり…」といった代案を出したりします。

● I'm afraid / I wish I could, but で始める

I'm afraid... や I wish I could, but などの「クッション」を置き、「あいにく…」という気持ちを表します。簡単に Sorry や、逆にもう少し長く I'm flattered that you asked me, but「声をかけてもらってうれしいのですが」なども前置きになります。

I'm afraid I'm unable to help you right now.
（あいにく今すぐはお手伝い**できません**）

I wish I could, but I'm unable to help you right now.
（そうしたいのはやまやまですが、今すぐはお手伝い**できません**）
※断るときには、cannotではなく、unable toという言い方が好まれます。これにより、自分にはどうにもならない外部的制約のため、というニュアンスが出ます。

● 理由、代案を挙げる

I'm tied up till the middle of next week. Can it wait till then?
（来週半ば**まで**手一杯です。それまでお待ちになれますか）

I'm sorry for sounding so hurried, but I'm pressed for time. Can it wait till I'm done with what I'm doing?
（私だけが忙しいみたいで気が引けますが、時間に追われているんです。今やっていることが片付くまで待ってもらえますか）■ be pressed for time「時間に追われている」

I'm in a meeting all afternoon. But I'd be happy to help you tomorrow.（午後はずっと会議です。でも明日なら喜んでお手伝いできます）

Lesson 18 ▶ 依頼と指示 ②

Giving Instructions

052 🔊

Tim Jacoby, the head of a branch of XYZ Trust Bank, is giving directions to functional managers because a team of regulatory inspectors arrived for an unannounced audit that morning.

Jacoby: This morning, a team of inspectors has walked into our offices unannounced. They're from our regulatory agencies, including the tax authority. If requested by an inspector, we're required to produce a translation of any written workplace material, including routine communications with outside parties. So Ann, I want you to activate our on-call translators and have a meeting for assigning work.

Ann Morris (Chief Administrative Officer): Right. Activate on-call translators and have a meeting for assigning work.

J: We need to make our employees aware that evasions and obstructions of inspections, such as shredding and hiding documents, are not allowed. Should this occur, it will be grounds for dismissal. Accordingly, an alert to this effect shall be posted on the intranet and all shredders must be sealed. Bob, I want you to take care of this. Also, I want you to contact IT and see to it that no files can be removed from the server.

Bob White (Head of Security): Got it. No changes to existing information, and measures to ensure this.

J: Is there anything I've said that's unclear to you? Anything else that needs to be done?

W: I think we've pretty much covered our to-do list for day one.

M: Yeah, my take, too.

J: Oh, one last thing. I want you to report back to me by the end of the day and let me know where you are in the task.

W: What do you say we meet at the end of the day? That way, we can all share information and compare notes.

J: Good thinking. We meet at 7 p.m., then.

Translation

朝、監督庁の検査官一行が抜き打ち検査に入ったため、XYZ 信託銀行の支店長ティム・ジャコビーが、各部門の責任者に指示しています。

ジャコビー：今朝、検査官のチームが抜き打ちで当行に入りました。当行の監督庁、それに税務当局からのメンバーです。検査官に求められた場合、われわれはどんなものであろうと、業務上使うすべての文書、これには外部との日常の業務連絡も含まれますが、こういったものの訳文を提出することが義務付けられています。そこでアン、待機リストに載っている翻訳者に連絡して、仕事の割り振りのためのミーティングを開いてください。

アン・モリス（総務担当の責任者）：承知しました。待機リストの翻訳者に連絡し、仕事の割り振りのためのミーティングをやる、と。

ジャコビー：行員に対しては、検査の回避や妨害、例えば、書類をシュレッダーにかけたり隠したりするといったことをしてはならない旨周知を図る必要があります。こうしたことが起これば、解雇の理由になります。そこで、こうした警告を社内のネットで流す一方、シュレッダーに封印（して使えなく）しなければなりません。ボブ、この件を頼みますよ。それと、IT 部門に連絡して、サーバーからファイルを削除できないように必要な措置を取ってください。

ボブ・ホワイト（セキュリティーの責任者）：わかりました。既存の情報を変更してはならず、また、これを確実にする措置を取ること、と。

ジャコビー：何か不明な点がありますか？ ほかに何かすべきことがありますか？

ホワイト：初日にカバーすべき必須項目は概ね出尽くしているような気がしますが。

モリス：私も同感です。

ジャコビー：そうそう、最後にもう一つ。きょうの業務終了までに私に報告を入れ、各自の担当している件での進捗状況を教えてください。

ホワイト：提案ですが、業務終了時点で、ミーティングをするというのはどうですか。そのほうが、情報を共有できますし、情報交換もできますし。

ジャコビー：名案ですね。それでは、午後7時に集合ということで。

Vocabulary

give instructions 指示をする
give directions 指示をする ＊同上
functional manager 部門責任者 ＊function「組織の」部門（部,事業部）
regulatory inspector 監督庁の検査官 ＊regulatory「取り締まる権限を持つ」
unannounced audit 抜き打ちの検査 ＊audit [ɔ́ːdit]「会計検査［監査］」
regulatory agency 監督庁、取り締まり機関
tax authority 税務当局
workplace material 業務で使っている資料 ＊workplace「職場」
routine communications 日常の業務連絡（で使う文書）
outside parties 外部の関係者たち
activate 活動的にする、（声をかけて）すぐ働けるようにしておく
on-call translator 待機リスト上の翻訳者 ＊on-call「要求（call）次第来る」
assigning work 仕事を割り振る作業 ＊assign [əsáin]「割り当てる」
aware 〈形〉承知している
evasion （ここでは検査の）回避
obstruction 妨害
shred シュレッダーにかける
should this occur 万一これが起きたら ＊= if this occurs
grounds for dismissal 解雇事由
alert 警告、警報
to this effect この趣旨の
shall be posted 掲示されなければならない ＊shall は話者の意志を表す
intranet イントラネット、企業内ネット
seal 封印する ＊使用できなくする意味
see to it that ~ （間違いなく）〜となるよう取り計らう
existing information 既存の情報［資料］
measures 措置 ＊take ~「措置を取る」
ensure 確かにする
to-do list やるべき仕事の一覧
My take, too. 同感です。 ＊直訳は「それは私の判断［見解］でもあります」
end of the day 業務終了時点
task （一定期間内にやるべき）仕事
share information 情報を分かち合う
compare notes 情報［意見］交換する

Lesson 18

Focus 部下に指示するときの言い回し

> **Key Phrase**
>
> **I want you to activate our on-call translators.**
> 待機リストに載っている翻訳者に連絡しておくよ

業務上の指示を出すときは、I want you to ~ や I need you to ~ が使われます。また法令や社則などに基づく強い必要性があるときは、be required to ~ も使います。

❶ I want you to ~「〜しておくように」?命令口調

Robert, I want you to finish the report by Friday.
（ロバート、このレポートは金曜日までに仕上げ**ておくように**）

Jim, I want you to make sure this is finished by Friday.
（ジム、これを金曜日までに必ず済ませ**ておくように**）

want を使うと命令口調になるため、自分の直接の部下でない場合は、次のように would like you to ~ を使ったほうが無難です。

Kate, I'd like you to have the minutes of this meeting ready by 2 o'clock.（ケイト、この会議の議事録を2時までに作っておいてもらいたいんですが）

Roy, I'd like you to tell Mr. James to drop in at my office.
（ロイ、ジェームズ氏に私のオフィスに立ち寄るよう伝えてもらいたいんですが）

❷ I need you to ~「〜しておきなさい」─必要性が強調され、より強い口調になる

I need you to ~ は I want you to ~ に比べると、より直接的で強制的。

I need you to contact our outside counsel and seek her advice.
（うちの顧問弁護士に連絡して、彼女の助言を求め**なさい**）■ outside counsel「顧問弁護士」

I need you to review this agreement and see to it that it duly reflects the negotiated terms of the deal.
（この契約書を検討し、交渉でまとめた取引条件が間違いなく入っているか見**ておきなさい**）
■ see to it that ~「～となるよう取り計らう」 duly reflect「然るべく反映している」 * duly「適切に、十分に、しかるべく」 negotiated terms of the deal「交渉でまとまった取引条件」 * terms「条件」

I need you to oversee things here while I'm out of town.
（留守の間、ここでの業務を見**ておくように**）

❸ You're required to ~「〜する必要[義務]があります」─強制力があると感じさせる口調

be required to ~ は、それを求める人の背後に、社内の規則あるいは法令といった強制力があることをうかがわせる言い方です。

You're required to submit your expense report by the 15th of each month.

（毎月 15 日までに経費精算書を提出**する必要があります**）
■ submit「提出する」　expense report「経費精算書」

You're required to file a tax return with the Japanese tax authority.

（あなたの場合、日本の税務当局に申告書を提出**する必要があります**）
■ file ~ with ...「…に～を（正式に）提出する」　tax return「税金の申告書」　tax authority「税務当局」

054

「〜しなくていい」と伝える

「〜しなくていい」「〜する必要はない」という言い方も見ておきましょう。

● 「〜しなくていい」の基本は (You) don't have to ~

基本は You don't have to ~. ですが、You don't need to ~. の形も使われます。

You don't have to submit a detailed proposal. A one-page summary will do.

（詳しい企画書を提出**する必要はありません**。要旨1ページでいいです）
■ proposal「企画書」　summary「要旨」

You don't need to finish this today.

（これはきょう終わら**せなくてもいいですよ**）
※イギリス式には You needn't submit a detailed proposal. とも言えますが、アメリカ人の中には違和感を覚える人がいます。

「〜する必要はない」は左ページで見た You're required to ~ の否定形でも表せます。

You're not required to file a tax return with the tax office.

（あなたは税務署に申告書を提出**する必要はありません**）

● よりフォーマルな場面で「（制度上）〜しなくていい」と伝える

〈under no obligation to ~「〜する義務はない」〉

under (an) obligation to ~「〜する義務がある」の否定形です。

You're under no obligation to submit a written request.

（あなたは書面による申請書を提出**する義務はありません**）
■ written request「書面による申請書」
※この文をYou're not required to ~で言い換えると、意味はほぼ同じですが、改まった感じが弱まります。

〈be exempt from ~「〜から除外される」〉

制度上の義務がある場合に、特例としてその適用除外を伝える言い方。

Employees graded GS-1 and above are exempt from the payment of overtime.

（等級が GS-1 以上の社員は、時間外手当支給の**適用除外になります**）
■ graded GS-1 and above「等級が GS-1 以上の」　payment of overtime「時間外手当の支給」

発音も確認
してみよう

Focus 空欄を埋めて話してみよう

依頼するときの言い回し／部下に指示するときの言い回し

---

1. ❶ お願いがあるのですが。

C__ I __ y__ a f____?

050

---

2. ちょっとお願いがあるんですが。

C__ I a__ y__ t h__ m__ w__ s_____?

---

3. はい。どのようなことですか。

Y_. W___ d_ y__ need?

---

4. 状況によりますが。

I_ d_____.

---

5. すみませんが、できないんです。

N_, I'm a____.

---

6. ❷ この翻訳を手伝っていただけませんか。

I'd a_____ i_ i y__ c___ h__ m_ w__ t__ t_____.

---

7. ❸ 手に余るので助けてほしいんだ。

I n___ y__ h__ b_____ I_ o_ o_ m_ d___ h__.

---

8. ❹ 急がせてすまないが、昼までにやってもらえるかな。

S___ f_ t_ r___, b_ c___ y__ d_ t__ b_ n___?

---

9. ❶ ロバート、このレポートは金曜日までに仕上げておくように。

R____, I w__ y__ t_ f___ t__ r___ b_ F____.

053

---

10. ケイト、この会議の議事録を2時までに作っておいてもらいたいんですが。

K___, I'_l__ y__ t_ h___ t__ m_____ o'_ t__ m_____ r____ b_ 2 o_____.

11. ❷ うちの顧問弁護士に連絡して、彼女の助言を求めなさい。

I n___ y__ t_ c_____ o__ o_____ c_____ a__ s___ h__ a____.

12. ❸ 毎月15日までに経精算書を提出する必要があります。

Y____ r_____ t_ s_____ y__ e_____ report b_ t__ 15th o_ e___ m____.

13. MORE 詳しい企画書を提出する必要はありません。

Y__ d___ h___ t_ s_____ a d_____ p_____.

054

14. あなたは書面による申請書を提出する義務はありません。

Y____ u____ n_ o_____ t_ s_____ a w_____ r_____.

15. 等級がGS-1以上の社員は、時間外手当支給の適用対象外になります。

E_____ g_____ GS-1 a___ a____ a_ e_____ f___ t__ p_____ o_ o_____.

DIALOG 音声を聴き取ろう

049

Making Requests

Ryota Nagano from HR wants to ask his colleague, Sally Wilson, for some help on an appraisal sheet, and gets near her seat.

Nagano: I ____ a ____ __ ___, Sally. _ it _____ __ too much _____, do you think ___ ____ ___ me ____ this ____ _____ ____?

Wilson: Ah, sure. This ___ ___ a few minutes.

N: As you can see, the _____ _____ "_____ _____," which _____ the areas of measurement, contains, from ___ to _____, "_____ __ ____: Knowledge of product, _____ of customer's needs, _____ _____, etc.," then _____ "_____: Number of ____ ____, New _____ ___, _____ _____, etc."

W: Uh-huh, General Job Skills and Productivity..._____ yet essential they are, __ ____ _____ __, I mean.

N: And as you can see on the ____, _____ each item is a _____ for a _____ _____. The rating is based __ a ____ of ___ __ ___, with five being "_____," three being "_____ _____," and one being "unacceptable." The _____ _ that I'm ___ __ ____ to _____ ___ this column.

W: How about _____ things like, ah, "_____: _____ ____, Phone skills, _____ (receiving and giving)," and you can't forget to include "_____ _____" to _____ it ___.

N: _____. Thank you. Ah, about "Personal Qualities," what ____ ___ that item, to be _____ _____?

W: Well, I'd say "_____ _ work," "_____," "_____," "Professionalism," and, of course, the _____ item, "_____ and _____."

052 🔊

Giving Instructions

Tim Jacoby, the head of a branch of XYZ Trust Bank, is giving directions to functional managers because a team of regulatory inspectors arrived for an unannounced audit that morning.

Jacoby: This morning, a team of _____ has _____ ___ our offices _____. They're from our _____ _____, including the ___ _____. If _____ by an inspector, _____ _____ to _____ a translation of any written _____ _____, including _____ _____ with _____ _____. So Ann, I ____ ___ __ _____ **our** _____ _____ and have a meeting for _____ ____.

Ann Morris (Chief Administrative Officer): Right. Activate on-call translators and ____ a _____ __ assigning work.

J: We ____ __ ____ our _____ _____ that _____ and _____ of inspections, such as _____ and _____ documents, are not allowed. _____ ___ ____, it will be _____ for _____. Accordingly, an ____ __ this ____ ____ be _____ on the intranet and all _____ must be _____. Bob, I ____ ___ to ____ care of this. Also, I ____ ___ __ _____ IT and __ __ _ ___ no files can be _____ from the server.

Bob White (Head of Security): Got it. __ _____ to _____ _____, and _____ to _____ this.

J: Is there anything ___ ___ that's _____ to ___? Anything else that _____ to be ____?

W: I think we've _____ _____ _____ our _____ list for ___ ___.

M: Yeah, __ ____, ___.

J: Oh, one last thing. I ____ ___ to _____ ____ to me by the ___ __ __ ___ and __ __ ____ where you are in the ___.

W: _____ __ ___ __ we meet at the end of the day? That way, we can all ____ _____ and _____ ____.

J: _____ _____. We meet at _ p.m., then.

Lesson 19 ▶ 説明と見直し ①

Explaining the Payment Process

055 🔊

Yuri Toda from Finance is explaining cut-off and payment days along with the whole payment system to Allan Dunn, a newly contracted translator.

Toda: Let me explain the overall framework for processing payables. The timeline is of particular importance for you, I believe, so that you can submit your invoices on time. Anyway, there are two key days: the cut-off day and the payment day. Of the two, the cut-off day is the most important as it marks the boundary between the set of invoices processed during the cycle and those processed in the next cycle.

Dunn: Cut-off day and payment day. Uh-huh.

T: As you may know, Japanese companies generally pay once a month and have a cut-off day prior to that payment day. In our case, the cut-off day is the twentieth day of each month and the payment day is the tenth day of the following month. Any invoice received on or after the twenty-first day falls into the next payment cycle.

D: What if the payment day falls on a non-business day?

T: Simple. Payment days that fall on a holiday or weekend roll forward to the next business day. For instance, if the payment day falls on a Saturday, the payment will be made on the following Monday.

D: How do you identify the date the invoice was received?

T: Oh, all invoices are date-stamped upon receipt.

D: I see. I take it that the full amount of the invoice is paid into my bank account on the pay date.

T: Not exactly, I'm afraid. Payments to individuals are subject to a 10 % withholding tax.

D: You're telling me that I don't receive the full amount stated on the invoice unless my business is incorporated.

T: Correct.

D: Hmm.

DIALOG 支払いの段取りを説明する

Translation

経理の戸田由利が、新たに契約した翻訳者のアラン・ダンに、全体的な支払いのシステムと併せて締め日や支払日について説明しています。

戸田: 私どもの支払手続きに関する全体の枠組みをご説明しましょう。期限どおりに請求書を提出していただくために、日程が特に重要かと思います。ともかく、節目となる日が2つあります。締め日と支払日です。2つのうち、締め日がいちばん重要です。1つの計算期間中に処理される請求書と次の計算期間で処理されるものとを分ける境界となるからです。

ダン: 締め日と支払日ですね。ふむ。

戸田: ご承知のとおり、日本の会社は、一般に、月1回の支払いをしており、その支払日に先立って締め日を設けています。私どもの場合は、当月の20日が締め日で、支払日は翌月の10日になります。21日以降に受領した請求書はすべて次回の計算期間に持ち越されます。

ダン: 支払日が営業日でない日に当たるとどうなるのでしょうか?

戸田: ごくかんたんです。祝日または週末に当たった支払日はそのまま次の営業日へと繰り延べられます。例えば、支払日が土曜日に当たった場合、支払いは次の月曜日に行われます。

ダン: 請求書の受領日はどうやって判定しているんですか?

戸田: ああ、請求書はすべて受け取った時点で日付印が押されます。

ダン: なるほど。支払日に私の銀行口座に請求書の金額が全額払い込まれるんですよね。

戸田: 残念ながら、正確にはちょっと違います。個人への支払いは10%の源泉課税が義務付けられているのです。

ダン: となると、私のビジネスが法人化されていない限りは、請求書に記載されている金額を全額は受け取れないということですね。

戸田: そのとおりです。

ダン: ふーむ。

Vocabulary

payment process 支払い処理
cut-off day 締め日 *cut-off は「締め切り、期限」
payment day 支払日
along with ~ ~と共に
newly contracted 新たに契約した *contract「契約する」
overall framework 全体的な枠組み
processing payables 支払いを処理すること→支払手続き *payable は accounts payable のことで、「買掛金、未払金」。payable「払わなければならない、支払い義務がある」
timeline 時間軸、日程
be of importance 重要である
submit 提出する
invoice 請求書 *「送り状」の意味も
key day 重要な日
mark the boundary 境界線[境目]を示す
cycle 周期、一巡、サイクル
prior to ~ ~に先立って、~より前に
on or after ~ day ~日またはそれ以降に
fall into ~ ~に入る
What if ~ ? もし~したらどうなりますか。
fall on ~ (日が)~に当たる
non-business day 非営業日
roll forward to ~ ~に繰り延べになる *roll「転がる、動く」
identify 特定する、認識する
date-stamp ~ ~に日付印を押す
I take it that ~. ~だと思う[理解する](が)。~と解釈してよいでしょうね。
bank account 銀行口座
be subject to ~ (税金など)~の対象となる、~が課せられる
withholding tax 源泉徴収税、源泉課税 *withhold「保留する」
state 記述する
incorporate one's business 事業を法人化[会社組織に]する

Chapter 3　社内でのコミュニケーション

131

Lesson 19

Focus 段取りの説明

056

Key Phrase

Let me explain the overall framework for processing payables.

私どもの支払手続きに関する全体の枠組みをご説明しましょう。

段取りは普通、一定の枠組みの中で「いつ」「何を」やるかを決めていくもので、業務上の段取りを説明する際に使う単語や言い回しは大体決まっています。説明手順に沿って言い回しを見ていきましょう。

❶ 大枠を説明する

全体の枠組みの説明では、次のように framework/process/produce「枠組み／プロセス／手順」と、consist of ~ や divide ... into ~ との組み合わせが多く使われます。

The overall framework consists of two elements.
（全体の枠組みは、2つの要素で構成されています）

We can divide the overall process [procedure] into two elements.
（全体のプロセス［手順］は、2つの要素に分けることができます）

上の elements「要素」部分には stages や phases「段階」を入れることもできます。

The overall process [procedure] consists of two stages [phases].
（全体のプロセス［手順］は2つの段階から構成されています）

❷ 時間的要素を説明する

Timewise, the order fulfillment process usually takes five days.
（時間的には、注文処理のプロセスは通常5日かかります）

A basic timeline for the orientation program for new hires goes like this: Day 1, Office tour; Day 2, Workstation setup; Day 3, Spreadsheets.
（新入社員向けのオリエンテーションの時間割は基本的に次のようになっています：1日目 オフィスツアー、2日目 ワークステーションの設定、3日目 スプレッドシート）

❸ 各段階で何が行われるかを説明する

At this stage, the application is passed on to the Executive Committee.（この段階で、申請は経営委員会に回されます）
※プロセスの説明では、何が行われるかの説明が多いため、受動態が多用されます。

During this phase, we begin to research solutions.
（この局面で、われわれは問題解決策を見いだす調査に着手します）
※プロセスの説明では、主として現在時制が用いられます。

❹ 説明がわかったかどうかの確認

I hope my explanation makes sense. To be honest, it can be hard to describe these things.
（私の説明でおわかりいただけたらいいのですが。正直申し上げて、この手のことをご説明するのは難しいものです） ■ describe「説明する、言葉で描写する」

I'm not sure if I'm doing a good job of explaining. Any questions so far?
（うまく説明できたか自信がありません。これまでのところで何かご質問はありますか）

MORE

framework、process、procedure の使い方

057

framework、process、procedure の使い方で、左ページ❶「大枠を説明する」で見た組み合わせ以外の例を見ておきましょう。

● 動詞 establish と〈framework/process/procedure〉

establish ... for ~「〜のための…を確立する」ともよく組み合わせて使われます。

We need to establish a framework [process/procedure] for undertaking regular auditing and management reviews.
（定期的な業務・会計監査と経営陣による見直しを実行するための**枠組み**［**プロセス／手順**］**を確立する**必要があります）
■ undertake「進める、遂行する」 regular auditing「定期的な業務・会計監査」

● 動詞 follow/go through と〈process / procedure〉

follow と go through は「（手続き）を踏む」という意味ですが、go through は手続きを踏んで「済ます」というニュアンスが強いです。

Please follow the procedure step by step.
（**手続きを**一つずつ**進めていってください**）

I'm afraid you have to go through the whole approval process again.
（あいにくですが、承認**手続きを**もう一度初めから**やってもらわなければなりません**）
■ approval process「承認手続き」

● 前置詞 within, under との組み合せ

〈within the framework〉

We need to prioritize the tasks within the framework of cost-benefit analysis.
（費用対効果分析の**枠組みの中で**作業に優先順位をつける必要があります）
■ cost-benefit analysis「費用対効果分析」

〈under the procedure〉

You need to apply in writing under the procedure.
（この**手続きの下では**書面で申請する必要があります）

Chapter 3　社内でのコミュニケーション

Lesson 20 ▶ 説明と見直し ②

Reviewing the Process

058 🔊

The Tokyo Office's executive officers have gotten together to discuss and make changes based on the findings of internal auditors from the US headquarters.

Paul Bailey: You've already looked carefully at what our auditors have come up with. What appear to be the key issues or key problem areas? And what is your reaction to the points raised?

Kana Matsuda: What we've failed to notice before the audit is that there is inadequate segregation of duties in several areas of operation. For instance, our shipping department.

Julia Henderson: What's wrong with the current setup?

M: Currently, one person has custody of inventory and also maintains the accounting records, which means that, for argument's sake, this person could take some inventory for personal use and cover the shortage with an entry in the accounting records. We can detect this by physical stocktaking, but we'd prefer to prevent a problem, be it an error or irregularity.

H: So, what do you recommend?

M: It's obvious that we need to prevent one person from perpetrating and concealing an error or irregularity. Why don't we redefine the workflow at the shipping department so that the work of one person checks the work of another? In addition, we must be clear where responsibility for enforcement lies, particularly in respect of control activities.

H: Control activities? What are you driving at?

M: I'm talking about putting appropriate policies and procedures in place to ensure that necessary actions are taken to minimize business risks.

H: Got it. The idea is to enforce physical controls like periodic reconciling.

M: Perhaps I wasn't very clear, but that's what I was saying all along.

Translation

米国本社からの内部監査担当者が気付いた事項を受けて、東京支店の幹部たちが、討議して体制を見直そうと集まっています。

ポール・ベイリー：内部監査担当者が気付いた事項については十分、検討済みと思います。重要な論点ないし問題のある所は何だと思われますか？提起された諸点について、皆さんはどういったご意見を持たれていますか？

カナ・マツダ：今回の監査が入る前に私たちが見落としていたことに、いくつかの業務分野において職務分掌が不十分だということがあります。例えば発送部門です。

ジュリア・ヘンダーソン：現在の体制のどこがいけないんでしょうか？

マツダ：現在、一人の人間が在庫品の管理を委ねられ、同時に会計記録もつけています。ということは、これは仮定ですが、この人物は、在庫品の一部を私的に流用する一方、会計記録への記帳でこの不足分を埋め合わせることが可能なのです。実地棚卸でこれを発見することはできます。しかし、手続きミスだろうと不正行為だろうと、問題発生を予防したほうがいいに決まっています。

ヘンダーソン：で、どうしたらいいと？

マツダ：一人の人間が手続きミスあるいは不正行為を犯し、これを隠ぺいするのを防がねばならないのは言うまでもありません。発送部門での仕事の流れを見直し、それにより一人の作業が他の人の作業をチェックするようにするのはいかがでしょうか？　加えて、取り締まり実施の責任がどこにあるかを、特に統制活動の点から、はっきりさせておかなければなりません。

ヘンダーソン：統制活動って、何がおっしゃりたいんですか。

マツダ：ビジネス・リスクを最小限にする上で必要な措置がきちんと取られるように、然るべき方針ならびに手続きを整備する、ということを話しているのです。

ヘンダーソン：わかりました。定期的な記録の突き合わせといったような、物理的制御のための具体的な措置を実施するということですね。

マツダ：うまく伝え切れませんでしたが、最初からずっとそういったことを申し上げていたつもりです。

Vocabulary

review 見直す
executive officer 重役、執行役員
get together 集まる
findings （調査などの）結果、結論
internal auditor 内部監査担当者
come up with ~ ～を提出する、思いつく
problem area 問題のある所
raise 提起する
inadequate 不適切な
segregation of duties 職務分掌 *仕事内容、範囲、責任・権限などを明確にして担当別に分ける。segregation「分離」
area of operation 業務分野
shipping department 発送・出荷部門
setup 体制
have custody of ~ ～を保管している、保管する義務がある
inventory 在庫、在庫品
accounting records 会計記録
for argument's sake 議論のための議論 [仮定の話] だが
cover the shortage 不足分を埋め合わせる
entry 帳簿への記入、記入された項目
physical stocktaking 実地棚卸し *商品の在り高を実際に確認すること。帳簿上で計算する場合は、帳簿棚卸し。physical「物理的な→実際の、目に見える」
be it ~ or ... ～だろうと…だろうと
error （事務手続き上の）ミス
irregularity 不正行為
perpetrate （犯罪などを）行う、（不正行為を）犯す *perpetrator「犯人」
conceal 隠ぺいする
redefine 再検討する *review の同意語
workflow 業務の流れ
enforcement （違反を許さない姿勢で）実施すること *enforce「実施する」
control activities 管理 [監督] 業務
What are you driving at? 何を言おうとされているのですか。*drive at ~「～を目指す、～に言及する」
put ~ in place ～を制定する、整備する
physical controls 具体的管理措置
periodic 定期的な、周期的な
reconciling 突き合わせること、照合手続き *reconcile [rékənsàil]「一致させる」

Lesson 20

Focus　段取りを見直す

> ### Key Phrase
> **What appear to be the key issues or key problem areas?**
> **And what is your reaction to the points raised?**
> 重要な論点ないし問題のある所は何だと思われますか？
> 提起された諸点について、皆さんはどういったご意見を持たれていますか？

　段取りや業務を見直す場合、そのための報告書には findings（調査結果〈指摘事項〉）、recommendations（勧告事項）などの項目が並びますが、会話でも流れは同じです。まず全体を振り返って意見を求め、見直す対象を取りあげ、改善策を話し合います。

❶ 全体を振り返る

Let's look back at our experience of this project.
（今回のプロジェクトでの経験を振り返ってみましょう）

Let's reflect on the training course we just took.
（終えたばかりの研修を振り返ってみましょう）
※「振り返る」は、これらのほか think back on ~ / go through [over] なども使います。

We want to discuss what we learned or didn't learn in the course.
（研修で何を学び、あるいは何を学ばなかったかを話し合いたいと思います）

❷ 意見を求めて見直す対象を取りあげる

What's wrong with the current setup?
（現在の体制のどこがいけないのでしょうか）

What did you like, or not like, about the setup?
（この体制に関して、良い点、あるいは悪いと思った点は?）

What were the low points of the workshop for you?
（このワークショップで感心しなかった点はどういったものでしたか）
※英語では対照的な言葉をよくセットで使います。上の文も low point と high point を対照させて、次のように言うこともできます。

What was the high point, or low point, of the course?
（研修で感心した点、あるいは感心しなかった点は何でしたか）

よかった点や重要だと思った点については、次のように尋ねることもできます。

What came through as very important?
（とても重要だと実感した点は何でしたか）
■ come through「ものごとから浮かび上がる、実感として伝わってくる」

What specific incident attracted your attention?
（特に関心を引いた出来事はありましたか）

❸ 改善策を話し合う

Based on all this, what are the first steps we need to take and how do we implement them?
（これらを踏まえ、最初に取るべき措置は何であり、それをどう実行すべきでしょうか）

Based on the findings, what new directions do we need to explore?
（こういった調査結果［事実認識］に基づいて、われわれはどの方向に踏み出すべきだと考えますか）

MORE

reviewの使い方

060

正式に何かを見直す、再点検するとき頻出する語が review です。review は動詞としても使いますが、改まった場面では、名詞として使うほうが一般的です。

● **conduct a review 見直しを行う／a review finds ~ 見直しで〜がわかる**

conduct a review「見直しを行う」と a review found that ~「見直しにより〜がわかった」という形がよく使われます。

The company conducted an internal review of its design operations.
（その会社は設計業務を対象に内部で見直しを行った）■design operation「設計業務」

The review found that the company needed to improve its designs in order to remain competitive.
（見直しにより、同社が競争力を維持するためには設計の水準を引き上げる必要があるとわかった）

According to the review, the company was losing contracts to competitors due to these long lead times.
（見直しによると、同社は納品までにかかる時間が長いために、競争相手に取引を奪われているということだった）■lose ... to ~「〜に…を取られる」 contract「契約、取引」 competitor「競争相手」 lead time「納品にかかる時間、リードタイム」

● **conduct a post-mortem review 事後審査[事後調査]を行う**

Management will conduct a post-mortem review at the end of the project to gather the insights and lessons learned during the course.
（経営陣はプロジェクト終了時に、期間中得られた新たな視点や教訓をまとめるため、事後審査を行う予定だ）
■post-mortem review「事後の審査・調査」 * post-mortem「事後検討」

● **appoint a review panel 調査員会を設置する**

Word is, management is going to appoint a review panel to look into what went wrong in the plant that day.
（その日プラントの何が故障したのかを調べるため、経営陣は調査委員会を設置するという話だ）
■Word is, ~「〜という話[うわさ]だ」 review panel「調査委員会」 go wrong「故障する」

Focus 空欄を埋めて話してみよう

段取りの説明／段取りを見直す

---

1. ❶ 全体の枠組みは、2 つの要素で構成されています。

T__ o_____ f_____ c_____ o_t__ e_____.

056
🔊

---

2. 全体のプロセスは、2 つの要素に分けることができます。

W_ c_ d____ t__ o____ p_____ i_ t__ e_____.

---

3. ❷ 時間的には、注文処理のプロセスは通常 5 日かかります。

Timewise, t__ o____ f_____ p_____ u____ t___
f__ d__.

---

4. ❸ この段階で、申請は経営委員会に回されます。

A_ t__ s___, t_ a_____ i_ p____ o_t t_
E_____ C_____.

---

5. ❹ 私の説明でおわかりいただけたらいいのですが。正直申し上げて、この
手のことをご説明するのは難しいものです。

I h___ my e_____ m___ s___. T_ b_ h____, i_
can be h__ t_ d_____ t__ t____.

---

6. MORE 定期的な業務・会計監査と経営陣による見直しを実行するための枠組み
［プロセス／手順］を確立する必要があります。

W_ n__ t_ e_____ a f_____ [p_____/
p_____] f_ u_____ r_____ a_____ a__
m_____ r_____.

057
🔊

---

7. 手続きを一つずつ進めていってください。

P___ f___ t_ p_____ s__ b_ s__.

---

8. あいにくですが、承認手続きをもう一度初めからやってもらわなければなりません。

I_ a____ y_ h___ t_ g_ t_____ t_ w___ a_____
p_____ again.

---

9. ❶ 今回のプロジェクトでの経験を振り返ってみましょう。

L___ l__ b___ a_ o_ e_____ o_ t__ p____.

059

---

10. 研修で何を学び、あるいは何を学ばなかったかを話し合いたいと思います。

W_ w__ t_ d_____ w_ w_ l_____ o_ d___ l___
i_ t__ c____.

---

11. ❷ この体制に関して、いい点、あるいは悪いと思った点は？

W___ d_ y_ like, o_ n__ l__, a____ t__ s____?

---

12. とても重要だと実感した点は何でしたか。

W___ c___ t_____ a_ v__ i_____?

---

13. 特に関心を引いた出来事はありましたか。

W___ s_____ i_____ a_____ y__ a_____?

---

14. ❸ これらを踏まえ、最初に取るべき措置は何であり、それをどう実行すべきでしょうか。

B____ o_ a_ t__, w__ a_ t__ f__ s___ w_ n___ t_
t__ a__ h__ d_ w_ i_____ t___?

---

15. こういった調査結果［事実認識］に基づいて、われわれはどの方向に踏みだすべきだと考えますか。

B____ o_ t__ f_____, w__ n__ d_____ d_ w_
n__ t_ e_____?

DIALOG 音声を聴き取ろう

055

Explaining the Payment Process

Yuri Toda from Finance is explaining cut-off and payment days along with the whole payment system to Allan Dunn, a newly contracted translator.

Toda: ___ __ _____ the overall _____ for _____
_____. The _____ is of particular _____ for you, I
believe, so that you can _____ your _____ on time. Anyway,
there are two ___ ____: the _____ ___ and the _____ ___. Of
the two, the _____ ___ is the most important as it _____ the
_____ between the set of _____ _____ during the ____
and _____ _____ in the ____ ____.

Dunn: _____ ___ and _____ ___. Uh-huh.

T: As you may know, _____ _____ generally ___ ____ a
_____ and have a cut-off day _____ _ that payment day. In our
case, the cut-off day is the _____ ___ of ____ _____ and the
payment day is the _____ ___ of the _____ _____. Any invoice
received ___ __ _____ the twenty-first ___ ____ ___ the next
payment cycle.

D: _____ _ the payment day ____ __ a _____ ___?

T: Simple. Payment days that ___ __ a holiday or weekend ___
_____ the ____ _____ ___. For instance, if the payment day
falls on a Saturday, the _____ ___ be _____ on the _____
Monday.

D: How do you _____ the date the _____ ___ _____?

T: Oh, all invoices are _____ upon _____.

D: I see. I ____ _ ____ the ___ _____ __ the invoice is ____ into my
____ _____ on the ___ ____.

T: ___ _____, I'm afraid. _____ to _____ are _____ __ a 10
% _____ ___.

D: You're telling me that I ____ _____ the full amount _____ on the
invoice _____ my business _ _____.

T: _____.

D: Hmm.

058

Reviewing the Process

The Tokyo Office's executive officers have gotten together to discuss and make changes based on the findings of internal auditors from the US headquarters.

Paul Bailey: You've already looked carefully at what our _____ have _____ __ ___. ____ _____ __ __ **the key issues or key _____ ____? And ____ is ____ _____ to the points ____?**

Kana Matsuda: What we've _____ __ _____ before the ____ is that there is _____ _____ of _____ in several ____ of _____. For instance, our _____ _____.

Julia Henderson: _____ _____ ___ the current ____?

M: Currently, one person ___ _____ of _____ and also _____ the _____ _____, which means that, for _____ ___, this person ____ ___ some _____ for _____ __ and ____ the _____ with an ____ in the _____ _____. We can detect this by _____ _____, but we'd prefer to _____ a _____, __ _ an ____ __ _____.

H: So, what do you _____?

M: __ _____ that we ___ to _____ one person ____ _____ and _____ an error or irregularity. ____ ____ we _____ the _____ at the _____ _____ so that the work of one person _____ the ____ of _____? In addition, we must be clear _____ _____ for _____ ___, particularly __ _____ of _____ _____.

H: Control activities? _____ are ___ _____ __?

M: I'm talking about _____ appropriate _____ and _____ __ ____ to _____ that _____ _____ are ____ to _____ business ____.

H: Got it. The idea is to _____ _____ _____ like _____ _____.

M: Perhaps I wasn't very clear, but _____ ____ I ___ _____ all along.

141

Lesson 21 ▶ イニシアティブの発揮 ①

Using Other People's Skills

061

Kenta Tada's boss told him to do cost/profit margin scenario analyses for various products, so he asks his friend, Jessica Wiley from Finance, for some advice.

Tada: Jessica, can I pick your brain? I need some advice.

Wiley: About what, may I ask?

T: It's about the upcoming line of products. My boss handed me a set of figures showing the estimated total costs for each product line. And guess what he wants.

W: What?

T: He wants me to do scenario analyses using different margin percentages.

W: So?

T: I don't know the first thing about scenario analysis, and I know even less about margin percentages.

W: A scenario analysis can be performed by a spreadsheet program. You fill in variables like desired margin percentages with the figures you got there, and the program will do the rest. Not to worry at all. Now, a margin percentage is the percentage of the selling price accounted for by the profit margin, which is just sales less cost of goods sold. Are you with me?

T: Yes. Think I'm getting a better picture of what I'm supposed to do. What's the formula for calculating the selling price using a desired margin percentage, say, 21%? And let's say, the cost of goods sold is two dollars.

W: The formula goes like this: cost of goods sold, divided by 1 minus the margin percentage. So, in this case, two dollars divided by 1 minus .21, which is .79, yields, umm, 2.53.

T: Amazing. And without a calculator! I'm lucky to have a friend like you.

Translation

上司にコストと利益率をもとにいろいろな製品のシナリオ分析をしろと言われた多田健太が、財務にいる友人、ジェシカ・ワイリーに助言を求めます。

多田: ジェシカ、知恵を貸してくれないかな？アドバイスが要るんだ。

ワイリー: どんなことか、聞かせてくれない？

多田: 今度の新製品のラインナップのことなんだ。ボスから数字が何組か並んでいるものをもらったら、各ラインナップの推定コストの合計を示してあるじゃない。何をしろと言ったと思う？

ワイリー: さあ？

多田: 利益率を変えながらシナリオ分析をしろとさ。

ワイリー: で？

多田: シナリオ分析のイロハも知らないし、利益率のことなんて、もっと知らないんだよ。

ワイリー: シナリオ分析は表計算ソフトがあればできることよ。目標とする利益率といった変数の所に手元の数字を入れるでしょ、それで、残りはソフトがやってくれるわけ。何も心配しなくていいのよ。それで、次は利益率だけれど、これは利幅、つまり売上高から原価を引いた数値だけれど、これが販売価格に占めるパーセンテージのこと。話にちゃんとついてきている？

多田: 大丈夫。何をやらなきゃいけないのかが、だんだん見えてきたよ。目標とする利益率が例えば 21 パーセントとした場合に、販売価格を求める計算式はどうなる？そうだな、原価は 2 ドルにしようか。

ワイリー: その算式はこうよ。原価を割ることの 1 マイナス利益率。だから、この場合は、2 ドルを割ることの、1 マイナス 0.21、つまり 0.79、うーん、だから答えは 2.53。

多田: すごい。計算機もなしで。きみみたいな友達を持てて、運がよかったよ。

Vocabulary

cost コスト、用、原価 (= cost of goods sold)

profit margin 利ざや、利幅 ＊利益率の意味でも使われる。profit「利益」、margin「端、開き」

scenario analysis シナリオ分析 ＊変動要因に具体的数字を入れて、価格や利益率などの変化を試算する。analysis の複数形は analyses

pick one's brain ～の知恵を借りる

upcoming line of products 今度の (新) 製品ラインナップ ＊upcoming「今度の、やって来る」、line of products/ product line「製品のラインナップ、一連の製品群」

figure 数字

estimated total costs 予想コストの合計額 ＊estimate「予想する」

margin percentage 利益率 ＊販売価格における利益の割合。margin は profit margin「利ざや」を指す

spreadsheet program 表計算ソフト

fill in ~ with ... ～に…を書き込む

variable 変数 ＊価格や利益率など、条件によって変わる数値

(You need) not to worry. 心配無用。

selling price 販売価格、売値

account for ~ ～を占める ＊percentage of A accounted for by B「Bに占められるAの割合→BがAに占める割合」

sales 売上高

less ~ ～を引いて ＊Three less one is two.「3引く1は2」

cost of goods sold 原価

Are you with me? 大丈夫？＊話についてきているか心配なときに使う

get a picture of ~ ～がわかる ＊口語

be supposed to ~ ～することになっている、～するべきである

formula 算式、公式

divide 割る ＊「掛ける」は multiply

yield (結果として) ～をもたらす

143

Lesson 21

Focus 相談と助言の言い回し

Key Phrase

Jessica, can I pick your brain? I need some advice.
ジェシカ、知恵を貸してくれないかな？　アドバイスが要るんだ。

同僚などに相談を持ちかけるときには、日本語の場合と同じで、「相談したいことがあるんだけれど、いいかな」と切り出してから相談内容を告げます。そうすると、「こうしたらどうかな」と相手が解決策を助言してくれるものです。

❶ 助言を求める

まず ask your advice を使った基本表現を押さえておきましょう。

Can I ask your advice? （アドバイスがほしいんだけれど）

I'd like to ask your advice about something.
（ちょっと**アドバイスが欲しい**んだけれど）

ask (your) advice のほか、次のように seek (your) advice もよく使われます。

I came round to seek your advice on something.
（ちょっと**アドバイスが欲しく**て来たんだけれど）■ come round [around]「ぶらっと訪れる」

advice ではなく one's take on ~「～についての考え」（米口語）を使って次のように言うこともできます。

Can I have your take on something? It's above and beyond my ability.
（ちょっと**意見を聞かせて**くれないかな。僕の能力をはるかに超えることなんだ）

❷ 「こうしたらどう」と助言する

Why don't you use the Internet to search for relevant information?
（インターネットを使って関連情報を**検索してみたらどう**?）
■ relevant information「関連情報」＊relevant「関連がある」

次は「こういう手もあるんじゃないかな」といった謙虚な感じの言い回しです。

It could be an idea to contact Corporate Library.
（会社の資料室に連絡してみる**というのも手かもしれない**）■ corporate library「会社の資料室」

❸ 選択肢を挙げる

As to what to do with our cash pile, there are two courses open to us: buy back stock or finance acquisition.
（ふくれあがっている現金残高をどうするかですが、**2つの道があります**。自社株を買うか、買収の資金に当てることです）
■ buy back stock「自社株買いをする」＊自社株を購入することで、流通する株式が減り株価水準が高めになるなどのメリットがある。 finance ~「～に出資する」 acquisition「買収」

144

There are two alternatives: (a) to accept the risk and (b) to withdraw from the market.
（選択肢は 2 つです。(a) このリスクを受け入れるか、(b) この市場から撤退するかです）
■ alternative「選択肢」 withdraw from ~「～から撤退する」

❹ メリット、デメリットを挙げる

メリット／デメリットについて話す場合、merits and demerits of ~ という言い方もありますが、advantage/disadvantage や upside/downside を使うほうが一般的です。

The advantage is cost, but the disadvantage is reliability.
（メリットはコストだが、デメリットは信頼性）

The upside is speed, but the downside is cost.
（メリットはスピードだが、デメリットはコストがかかることだ）

MORE

行き詰まっている、迷っていると伝える表現

063

アドバイスを求める際、自分が手詰まりであることは次のような表現で伝えます。

● **まるで思いつかない**

I see no options.（何も思いつかないんです）

I'm faced with a mental block.（頭が全然働かないんです）
■ be faced with ~「～に直面している」 mental block「一時的思考の遮断」

I don't know which way to go on this.
（これをどうしていいかわからないんです）

● **アイディアがなかなか浮かばない**

I'm running low on ideas.（アイディアが浮かんでこないんだ）

I'm running short of ideas.（アイディアが足りないんだ）

● **2つのうちいずれかで迷っている**

I'm wavering between Plan A and Plan B.
（プラン A か B かで迷っているんだ）

I'm of two minds about whether to choose Plan A or Plan B.
（プラン A を選ぶかプラン B を選ぶかで迷っているんだ）
※イギリス英語の場合、I'm in two minds about...となります。

I'm vacillating between different approaches to this issue.
（この問題へのアプローチ方法をどちらにするか決めかねています）
■ vacillate [vǽsəlèit]「揺れる、決断力がない」 * I'm vacillating ~ はフォーマル

● **選択肢が多過ぎる**

I feel overwhelmed by all these options. I don't know which is best.
（これ全部の中でどれを選ぶかで弱っているんだ。どれが最善かわからない）
■ overwhelm [òuvə(rh)wélm]「圧倒される、困惑させる」

Lesson 22 ▶ イニシアティブの発揮 ②

Assigning Work

064 🔊

In a conference room of Good Securities, the Compliance Division's head and his staff are discussing measures to comply with changes in the Japanese Commercial Code.

Brian Clark (Head of Compliance): As you're all aware, there have been some significant changes in the Japanese Commercial Code, and we need to update our Compliance Manual to accommodate the changes.

John Heath: What's the timeline for this project?

C: We have to complete it in three weeks' time.

H: But that's impossible. It's a 200-page document!

C: Don't worry. We'll see it done within our time frame without derailing what we're currently doing. Let's hear what Diana has to say. You've done this before, right?

Diana Morgan: Right. First, we create a table showing a side-by-side comparison of the post-amendment provisions with the pre-amendment provisions. Second, upon breaking down the job into manageable lots, er, I mean lots that are realistically doable in terms of time, we engage a number of professional translators to update the existing translation with the changes. Third, we review the new translation for accuracy and for consistency in terminology. And finally, we replace the relevant pages of the manual with the updates.

C: I say we determine just what changes should be made now, which ones can be put off until a later date, and which can be shelved at least for the time being. How does that sound to you?

H: Makes sense.

M: I agree. First comes determining the tasks to be performed in the initial stage and next comes prioritizing them.

C: That's the idea. Okay, let's sift through the amendments and separate those of primary practical importance from those of secondary and perhaps tertiary importance.

Translation

場所はグッド証券の会議室。日本の商法改正があったのを受け、法務部の部長以下、スタッフが対応策を話し合っています。

ブライアン・クラーク（法務部長）: 皆さんご承知のとおり、日本の商法に大幅な改正があり、こうした変更点を反映させるためにコンプライアンス・マニュアルをアップデートする必要があります。

ジョン・ヒース: このプロジェクトに当てる時間はどのぐらいですか。

クラーク: 3週間で完了する必要があります。

ヒース: それは不可能でしょう。200ページの書類ですよ！

クラーク: ご心配なく。われわれが設定する時間的枠組みの中で、現行業務に支障をきたさないようにします。ダイアナの意見を聞いてみましょう。[ダイアナに向かって] こういった件は、前にも手がけてますよね？

ダイアナ・モーガン: そのとおりです。第1に、改正前の条項と改正後のそれがわかる比較対照表を作ります。次に、全体の仕事量をこなせる単位、つまり、時間的に考えて実際にできる分量に分けてから、プロの翻訳者に頼んで、既存の訳文に変更点を入れてもらい、アップデートしてもらいます。3番目は、新しい訳文につき、正確かどうか、また、用語に不統一がないかをチェックします。最後に、マニュアルの該当するページをアップデートされたものと差し替えます。

クラーク: こういうのはどうですか。今すぐ変更すべき点は何か、後回しにできるものは何か、そして少なくとも当面棚上げできるものは何かを決めるというのは。皆さん、どう思われますか。

ヒース: ごもっともですね。

モーガン: 同感です。まずは最初の段階でやるべき作業を決め、次いで、その作業間での優先順を決めるということですね。

クラーク: そういうことです。それでは、改正点を順に見ていき、実務上の重要性において最優先のものを、二次的ないしは三次的なものと区別していきましょう。

Vocabulary

assign 割り当てる、割り振る

Compliance Division 法務部 * Law Division / Legal Department などとも。compliance [kəmpláiəns]「法令順守」

comply with ~ ～に従う

Commercial Code 商法

update ~ ～を最新のものにする *名詞 update「最新情報、更新されたもの」

Compliance Manual コンプライアンス・マニュアル *法令や社内の規則に対する違反が起きないように注意点を記載したマニュアル

accommodate 取り入れる、反映させる

timeline 時間予定表、日程

time frame 時間的枠組み

derail （計画などを）狂わせる

what Diana has to say ダイアナが言うためにもっていること→ダイアナの意見

table showing a side-by-side comparison of ~ with ... ～と…との比較対照表

post-amendment 改正後の *「改正前の」は pre-amendment

provision 条項、条文

break down ~ into ... ～を…に分ける

manageable lot 処理できる作業量

realistically doable 現実的に処理できる *doable [dú:əbl]「行える」

engage 雇う、従事させる

with the changes 変更を入れて

consistency in terminology 用語の統一性 *terminology「用語、用例」

replace ~ with ... ～を…で置き換える

relevant page 該当するページ * relevant「関係のある (= related)」

I say we ~. ～してはどうですか。*= I think we should ~. で、どちらも何かを提案するときに使う

shelve 棚上げする *shelf「棚」

prioritize [praiórətàiz] ～の優先順位を決める

sift through ~ ～を整理しながら［注意深く］見ていく *sift「ふるいにかける」

separate ~ from ... ～を…と区別する

primary 第一位の、最初の

tertiary [tə́:rʃièri] 三次的な、第三位の

Lesson 22

Focus 　　　**分担を決める**

065

First comes determining the tasks to be performed in the initial stage and next comes prioritizing them.
まずは最初の段階でやるべき作業を決め、次いで、その作業間での優先順を決めるということですね。

仕事の割り振りを考える場合、大体どういった作業が必要なのかを見きわめた上で、時間配分や締め切りを考え、各作業の担当者を決めていきます。こういった場面ごとによく使われる言い回しを見ていきましょう。

❶ 作業内容の確認

Let's identify the major tasks involved and determine who does what.
（**必要となる主な作業が何かを明らかにして、誰が何をするかを決めましょう**）
■ identify「特定する」 task「（一定期間に行うべき）業務、仕事」 involve「（仕事などが）必要とする」

What needs to be done to complete this project?
（このプロジェクトを完了するには何を**する必要がありますか**）

❷ 時間配分を考える

What is the time frame for this particular task?
（この特別作業の**ために配分される時間はどれくらいですか**）■ time frame「時間的枠組み」

How much time do we allow for this task?
（この作業にはどれだけの時間を割り当てましょうか）
※allow ... for ~「～のために…を見越す［割り当てる］」。allow for の部分は、devote to/allot to/give to などで表すこともできます。

❸ 締め切りを設定する

A: What is the cut-off time? / When is it due?

B: We set the cut-off time [deadline / time limit] for submitting proposals for noon on May 20.
（A：**締め切りはいつ?／いつが期限ですか**。 B：企画書提出の**締め切りは** 5 月 20 日の正午に**決めました**）

「（期限を）設定する」という場合に使う動詞は set です。「締め切り」は cut-off time、deadline、time limit などで表します。

❹ 担当者［適任者］を決める

How should we go about assigning the tasks? （どのように**作業を割り振りますか**）
■ go about ~ing「～に取り組む、取りかかる」 assign「割り当てる」

A: Who will do the task?

B: Why not give it to Jane?
（A：この作業は誰が**やります**か。B：ジェーンに**任せたらどうか**な）

A: Who's the right person to finish the tasks in time?

B: The one who immediately comes to mind is Tina. She's the only one with any background in software development.
（A：この作業を期限内に**済ませる**ための**適任者**は誰かな。
B：すぐ頭に浮かぶのはティナだな。ソフトウェア開発の**経験がある**のは彼女だけだよ）
■ background「仕事をこなすのに必要な知識・経験のこと」

MORE

066

開始日、終了日、目標日（予定日）など

作業スケジュールを立てるうえで必要となる「開始日」「終了日」「目標日」などの言い方を見ておきましょう。

● start date／launch date 開始日

We need to set the approximate start date of the project.
（プロジェクトのおおよその**開始日を決める**必要がある）

We've set our launch date for Monday, July 5, but we may be forced to push it back by a month due to funding problems.
（**開始日**を7月5日の月曜日**にしてある**が、資金調達の関係で1カ月延ばさざるを得ないかもしれない）
■ push back「延期する、繰り下げる」 funding problem「資金調達上の困難」

● completion date 完了日、終了日

I propose that we move up the completion date for the project as much as possible.
（プロジェクトの**完了日をできる限り繰り上げる**ことを提案したい）
■ move up「繰り上げる、（時間を）詰める」 ＊「繰り上げる」は push up とも言う

As the whole timetable has been put back a month, we'll have to extend the completion date accordingly.
（スケジュールの全体が1カ月延ばされている以上、**完了日**もこれに合わせて**延ばす**必要がある）■ put back「延期する、繰り下げる」 ＊ = push back

● target date 目標日、予定日

We have to set a target date for completion of the project along with target dates for interim progress reports.
（プロジェクトの完了**予定日**と、中間報告を出す**目標日**を定めておく必要がある）
■ interim「中間の」 progress report「進捗状況報告書、中間報告書」

The first milestone was met 11 days prior to target date.
（**目標日**より11日も前に最初のマイルストーンに到達しました）
■ milestone「マイルストーン」＊プロジェクト管理のために設ける里程標

発音も確認
してみよう

Focus 空欄を埋めて話してみよう

相談と助言の言い回し／ 分担を決める

---

1. ❶ ちょっとアドバイスが欲しいんだけれど。

I'_l__ t_a__y__ a_____ a____ s_____.

062

---

2. ちょっと意見を聞かせてくれないかな。僕の能力をはるかに超えることなんだ。

C__ I h___ y___ t__ o_ s_____? I a____ a__
b_____ m_a____.

---

3. ❷ インターネットを使って関連情報を検索してみたらどう？

W__ d___ y__ u_ t__ I_____ t_s____ f_r_____
i_____?

---

4. ❸ ふくれあがっている現金残高をどうするかですが、2 つの道があります。自社株を買うか、買収の資金に当てることです。

A_ t_ w__ t_ d_ w__ o__ c___ p_, t___ a_ t__
c_____ o___ t_u:b__ b_s___ o_ f____
a_____.

---

5. ❹ メリットはコストだが、デメリットは信頼性だ。

T__ a_____ i_ c__, b_ t_ d_____ i_
r_____.

---

6. メリットはスピードだが、デメリットはコストがかかることだ。

T__ u____ i_ s____, b_ t_ d_____ i_ c__.

---

7. MORE 何も思いつかないんです。

I s__ n_ o_____.

063

---

8. プラン A かプラン B かで迷っているんだ。

I'_ w_____ b_____ P__ A a__ P__ B.

9. ❶ 必要となる主な作業が何かを明らかにして、誰が何をするか決めましょう。

L__ i_____ t_ m__ t___ i_____ a__ d_____
w__ d__ w___.

10. ❷ この作業のために特に配分される時間はどれだけですか。

W__ i t_ t___ f____ f_ t__ p_____ t__?

11. ❸ 締め切りはいつ？

W___ i_ i_ d__?

12. ❹ どのように作業を割り振りますか。

H___ s____ w_ g_ a___ a_____ t__ t___?

13. MORE プロジェクトのおおよその開始日を決める必要がある。

W_ n__ t_ s_ t__ a_____ s__ d__ o_ t__
p____.

(066) 🔊

14. プロジェクトの完了日をできる限り繰り上げることを提案したい。

I p_____ t__ w_ m__ u_ t__ c_____ d__ f_
t_ p____ a m__ a_ p_____.

15. プロジェクトの完了予定日と、中間報告を出す目標日を定めておく必要がある。

W_ h__ t_ s_ a t____ d__ f_ c_____ o_ t__
p____ a___ w_ t___ d__ f_ i____ p____
r____.

DIALOG　音声を聴き取ろう

061

Using Other People's Skills

Kenta Tada's boss told him to do cost/profit margin scenario analyses for various products, so he asks his friend, Jessica Wiley from Finance, for some advice.

Tada: Jessica, can I ____ ____ ____? I need some advice.

Wiley: About what, ____ I ___?

T: It's about the _____ ___ of _____. My boss handed me a set of _____ showing the _____ ____ ____ for each product line. And _____ ____ he wants.

W: What?

T: He wants me to do _____ _____ using different _____ _____.

W: S__

T: I don't know the ____ _____ about scenario analysis, and I know ____ ___ about margin percentages.

W: A scenario analysis can be _____ by a _____ _____. You __ __ _____ like desired margin percentages ____ the figures you got there, and the program will do ___ ___. ___ __ _____ at all. Now, a margin percentage is the percentage of the _____ ____ _____ __ by the _____ _____, which is just ____ ___ ___ of _____ ___. ___ ___ ___ __?

T: Yes. Think I'm _____ a better _____ __ what I'__ _____ __ do. What's the _____ for calculating the _____ _____ using a desired margin percentage, say, __%? And let's say, the cost of goods sold is ___ _____.

W: The formula goes like this: cost of goods sold, _____ __ 1 minus the margin percentage. So, in this case, two dollars divided by 1 minus .21, which is .79, _____, umm, 2.__.

T: Amazing. And _____ a _____! I'm _____ to have a friend like you.

064

Assigning Work

In a conference room of Good Securities, the Compliance Division's head and his staff are discussing measures to comply with changes in the Japanese Commercial Code.

Brian Clark (Head of Compliance): As you're all aware, there have been some _____ _____ in the Japanese _____ ____, and we need to _____ our _____ _____ to _____ the changes.

John Heath: What's the _____ for this project?

C: We have to _____ it in ____ _____' time.

H: But that's _____. It's a ___-____ document!

C: Don't worry. We'll ___ it ____ within our ____ _____ _____ _____ what we're currently doing. Let's hear ____ Diana ___ to ___. You've ____ this before, right?

Diana Morgan: Right. First, we create a ____ _____ a ___-_-___ _____ __ the ___-_____ _____ ____ the pre-amendment provisions. Second, upon_____ _____ the job ___ _____ ___, er, I mean lots that are _____ _____ in terms of time, we _____ a number of _____ _____ to _____ the _____ translation ____ the _____. _____, we _____ the new translation __ _____ and __ _____ in _____. And finally, we _____ the _____ _____ of the manual ____ the _____.

C: I ___ __ determine just ____ _____ should be _____ now, which ones can be ___ __ until a later date, and which ___ __ _____ at least for the time being. ____ ____ that _____ to you?

H: _____ ____.

M: I agree. ____ _____ determining the tasks to be _____ in the _____ ____ and ___ ____ _____ them.

C: That's the ____. Okay, let's ___ _____ the amendments and _____ those of _____ practical importance ____ those of _____ and perhaps _____ importance.

153

Lesson 23 ▶ 組織内での情報伝達 ①

Exchanging Information within the Organization

067

Laura Garner, head of Administration, drops in on Jim Burt, head of Security, who has tried to contact her earlier to give her a heads-up on a management meeting.

Garner: Good morning, Jim. You wanted to see me? Says you called on this While You Were Out memo.

Burt: Yes. I wanted to give you a heads-up about tomorrow's management meeting.

G: Well, I appreciate that. Coming from you, I guess it has something to do with security, and you want me to prepare a draft memo or something.

B: Nice try. But you're only half right, there. Anyway, the powers that be have a two-fold agenda. First, to put a new e-mail policy in place. The message to be put across is copying your supervisor on all your outgoing correspondence is not a good idea, unless you've been instructed to do so. Understandably, they don't want people to copy them on things they have no interest in or can do nothing about. Second, to reiterate that employees are required to avoid discussing confidential information in elevators and other public places.

G: I'm all for the e-mail policy. Those extraneous e-mails I get are long on bureaucratic mumbo-jumbo and short on substance. It's a drain on my productivity. But the confidentiality thing strikes me as odd. Why so sudden? With all those awareness-raising workshops, we all know from day one that customer confidentiality is not to be taken lightly.

B: It just so happened that the top man overheard one of the secretaries babbling away in the elevator, naming some major clients of ours.

G: Hmm, knowing him, I can almost see him making a mental note to issue a company-wide warning.

Translation

総務の責任者ローラ・ガーナーが、セキュリティーの責任者ジム・バートの所にやってきます。ジムは、それより前に、経営会議の内容をあらかじめ知らせておこうと、ローラに連絡を試みています。

ガーナー：おはよう、ジム。何か用ですって？　この電話連絡メモにそうあるけど。

バート：そう。明日の経営会議に先立って、ちょっと耳に入れておきたいことがあったんだ。

ガーナー：それはどうも。あなたが言うってことは、何かセキュリティーがらみで、私に社内メモの草案か何かを準備してくれって話じゃないの？

バート：なかなかの推測だけど、半分しか当たっていないな。何であれ、上層部がやりたいのは2つ。1つは、新たなEメール取扱方針を制定すること。どういう趣旨かというと、指示がある場合は別として、発信する連絡文書のすべてについて写しが上司に回るようにするのは避けてくれということ。気持ちはわかるけど、自分たちに関わりがないことや手の打ちようがないことについて、社員が写しを回してくるのをやめてほしいというわけだ。2つ目は、従業員はエレベーターその他一般の人が出入りする場所で機密事項を話題にしてはならない義務があることを、改めて説明すること。

ガーナー：Eメールの指針については大賛成。受け取る余計なメールときたら、官僚の作文みたいな訳のわからない言葉がたくさん載っているのに、中身は乏しいからね。私の生産性を引き下げているわよ。でも、機密保持のほうは意外な感じを受けるわ。何でまた唐突に、という感じ。意識改革のための研修があれだけあったし、入社初日から、顧客情報の機密性を軽んじるなってことはみなわかっているはずだしね。

バート：たまたまなんだけれど、社長がエレベーターの中で秘書の誰かがうちの重要顧客の名前を出しながらぺちゃくちゃやっているのを聞いてしまったんだよ。

ガーナー：ふーむ、社長のことよく知っているだけに、全社にお達しを出さねばと頭の中でメモしている様子が目に浮かぶようだわ。

Vocabulary

drop in on someone　～をちょっと訪ねる＊drop in at someone's house「～の家をちょっと訪ねる」
heads-up　早めの情報
management meeting　経営会議
says you called　あなたから電話があったと書いてある＊主語は it（電話連絡メモ）
While You Were Out memo　電話連絡メモ＊While You Were Out と書いてあるのでこの名前がある
draft memo　社内メモの草案
the powers that be　首脳陣、最高幹部
two-fold　2つの要素［部分］を持つ＊fold「折った部分、折り目」
agenda　議題、実現したいこと
put ~ in place　～を制定する、整備する
put across ~　～をうまく伝える
copy ~ on ...　（Eメールなどで）～に…のコピーを送付する
correspondence　連絡文書
reiterate [riítərèit]　くり返して言う
confidential information　機密事項［情報］
I'm (all) for ~.　～に（大）賛成です。＊be against ~「～に反対です」
extraneous [ikstréinias]　余計な、無関係な
be long on ~　～がたくさんある＊後の be short on ~「～が不足している」と対
bureaucratic　官僚的な
mumbo-jumbo　難解で意味不明の言葉
substance　内容、実体
be a drain on ~　～を低下させるものである＊drain「排水路、流出」
strike ~ as ...　～に…と感じさせる＊strike「打つ、心を打つ」
awareness-raising workshop　意識向上［周知徹底］を図るセミナー［研修］
from day one　最初［初日］から
customer confidentiality　顧客情報の機密性
be not to be taken lightly　軽んじられない＊be not to ＋受け身「～できない」
babble away　ぺちゃくちゃしゃべる
make a mental note to ~　～することを心にとどめておく
issue a warning　警告を発する
company-wide　全社員を対象とする

155

Lesson 23

Focus 社内での情報伝達をこなす

> ### Key Phrase
>
> **I wanted to give you a heads-up about tomorrow's management meeting.**
> 明日の経営会議に先立って、ちょっと耳に入れておきたいことがあったんだ。

同僚や上司に状況を知らせる場合、次のような言い回しを使います。

❶ （未確認）情報、伝聞などを早めに知らせる

I've just got a heads-up from our liaison office in Taiwan that our competitor's releasing a new range of models.
（台湾にあるうちの駐在員事務所**からの未確認情報です**が、ライバル会社が新型モデルのラインナップを発表するようです）
■ heads-up「速報、未確認情報」＊ Lesson 1 で見た句動詞 head up「〜の長である」と区別。「速報、予告」の意味では advance tip などの表現も使われる。liaison office「駐在員事務所」＊ liaison [líéizən]「（組織間の）連絡機構」

I just got wind from a friend that XYZ Inc. may be targeted for acquisition.
（今しがた友人**から聞いた**うわさですが、ＸＹＺ社が買収の対象になっているようです）
■ get wind「うわさを耳にする」

うわさではない最新ニュースを伝える場合には、the latest を使います。

The latest is that XYZ Inc. is filing for bankruptcy.
（**最新情報では**ＸＹＺ社が倒産手続きの申し立てをする**ということです**）

❷ 「内聞で…」と留保しつつ知らせる

This is just between you and me. There's talk among management that the company should be split into three entities.
（**ここだけの話にしてください**。経営陣の間では、わが社を3つの会社に分割すべきだという話が出ているんです）■ entity「（独立の）存在→法人企業、会社」

This doesn't leave this room. With the help of our largest shareholder, we've secured the two-thirds majority vote necessary to oust the man.
（**ここだけの話ですよ**［**このことは一切他言無用ですよ**］。最大株主の支持を取り付け、あの人を排除するのに必要な3分の2の多数を確保しました）■ oust ~「〜を追放する」

❸ 最新の状況を知らせる

I wanted to brief you on the current situation in China.
（中国の現状**をお知らせし**ようと思いまして）
■ brief ~ on ...「〜に…を説明する、前もって情報を与える」＊ fill ~ in on ... と同意

Let me bring you up to speed on the latest.（最新の動きをお知らせしようと思いまして）

■ bring ~ up to speed「～に最新情報を与える」＊ up to speed「同等のレベルにまで」。give ~ an update（update「最新情報」）と同意

❹ 何か動きがあったら知らせる

I'll be out of town next week, but I promise to keep you in the picture.（来週は留守にしていますが、状況は必ず逐一ご報告します）
■ in the picture「状況［事情］を知っている」＊ picture「状況、事態」

I'll keep you posted on whatever happens.
（最新情報を逐一お知らせします）
■ post「知らせる、情報を絶えず流す」＊ keep ~ posted on ...「～に…のことについて知らせる」

MORE

069
🔊

情報をコントロールする

ビジネスでは、情報をわざと止めて人を「かやの外」に置くケースもあります。

● **be in the dark　まるで知らない**
　The CEO claims he was in the dark about the company's imminent collapse.
　（その CEO は、会社の破綻が迫っていたことをまるで知らなかったと言っている）
　■ claim「主張する」　imminent [ímənənt]「（悪いことが）今にも起ころうとしている、切迫した」

● **be kept in ignorance of/be kept out of the loop　かやの外に置かれる**
　Everyone from middle management and below was kept in ignorance of the impending downsizing.
　（中間管理職とその下のレベルの従業員は、間近に迫る事業の整理縮小についてかやの外に置かれていた）■ middle management「中間管理職」　impending「切迫した、今にも起こりそうな」　downsizing「事業の整理縮小、リストラ」
　The dissident directors were kept out of the loop in major decisions.（反対派の取締役は主な決定事項について、かやの外に置かれた）
　■ dissident [dísidənt]「反対派の」　loop「輪」

● **be cut off from the communication loop　社内の情報伝達ルートから外される**
　She was considered a security risk and was cut off from the communication loop once the merger talks began.
　（彼女は機密保持上の危険人物とみなされ、合併交渉が始まるや社内の情報伝達ルートから外された）■ merger talks「合併に向けての交渉」

● **be left uninformed of　知らされないままでいる**
　Senior management claim they were left uninformed of the incident until yesterday.
　（幹部経営陣は、きのうまで事件のことは知らされないままでいたと言っている）
　■ senior management「幹部経営陣」　incident「出来事、事件」

Lesson 24 ▶ 組織内での情報伝達 ②

Reporting Up and Down the Management Hierarchy

070

Gary Clayton, the head of Auditing, is in discussion with Ayumi Ohno, the branch manager, on an ongoing investigation into irregularities.

Clayton: Good morning, Ms. Ohno. I'm here to discuss the ongoing investigation. Wish this wasn't happening. Things aren't looking too good.

Ohno: No need to feel sorry for me. If something happens on my watch, I'll be the one who's responsible, and the one to fix it.

C: Okay, my preliminary findings are inconclusive, yet some figures here do not tally with the figures on the ledger sheets at head office. Moreover, each time a questionable case arises, the same person's involved.

O: I can see where this is going. Now, I want you to convey your findings and analyses to our general counsel. I want the two of you to see if we can place the culprit on suspension as soon as we get our hands on conclusive evidence.

C: Supposing we detect a case of embezzlement, do we notify the regulatory authorities?

O: Of course, we do. Regulatory requirements include notification of irregularities to the authorities.

C: So we immediately notify the regulatory agency of the outcome of the investigation.

O: Correct, with the proviso that the ongoing audit verifies an irregularity was committed. In addition, within the company, those with legitimate interest need to be advised of this incident.

C: Do we file criminal charges with the police?

O: Personally I think we should, but head office may raise objections for fear of negative publicity. What can I say? If things come to such a pass, it'll be out of my hands.

Translation

内部監査の責任者ゲイリー・クレイトンが、現在調査中の不正行為について、支店長の大野あゆみと話し合っています。

クレイトン：おはようございます、大野さん。現在進めている調査について話をさせてください。これが本当でなければと願っているのですが、事態は思わしくありません。

大野：同情は無用です。私の監督下で何かあれば、私の責任ですし、私が処理しますから。

クレイトン：わかりました。まだ確定的なことは言えませんが、こちらにある数字の一部が本社にある元帳の数字と一致しません。その上ですね、不審なケースが浮上するつど、同一人物が関わっています。

大野：その先はわかりました。そこで、調査でわかった事実関係とそれを分析した結果を法務部長に伝えてくれませんか。お二人（内部監査の責任者クレイトンと法務部長）にやっていただきたいのは、決定的な証拠を手にした時点で、この不心得者を停職処分にすることが可能かどうかを調べておくことです。

クレイトン：横領事件ということがわかったとして、監督官庁に報告しますか。

大野：もちろん報告します。報告義務には、不正行為があったことを当局に通知することも含まれていますから。

クレイトン：となると、調査結果を直ちに監督官庁に通知するということですね。

大野：そのとおり、ただし、現在進めている監査により不正行為があったことが確認されたとしての話です。それに社内的には、然るべき人たちにこの件を報告する必要があります。

クレイトン：告訴はしますか。

大野：個人的には告訴すべきだと思いますが、本社がネガティブな報道を恐れて反対するかも知れません。私としては何とも言えません。そこまでいけば、もうこちらの手を離れることになりますからね。

Vocabulary

management hierarchy 会社組織、（階層的）職制 *managemen「経営」、hierarchy [háiəràːrki]「階層制」

audit(ing) [ɔ́ːdit(iŋ)] 検査［監査］*内部監査（規定の順守などの業務監査）、会計監査などを意味する。Auditing 部門の主な役目は「内部監査」

ongoing investigation 現在進行中の調査

irregularity 不正行為

on one's watch 〜の監督下で

fix 解決する、修繕する

preliminary findings 暫定的調査結果 *preliminary「仮の、予備的な」

inconclusive 結論に達しない

tally with ~ 〜と符合する、一致する

ledger sheet 帳簿、帳票、元帳

arise 生じる、起こる

involved 〈形〉関与した、絡んだ

convey [kənvéi] 伝える、運ぶ

general counsel 法務部長 *法務部がない場合は社内弁護士のトップを指す。counsel「法律顧問」

place ~ on suspension 停職処分にする *suspension「停止、停職」

culprit [kʌ́lprit] 犯人

get[put] one's hands on ~ 〜を入手する

conclusive evidence 決定的証拠、確証

embezzlement [imbézəlmənt] 横領

regulatory authorities 監督官庁

requirements 必要事項、義務として満たす条件

outcome 結果、結末

with the proviso that ~ ただし〜であること *proviso [prəváizou]「但し書き」

verify （調査などで）事実だと証明する

commit （犯罪などを）犯す

legitimate interest 正当な利害関係 *interest「（この場合）関与の利益」。those ~ で「正当な利害関係のある人→知らされて然るべき立場の人」

be advised of ~ 〜を知らされている *advise ~ of ...「〜に…について伝える」。advise = nortify/inform

file criminal charges with ~ 〜に告訴する *file「（正式に）提出する」、criminal「刑事上の」、charge「告訴」

publicity 広告、評判、公表

Lesson 24

Focus 組織内での正式の報告

071

Key Phrase

Supposing we detect a case of embezzlement, do we notify the regulatory authorities?

横領事件ということがわかったとして、監督官庁に報告しますか。

企業内で、正式に情報を伝える言い方を見ていきます。一般に何かを伝えるという動詞は tell ですが、ビジネスでは場面に応じて次のような動詞を使い分けます。

❶ 情報を伝達する　inform ~ of ...

社の内外を問わず、一方から他方に「知らせる」ときに使うニュートラルな表現です。

Make sure you inform those concerned of the decision.
（関係者にこの決定が伝わるよう確実を期してください）

You need to inform your supervisor of any problems you're experiencing in performing your job duties.
（職務遂行上の問題点は、すべて上司に報告する必要があります）

※inform ~ of ... は inform ~ that ... の形で表されることもあります。You need to inform your supervisor that you are experiencing problems in performing your job duties.

❷ 正式に情報を伝達する　notify ~ of ...

同じ「知らせる」でも、「通知する」といった感じの厳しい響きをもつ表現です。

You're required to notify HR of any address change within two weeks of the change.
（住所変更については、変更後2週間以内に人事部門に通知しなければなりません）

Under the agreement, we're required to notify the supplier of any changes in our account information.
（契約上、取引口座関連事項の変更は、納入業者に通知する必要があります）

■ account information「取引口座関連の情報」

❸ 広く情報を知らせる　communicate ... to ~

communicate は情報が一方から他方に流れるようすを客観的に述べる動詞で、inform や notify の「知らせる」という意味とはやや異なります。

Seems that the new safety rules were not adequately communicated to all involved.
（どうやら新たな安全規則が関係者全員には十分伝えられていなかったようです）

We need to communicate this to all staff and make sure everyone is aware of the problem.
（この件はスタッフ全員に伝えて、この問題を全員が確実に認識するようにしなければなりません）

❹ 事実、情報、感情などを伝える convey ... to ~

inform、notify、communicate と異なり、convey されるものは情報とは限りません。

Now that we know that the defect could cause fatal injuries, we should convey this information to the public.

(この欠陥が致命的障害の原因となりうることがわかった以上、一般の人々にこの情報を知らせるべきです)

Please convey our concern to those higher up in your company.

(私どもの懸念を御社の上層部にお伝えください) ■ those higher up「上層部の人々、幹部たち」

MORE

(072)

官公庁への通知・報告

官公庁関係の手続きでは、以下のような動詞・名詞が多く使われます。

● apply for ~ ～を申請する

We need to apply for a business permit prior to engaging in this line of business.

(この種の事業に従事するのに先立ち、事業認可の申請をする必要がある)
■ business permit「事業認可、営業許可」 * permit「許可」 prior to ~「～に先立って」

● file ~ with に~を届け出る[提出する]

We're required to file our annual report on Form 10-K with the Securities and Exchange Commission.

(書式 10-K を使って証券取引委員会に年次報告書を届け出なければならない)
■ Form 10-K「様式 10-K」 Securities and Exchange Commission「証券取引委員会」

● submit ~ to に~を提出する

We need to submit a notification of construction to the local government.

(地元の自治体に建築届を提出する必要がある) ■ notification of construction「建築届」

● regulatory submission 官公庁への提出書類

It's the responsibility of our Legal Department to prepare and file regulatory submissions.

(監督官庁への提出書類を整え、届け出るのは当社の法務部の仕事です)
■ regulatory「取り締まる権限を持つ→監督官庁の」 submission「(報告書などの)提出」

● reporting requirements 報告義務

We're subject to reporting requirements under these laws.

(当社はこれらの法律上、報告義務を負っている) ■ requirement「要求されるもの(こと)」

Focus 空欄を埋めて話してみよう

社内での情報伝達をこなす／組織内での正式の報告

---

1. ❶ 台湾にあるうちの駐在員事務所からの未確認情報ですが、ライバル会社が新型モデルのラインナップを発表するようです。

068 🔊

I'_ j_ g_ a h____-u_ f___ o_ l____ o__ i_ T____
t__ o_ c_____ r_____ an_ r___ o_ m___.

---

2. 最新情報では XYZ 社が倒産手続きの申し立てをするということです。

T_ l____ i_ t__ X_ I_. i_ f___ f_ b_____.

---

3. ❷ ここだけの話にしてください。

T__ i_ j__ b_____ y_ a__ m_.

---

4. ここだけの話ですよ。[このことは一切他言無用ですよ]

T__ d____ l___ t__ r___.

---

5. ❸ 中国の現状をお知らせしようと思いまして。

I w____ t_ b__ you o_ t__ c_____ s_____ i_ C___.

---

6. ❹ 最新情報を逐一お知らせします。

I'_ k___ y__ p____ o_ w_____ h_____.

---

7. MORE その CEO は、会社の破綻が迫っていたことをまるで知らなかったと言っている。

069 🔊

T__ C_ c____ h_ w__ i_ t__ d___ a____ t__
c_____ i_____ c_____.

---

8. 反対派の取締役は主な決定事項について、かやの外に置かれた。

T__ d_____ d_____ w__ k__ o__ o_ t__ l__ i_
m___ d_____.

9. ❶ 関係者にこの決定が伝わるよう確実を期してください。

071 🔊

M_ s_ y_ i_____ t___ c_____ o_t_
d_____.

10. ❷ 住所変更については、変更後 2 週間以内に人事部門に通知しなければなりません。

Y____ r_____ t_ n___ H_ o_a_ a_____ c____
w____ t__ w___ o_t_ c_____.

11. ❸ この件はスタッフ全員に伝えて、この問題を全員が確実に認識するようにしなければなりません。

W_ n__ t_ c_____ t_ t_ a_ s__ a__ m__
s___ e_____ i_ a____ o_t_ p_____.

12. ❹ 私どもの懸念を御社の上層部にお伝えください。

P___ c_____ o__ c_____ t_ t__ h_____ u_ i_ y__
c_____.

13. **MORE** この種の事業に従事するのに先立ち、事業認可の申請をする必要がある。

072 🔊

W_ n__ t_ a___ f_ a b_____ p____ p___ t_
e_____ i_ t__ l__ o_ b_____.

14. 書式 10-K を使って証券取引委員会に年次報告書を届け出なければならない。

W__ r_____ t_ f_ o_ a_____ r____ o_ F___
10-_ w__ t__ S_____ a__ E_____ C_____.

15. 地元の自治体に建築届を提出する必要ある。

W_ n___ t_ s_____ a n_____ o_ c_____ t_
t__ l__ g_____.

DIALOG 音声を聴き取ろう

067

Exchanging Information within the Organization

Laura Garner, head of Administration, drops in on Jim Burt, head of Security, who has tried to contact her earlier to give her a heads-up on a management meeting.

Garner: Good morning, Jim. ___ _____ to see me?____ ___ _____ on this _____ ___ ____ ___ memo.

Burt: Yes. I _____ to____ you a _____-__ _____ tomorrow's _____ _____.

G: Well, I _____ that. Coming from you, I _____ it has _____ to __ ____ _____, and you want me to _____ a ____ _____ or something.

B: Nice ___. But you're only ___ ____, there. Anyway, the _____ ___ __ have a ___-___ _____. First, to ___ a new e-mail _____ __ ____. The _____ to be __ _____ is _____ your _____ __ all your outgoing _____ is not a ____ ___,_____ you've been _____ to do so. _____, they don't want people to ____ them __ _____ they have __ _____ __ or can __ _____ about. Second, to _____ that employees ___ _____ to ____ discussing _____ _____ in elevators and other _____ _____.

G: I'm __ __ the e-mail policy. Those _____ e-mails I get ___ ____ __ _____ _____-_____ and ____ __ _____. It's a _____ on my _____. But the _____ thing _____ me __ odd. Why so sudden? With all those _____-_____ _____, we all know ____ ___ ___ that _____ _____ is ___ to be ____ _____.

B: It just __ happened ____ the ___ ___ _____ one of the _____ _____ ____ in the elevator, _____ some _____ _____ of ours.

G: Hmm, _____ him, I can almost ___ him _____ a _____ ____ to ____ a _____-____ _____.

070

Reporting Up and Down the Management Hierarchy

Gary Clayton, the head of Auditing, is in discussion with Ayumi Ohno, the branch manager, on an ongoing investigation into irregularities.

Clayton: Good morning, Ms. Ohno. I'_ ____ _ discuss the _____ _____. Wish this _____ _____. _____ aren't looking __ good.

Ohno: No need to ___ ____ __ __. If something happens __ __ _____, I'll __ __ ___ who's _____, and the one to __ it.

C: Okay, my _____ _____ are _____, yet some _____ here do not ____ ____ the figures on the _____ _____ at head office. Moreover, each time a _____ ___ _____, the same person's _____.

O: I can see _____ this is ____. Now, I want you to _____ your _____ and _____ to our _____ _____. I want the two of you to __ we can ____ the _____ on _____ as soon as we __ __ _____ __ _____ _____.

C: _____ we detect a case of _____, do we _____ the _____ _____?

O: Of course, we do. Regulatory _____ include _____ of _____ to the _____.

C: So we immediately _____ the regulatory agency __ the _____ of the investigation.

O: Correct, ____ the _____ that the ongoing ____ _____ an irregularity was _____. In addition, within the company, those with _____ _____ need to __ _____ __ this incident.

C: Do we ___ _____ _____ ____ the police?

O: _____ I think we should, but head office may ____ _____ for fear of _____ _____. What can I say? If _____ come to such a pass, it'll be ___ of __ _____.

165

Lesson 25 ▶ リスク管理 ①

Managing Business Risks

073 🔊

As part of the orientation program for new hires, Miyuki Yamano is sent over to the bank's BCP manager, Richard Neru.

Neru: So, let's talk about BCP. Do you know what this is about?

Yamano: I'm afraid you've got me there.

N: BCP is short for "business continuity plan," which contains the specific steps you would take in the event of a disaster. The purpose of all this is, of course, to control and minimize exposure to risk.

Y: I take it that you're talking about disaster recovery. But how does that relate to business continuity?

N: Miyuki, that's the best question I've heard in a while! In fact, we need to work out both how the company will recover from a disaster, and how it will continue its operations if a disaster occurs. For instance, to ensure continued functionality, our plans include the real-time replication of critical data and the utilization of alternative procedures such as manual workarounds.

Y: Um, excuse me, I don't mean to be presumptuous, but given that contingency planning is a must for all businesses, a BCP, in my eyes, doesn't go beyond the obvious.

N: Oh, there are compelling legal and financial incentives for us. In fact, failure to have such a plan may give rise to liability for negligence or even violation of statutory requirements. Moreover, business insurers now provide discounts for businesses that have a viable business continuity plan.

Y: So, what you're saying is this: A full-fledged BCP has benefits that more than justify the cost.

N: That's precisely what I was trying to put across.

BCP : Business Continuity Plan

Translation

新入社員向けオリエンテーションの一環として、山野美由紀が銀行のBCP（業務継続計画）担当マネージャーのリチャード・ネルーのもとで研修を受けることになりました。

ネルー：それでは、BCPの話に入りましょうか。どういうものかご存じですか。

山野：いいえ、残念ながら、お手上げです。

ネルー：BCPは "business continuity plan" を縮めたもので、内容は、災害時に取るべき具体的な措置です。その目的は、言うまでもなく、リスクにさらされる度合いをコントロールし、できる限りそれを少なくすることです。

山野：災害復旧のことを話してくださっているかと思いますが、業務継続とはどう関わってくるのですか。

ネルー：美由紀さん、めったに聞かないいい質問ですね。実際のところ、災害時に会社がどう復旧するかということ、ならびに、災害発生時に会社がどう業務を続けていくかという2つがわれわれの課題です。例えばですね、会社の機能継続を確保するために、われわれの計画には、重要データのリアルタイムでの複製と、手作業でしのぐといった代替手段の使用が盛り込まれていたりします。

山野：えー、ちょっと失礼、せん越なことを申し上げるつもりはありませんが、緊急時対応計画の策定はどんな企業にとっても必須ですから、BCPは私の目には至極当然と映りますが。

ネルー：いえね、法的な面で、あるいは財務の面で、強力なインセンティブがあるんです。事実、この種の計画を用意していないと、過失責任を問われたり、場合によっては、法令上の義務違反といったことにもなりえます。それだけでなく、企業保険を引き受けている保険会社ですと、ちゃんとした業務継続計画を持っているところに対して割引をしています。

山野：となると、本格的な業務継続計画にはコストを上回るメリットがあると、こうおっしゃりたいんですね。

ネルー：そうです、まさにそれを言いたかったんです。

Vocabulary

manage business risks ビジネス上のリスクを管理する

new hire 新入社員

You've got me there. その点で私を負かした→一本取られました。＊get「人を負かす」, there「その点で」

business continuity plan (BCP) 業務継続計画

specific steps 具体的［特定の］措置 ＊steps「措置（= measures）」

in the event of a disaster 災害時に

exposure to risk リスクにさらされること ＊expose「さらす」

I take it that ~ ～だと思う［理解する］（が）

disaster recovery 災害復旧

work out ~ 熟慮して～の計画を立てる

continued functionality 機能の継続

replication 複製 ＊replicate「複製する」

critical data 非常に重要なデータ

alternative procedure 代替措置 ＊procedure「手続き、（手順としての個々の）行為、措置」

workaround （急場をしのぐ）予備手段

presumptuous [prizʌmptʃuəs] 生意気な

given that ~ ～ということであれば

contingency planning 緊急時対応計画の策定 ＊contingency「不測の事態」

not go beyond the obvious わかりきったことの範囲を越えない→至極当然

compelling 抵抗しがたい

legal 法律の、法的な

financial 財務の、財務的な

incentive インセンティブ、刺激、動機 ＊一定方向に誘導するための手段

give rise to ~ ～を引き起こす

liability for negligence 過失責任 ＊liability「（法的）責任」

violation 違反

statutory requirements 法律上の義務 ＊statutory「法定の、制定法の」

business insurer 企業保険を扱う保険会社 ＊insurer = insurance company

viable 実行［成功］可能な

full-fledged 本格的な ＊fledged「（鳥の）羽毛が生えそろって巣立ちできる」

167

Lesson 25

> **Key Phrase**
>
> **The purpose of all this is, of course, to control and minimize exposure to risk.**
>
> その目的は、言うまでもなく、リスクにさらされる度合いをコントロールし、できる限りそれを少なくすることです。

ビジネスでリスク管理が語られる場合、リスクの評価、分類、管理、リスクが具体化した場合の対策などがテーマになります。典型的な言い回しを見ていきましょう。

❶ どういうリスクがあるかを考える

We should first perform a risk analysis and a business impact analysis.(まずは**リスク分析**とビジネス影響度分析を**行う**べきです)

■ risk analysis「リスク分析」 business impact analysis「ビジネス影響度分析」

There are many approaches to measuring risk exposure.
(**リスク・エクスポージャー** [リスクにさらされる度合い]**を測定する**アプローチにはさまざまなものがあります)

❷ リスクを分類する

We should only worry about material risks.
(もっぱら**重大なリスク**のみを心配すべきだ)

■ material risk「重大なリスク」 * material「物質の、重要な」

The first step in preparing risk profiles is identification of risk events.(**リスク・プロファイル**[対処すべきリスクの概要]を準備する最初のステップは、リスクの原因となる事実の特定だ)

■ profile [próufail]「輪郭、素描」 identification「特定、同定」 risk event「リスク事象、支障となるような事柄」

❸ 分類に従ってリスクを管理する

We manage our inventory risk through early order commitments of retailers.
(当社では、小売業者に早めに仕入れを約束してもらうことで**在庫リスクを管理している**)

■ inventory risk「在庫リスク」*在庫を抱えてしまうリスク order commitment「注文の約束」

We attempt to control our credit risk by being diligent in credit approvals.
(当社では与信審査を丹念に行うことで**信用リスク**[貸し倒れリスク]**を統御**しようとしている)

■ diligent「念入りな」 credit approval「信用（付与）の承認、与信審査」

❹ リスクの発生を想定して対策をとる

We need to draw up action plans to be followed if the risk does materialize.

（**リスクが具体化した場合に**実行すべき**行動計画を練っておく必要がある**）

■ draw up a plan「計画を練り上げる」 action plan「行動計画」 materialize「（はっきりした）形をとる」

Reasonable precautions are being taken to minimize the damage if the perceived risk becomes a reality.

（**想定されるリスクが現実のものとなったときに損失を最小限に抑えるため、しかるべき予防対策が講じられています**）

■ precaution「予防策［措置］」 minimize「最小限にする」 perceive「気づく、認める」
* per（完全に）ceive（つかむ）

MORE

075

リスクと一緒に使う動詞

risk を使いこなすためには、一緒に使う動詞も知っておく必要があります。

● **take a risk リスクを取る**

ビジネスで「リスクを取る」とは、めざす利益を得るために、あえてリスクを受け入れるという意味で使われます。

Unlike gamblers, investors take a calculated risk.
（ギャンブラーと異なり、投資家は計算済みの**リスクを取っている**）
■ calculated risk「計算済みのリスク、織り込み済みのリスク」

● **measure risk リスクを測る**

If you cannot measure risk, you cannot control risk.
（**リスクを測れ**なければ、リスクは制御できない）

● **entail risk リスクを伴う**

All equity investments entail risk of loss.
（すべて株式投資は損失を被る**リスクを伴う**）
■ entail [intéil]「伴う、引き起こす」

● **increase risk リスクを高める**

Secondhand smoke has been shown to increase risk of lung cancer.
（二次喫煙が肺ガンの**リスクを高める**ことは実証済みだ）
■ secondhand smoke「二次喫煙、煙害」 show「示す、証明する」

● **reduce risk リスクを低くする**

Diversification generally enables you to reduce risk.
（一般に分散投資は**リスクを低くする**ことを可能にしてくれる）
■ diversification「多様化、分散→分散投資、多角経営」 * diversify「多様化する、分散させる」

● **diversify risk リスクを分散する**

When you don't put all your eggs in one basket, you diversify risk.
（持っている卵をすべて一つのカゴに入れておかないこと、それが、**リスクを分散する**ことだ）

Chapter 3

社内でのコミュニケーション

Lesson 26 ▶ リスク管理 ②

Dealing with Contingencies

076 🔊

Yoshiko Kelly, Chief Administrative Officer, and Jack Fraser, Chief Security Officer, are going through their final checklist ahead of an emergency drill.

Kelly: Let's walk through the evacuation procedure. In particular, I'd like to check the wording of the evacuation announcement.

Fraser: Sure.

K: First, ten minutes before the drill, I announce via the public address system that a fire drill will take place and call on people to remember the acronym RACE. And I go on to explain that R is for Rescue. Rescue those in immediate danger. A is for Alarm. Activate the alarm by smashing one of the "break glass" points in the hallways. C is for Confine. That is, confine the fire by closing all doors and windows in and around the fire area. And E is for Extinguish.

F: Perhaps it's worth adding that PASS is another acronym to remember.

K: What's that? Never heard of it.

F: That's a surprise! Thought it was something universally known. Anyway, P is short for "pull the pin," A is for "aim the nozzle," S means "squeeze the handle," and S stands for "sweep the base of the fire."

K: Hmm...PASS...that's one great acronym. And it certainly does describe all there is to it. Okay, I'll touch on that after explaining RACE for fire. And then...Where was I?

F: And then the fire alarm is sounded.

K: Oh, that's right. When the fire alarm is sounded, a prerecorded announcement is made. The announcement states, "Attention everyone, please. This is a drill. I repeat, this is a drill. We have an emergency. Could you please make your way out of the building via the nearest exit to a safe distance from the building? Do not use the elevators. Please evacuate the building calmly, as there is no imminent danger."

Translation

防災訓練を控えて、総務の責任者であるヨシコ・ケリーが、セキュリティーの責任者ジャック・フレーザーと最終的なチェックリストの確認をしています。

ケリー：避難の手順をもう一度順序どおり確認していきましょう。特に、避難誘導のアナウンスで言う言葉をチェックしたいの。

フレーザー：もちろんいいですよ。

ケリー：まずは、訓練開始の 10 分前に、館内放送を使って、火災訓練が行われることをアナウンスし、略語 RACE を思い出すよう呼びかける。次に、RACE の R は、rescue（救出する）の R、つまり危険の差し迫っている人を rescue せよの R であると説明する。A は alarm（警報を発する）の A。廊下にある報知器の「プレートを割って」、スイッチを入れよということ。C は火災の周辺のドアや窓を閉めて火を封じ込めるという意味 confine の C。そして E は extinguish（消火する）の E であると。

フレーザー：もう一つ覚える価値のある略語に PASS があると言えるだろうな。

ケリー：何、それ？　聞いたことないわ。

フレーザー：それは意外だな！　誰でも知っているものだと思っていたよ。何であれ、P は「ピンを抜く」という意味の pull の P。A は「ノズルのねらいをつける」という意味の aim の A、S は「レバーを強く握る」というときの squeeze の S、次の S は「火の下のほうをなめる」ように消火剤を撒くという意味での sweep の S。

ケリー：へえ、PASS、なかなかいい略語じゃない。手順のすべてが本当に入っているしね。それでは、火事に備えての RACE の説明のあとにこれを入れましょう。そして…あれっ、どこまで話をしたかしら？

フレーザー：そして、火災警報が鳴る。

ケリー：ああ、そう。火災警報が鳴ると、録音放送が流れる。内容はこう。「皆さん、緊急放送です。これは訓練です。繰り返します、これは訓練です。ただいま緊急事態が発生しました。最寄りの出口からビルの外に出て、安全な場所まで行ってください。エレベーターは使わないでください。差し迫った危険はありませんので、落ち着いて建物から避難してください」

Vocabulary

deal with ~　～を扱う、～に対処する

contingency [kəntíndʒənsi]　不測の事態 ＊emergency「緊急事態」の同意語

security　安全確保

go through ~　（確認のため）～を読み返す

emergency drill　防災訓練 ＊drill「訓練、練習」

walk through ~　～の各ステップを確かめる ＊go [run] through ～と近いが、一歩一歩ステップをチェックする感じを持つ

evacuation procedure　避難の手順 ＊evacuate [ivǽkjuèit]「避難する」

wording　言葉遣い、文言

evacuation announcement　避難誘導のアナウンス

public address system　館内放送設備、非常伝達装置 ＊= PA system。address「演説、呼びかけ」

fire drill　火災訓練

call on ~ to ...　～に…するよう呼びかける

acronym [ǽkrənim]　略語、頭字語 ＊いくつかの単語の先頭の文字を並べた語

rescue　救助、救助する

alarm　警報装置、警報

activate　起動させる、作動させる

smash　粉砕する、割る

"break glass"(call) points　プレートを割って（ボタンを押して）報知器を鳴らすポイントスイッチ

hallway　通路、廊下（= corridor）

confine　封じ込める、閉じ込める

extinguish　消火する

be short for ~　～を短くしたものである、～の略である

aim the nozzle　ノズルの狙いをつける

squeeze [skwíːz]　絞る、ぎゅっと握る

sweep　掃く、左右にまんべんなく撒く

(That's) all there is to it.　それですべてだ。＊成句。describe ~ で「必要なことすべてを語っている」

touch on ~　～に触れる、言及する

prerecorded　あらかじめ録音されている

state　（正式に）述べる、公表する

safe distance from ~　～から離れた安全な場所 ＊distance「離れた場所」

imminent danger　切迫した危険

Lesson 26

Focus　非常事態への対処

077

> **Key Phrase**
>
> **Let's walk through the evacuation procedure.**
> 避難の手順をもう一度順序どおり確認していきましょう。

　企業が非常事態への対処を考える場合、通常、危機管理計画を作り、通用するかどうかを見きわめながら、その周知を図ります。また、定期研修などを通じて計画の実効性を確保します。

❶ 危機管理計画を作る

Do we have a contingency plan in place?
（危機管理計画はちゃんとありますか）
■ contingency plan「危機管理計画」＊ emergency plan とも言う　have ~ in place「～を整備する」

We need to plan for events that disrupt our day-to-day operations.
（日々の業務を混乱させるような出来事に**備えて計画を立てる**必要がある）
■ plan for ~「～の［～に備えて］計画を立てる」　disrupt「混乱させる」

❷ 計画の周知を図る

We have to familiarize all employees with the emergency procedures.
（緊急時の対応手順を全従業員に**周知させ**なければなりません）
■ familiarize ~ with ...「～に…を周知させる、精通させる」　emergency procedures「緊急時の対応手順」

We need to raise employees' awareness of emergency measures.
（非常事態への対応策を従業員に**周知徹底させる**必要があります）
■ raise ~ awareness of ...「～に…の認識を高めさせる」　measures「対策」

❸ 計画をテストする

Okay, let's schedule a drill to test the procedure.
（それでは、**手順がうまくいくかどうかをテストする**ための訓練を日程に入れましょう）
■ schedule ~「～をスケジュールに入れる、予定表に組み入れる」

Let's do a simulation to check that the plan really works.
（計画が実際にうまくいくかどうかを見るためにシミュレーションしよう）
■ simulation「模擬実験」　work「有効に作用する」

❹ 定期的に再確認する

We should review our crisis management procedures at least once a year.
（少なくとも年1回は、**危機管理の手順を再検討す**べきです）

We should provide refresher training in order to ensure preparedness for emergency response.
(非常事態への備えに怠りがないよう、再［定期］訓練をやるべきです)
■ refresher training「定期研修、再訓練」 preparedness「備え、即応態勢」 emergency response「緊急事態への反応［対処］」

Let's practice an earthquake drill, say, "duck, cover, and hold" drills.
(地震のための訓練、つまり「体をかがめ、机などの下にもぐり、じっとしている」訓練をしましょう)

MORE

078

計画と手順に関する言い回し

plan「計画」と procedure「手順」を使いこなすために必要な、動詞との組み合わせを見ておきましょう。

● make a plan　計画を立てる

You'd better make a contingency plan before a crisis hits.
(危機的状況に見舞われる前に危機管理計画を立てておくのが賢明だ) ■ hit「襲いかかる」
※「(計画を)立てる」は、改まった言い方ではmakeに代えてformulateが、インフォーマルな言い方ではmap out/draw upなどが使えます。

● review [revamp] a plan　計画を見直す

We're going to review [revamp] our emergency plans to more adequately reflect the current risk environment.
(現在のリスク環境をより的確に反映させるべく危機管理計画を見直す予定だ)
■ revamp「刷新する、改訂する」 risk environment「リスク環境(リスク要因の総体)」

● abandon [drop] a plan　計画を放棄する

The original disaster recovery plan was quietly abandoned [dropped] because it was inadequate to deal with the perceived risks. (想定されたリスクに対処するには不十分なので、最初の災害復旧計画はいつの間にか放棄された)
■ disaster recovery plan「災害復旧計画」 drop「(計画を)やめる、中止する」 perceive「気づく」

● develop a procedure　手順を定める

We need to develop an emergency procedure for bomb threats.
(爆弾をしかけたとの脅迫を想定した緊急時の対応手順を定める必要がある)
■ develop「考え出す→定める」 bomb threat「爆弾をしかけたという脅迫」

● follow a procedure　手順に従う

If there's a gas leak, follow the emergency procedure.
(ガス漏れが生じた場合は、緊急時の対応手順に従ってください)

● practice [test] a procedure　手順を試す

We practice [test] our emergency procedure once a year.
(当社は緊急時の対応手順を年に1回は試している)

発音も確認
してみよう

Focus 空欄を埋めて話してみよう

企業でのリスク管理／非常事態への対処

1. ❶ まずはリスク分析とビジネス影響度分析を行うべきです。

   W_ s____ f__ p_____ ar__ a_____ a__ a
   b_____ i_____ a_____.

   074

2. リスク・エクスポージャーを測定するアプローチには様々なものがあります。

   T___ a_ m___ a_____ t_ m_____ r__
   e_____.

3. ❷ もっぱら重大なリスクのみを心配すべきだ。

   W_ s____ o_ w__ a___ m_____ r___.

4. ❸ 当社では、小売業者に早めに仕入れを約束してもらうことで在庫リスク
   を管理している。

   W_ m_____ o__ i_____ r__ t_____ e___ o___
   c_____ o_ r_____.

5. ❹ リスクが具体化した場合に実行すべき行動計画を練っておく必要がある。

   W_ n__ t_ d__ u_ a____ p___ t_ b_ f_____ i_
   t_ r__ d__ m_____.

6. **MORE** ギャンブラーと異なり、投資家は計算済みのリスクを取っている。

   U____ g_____, i_____ t__ a c_____ r__.

   075

7. 二次喫煙が肺ガンのリスクを高めることは実証済みだ。

   S_____ s____ h_ b__ s____ t_ i_____ r__
   o_ l__ c____.

---

8. 一般に分散投資はリスクを低くすることを可能にしてくれる。

D_____ g_____ e_____ y__ t_ r_____ r__.

---

9. 持っている卵をすべて一つのカゴに入れておかないこと、それが、リスクを分散することだ。

W___ y__ d___ p_ a_ y___ e__ i_ o__ b____, you
d_____ r__.

---

10. ❶ 危機管理計画はちゃんとありますか。

(077) 🔊

D_ we h___ a c_____ p___i_ p___?

---

11. 日々の業務を混乱させるような出来事に備えて計画を立てる必要がある。

W_ n___ t_ p__ f_ e_____ t__ d_____ o__ d__-t_-
d_ o_____.

---

12. ❷ 非常事態への対応策を従業員に周知徹底させる必要があります。

W_ n___ t_ r___ e_____ a_____ o_ e_____
m_____.

---

13. ❸ 計画が実際にうまくいくかどうかを見るためにシミュレーションしよう。

L__ d_ a s_____ t_ c____ t__ t_ p__ r____
w____.

---

14. ❹ 少なくとも年 1 回は、危機管理の手順を再検討すべきです。

W_ s_____ r_____ o_ c___ m_____ p_____
a_ l___ o___ a y___.

---

15. 地震のための訓練、つまり「体をかがめ、机などの下にもぐり、じっとしている」訓練をしましょう。

L__ p_____ a e_____ d__, s_, "d___, c___,
a__ h___" d___.

DIALOG 音声を聴き取ろう

073

Managing Business Risks

As part of the orientation program for new hires, Miyuki Yamano is sent over to the bank's BCP manager, Richard Neru.

Neru: So, let's talk about BCP. Do you know _____ ___ is _____?

Yamano: I'm afraid _____ ___ me _____.

N: BCP is _____ ___ "_____ _____ ___," which contains the _____ steps you would take in the event of a disaster. **The _____ of all this is, of course, to _____ and minimize _____ __ ___.**

Y: I ____ _ ____ you're talking about _____ _____. But how does that _____ to _____ _____?

N: Miyuki, that's the best question I've heard _ a _____ ! In fact, we need to _____ ___ ____ how the company will _____ from a disaster, ___ how it will _____ its _____ if a disaster occurs. For instance, to ensure _____ _____, our plans include the real-time _____ of _____ ___ and the utilization of _____ _____ such as manual _____.

Y: Um, excuse me, I don't mean to be _____, but _____ ___ _____ _____ is a must for all businesses, a BCP, in my eyes, doesn't __ _____ the _____.

N: Oh, there are _____ ____ and _____ _____ for us. In fact, _____ to have such a plan may ___ ___ to _____ for _____ or even _____ of _____ _____. Moreover, _____ _____ now_____ _____ for businesses that have a _____ business continuity plan.

Y: So, what you're saying is this: A ___-_____ BCP has _____ that more than _____ the cost.

N: That's _____ what I was trying to ___ _____.

Dealing with Contingencies

Yoshiko Kelly, Chief Administrative Officer, and Jack Fraser, Chief Security Officer, are going through their final checklist ahead of an emergency drill.

Kelly: Let's _____ _____ the _____ _____. In particular, I'd like to check the _____ of the _____ _____.

Fraser: Sure.

K: First, ten minutes before the ____, I _____ via the _____ _____ _____ that a ___ ____ will ____ ____ and ___ __ people __ remember the _____ RACE. And I __ __ to explain that R is for _____. Rescue those in _____ _____. A is for _____. _____ the alarm by _____ one of the "_____ ____" points in the _____. C is for _____. That is, confine the fire by _____ all doors and windows __ and _____ the fire area. And E is for

_____

F: Perhaps it's _____ _____ that PASS is another _____ to remember.

K: What's that? _____ _____ of it.

F: That's a _____! Thought it was something _____ known. Anyway, P is short for "___ the pin," A is for "___ the _____," S means "_____ the handle," and S stands for "_____ the base of the fire."

K: Hmm...PASS...that's one great acronym. And it certainly does describe __ _____ is __ it. Okay, I'll _____ __ that after explaining RACE for fire. And then...Where ____ ?

F: And then the ___ _____ is _____.

K: Oh, _____ ____. When the fire alarm is sounded, a _____ _____ is made. The announcement _____, "_____ everyone, please. This is a ____. I repeat, this is a drill. We have an _____. Could you please _____ your ___ out of the building via the _____ ___ to a ___ _____ the building? Do not use the _____. Please _____ the building calmly, as there is no _____ _____."

Chapter 4

会議で使う言い回し

The Language of
Meetings

Chapter 4

会議で使う言い回し
The Language of Meetings

内容紹介

　会社で実際に使う英語、現場の英語という、本書の実務に徹したアプローチに戸惑っていた方も、そろそろ慣れてきたころかと思います。地味なゆえに正面切って取り上げられないものの、仕事場で頻繁に使う言い回しというのはあるもので、この種のものを押さえていくにつれ、「これは使える、役に立つ」と実感することも多くなってくるはずです。

　さて、第4章のテーマは会議です。英語での会議の序盤はどう展開するのか、席上のやり取りとして普通、どのようなものがあるのか、そして、最後はどうやって締めくくるのかを見ていきます。英語で言えば、the language of meetings ということです。

　ビジネス英語だから、あるいは会議の英語だからと特殊な単語がやたらと出てくるわけではありません。平凡な名詞や動詞を使いながらも、独特の組み合わせによっているだけです。実際本書は、以前に勤務していた仕事場で使われていた英語を思い出しつつ書いたわけですが、そこで気づいたのは、They seem to know what they're doing.（先方は自分たちの仕事はわかっているようだ＝ちゃんとしている）という具合に、意外と日常的な言葉でビジネスが語られているということです。してみるとポイントは、どういったパターンで使うのかを押さえることです。ただ慣れないうちは、一体どこが独特で、パターンとして応用できるのかが見つけにくいわけで、そこをお手伝いしたいと思っています。

ダイアログ紹介

▶ 会議の開始 Starting the Meeting

Lesson 27　会議を始める Opening a Meeting

　このダイアログのように、会議は一般に、はじめに議題と段取りを確認してから本題に入っていきます。英語の会議は、First.... Second.... Now.... Okay let's start with item number one.というふうに、節目でいちいち「ここが節目です」と、言葉でマークしていくことが特色となっています。

Lesson 28　情報を聞いて話し合う Eliciting Information and Interacting with Others

　買収案件を検討している幹部クラスのミーティングです。ジョセフ・ダンが、取引の骨子を決め、予備合意書を作成したらデュー・ディリジェンスだと説明していますが、デュー・ディリジェンスを怠ると、経営者は然るべき注意義務を尽くして業務を進めなかったとして責任を問われるので、企業買収における重要なステップとされています。

▶ 討議に入る Entering a Discussion

Lesson 29 討議を始める Opening a Discussion

　経営委員会の開始場面です。一定の手順を経て始まり、購買の基本方針に関する討議に入ります。一般社員が高額の資材を勝手に購入しては困りますから、会社はいくら以上の購入には事前承認を要するという規定を置くものですが、金額を基準にした承認の合理性は認めるにしても、1000ドル超という区切りが実際的でないのではないかという内容。

Lesson 30 会議で質問する Questioning at Meetings

　契約交渉を前にした一種の作戦会議の場面です。契約には天災などの事由があるときは、不履行があっても責任を問われないとする「不可抗力条項」があります。そこで、Ｘから仕入れてＢ社に納品しているＡ社では、Ｘが納期を守らなかった場合も不可抗力事由として契約書に入れておけば安心です。しかしＢ社は、それはＡ社側の内部事情だとして簡単には認めないと予想されます。ここでの会話はこういった事態を想定してのものです。

▶ 賛成と反対 Agreeing and Disagreeing

Lesson 31 会議で賛成する Expressing Agreement

　本社からリストラを命じられた支店の幹部が、ことの是非を論じている場面です。営利企業である以上、収益最大化のためのコスト削減、また収益を反映する株価を重視するのは当然ではないかという論議に対して、事業を支えているのは労働時間、知識・経験を投じている従業員ではないのか、そこへの配慮を欠いていいものなのかと展開していきます。

Lesson 32 会議で反対する Expressing Disagreement

　外注先の業者を選定する会議です。条件面で他より抜きんでている業者について、訴訟沙汰が多いのではとの疑問が投げかけられます。そういう業者を選定してあとで問題が起きた場合には、自分たちの責任問題になってしまいます。そこで、ひとまず事実関係を確認しておこうという流れになっています。

▶ 会議の終了 Ending the Meeting

Lesson 33 会議をまとめる Summarizing and Recapping

　就業規則に当たる「従業員ハンドブック」の改訂を行うための会議です。会議前半では、ハンドブックの中身をどうするかが論じられ、後半では、改訂版の印刷を頼む業者について、早めの納品を促すためのインセンティブ（金銭的見返り）と遅れた場合の厳しいペナルティーを組み合わせるというアイディアが討議されています。

Lesson 34 決議をする Making Resolutions

　米国の上場企業の、株主総会議事録からの抜粋を基としたダイアログです。定足数、動議など、特殊な言葉や言い回しが出てきますが、どんな会議でも似たようなものですから、一度押さえてしまえば、後は楽です。こうした会議では、ダイアログに見るように新しい議題に移る都度、議題の提出と支持の確認が行われます。

Lesson 27 ▶ 会議の開始 ①

Opening a Meeting

079 🔊

A departmental meeting is about to start. Participating in this meeting are Tom Grant, head of the department, Brian Wells, Junko Minami and other members of the staff.

Grant: Good afternoon, everybody. I see we're all here. Shall we get started? We have a lot to get through this afternoon. Can we agree on the ground rules? First, should we all use English for this meeting?

Participants: [Murmur their approval].

G: Second, the meeting is due to finish at 4 o'clock. We're short of time, so can I ask you to be brief? Brian, can you take the minutes?

Wells: Sure.

G: Now. Later on, we will have to deal with some mundane matters like waste segregation for recycling purposes, but **we're here today to make a decision about the ABC deal**. I see you've got a copy of the agenda. Okay, let's start with item number one: the term sheet for the ABC deal. Junko, would you like to open this one?

Minami: Of course. Let me give you a copy of the term sheet. The area we need to focus on is time of delivery.

G: Hmm... says, "Time of delivery shall not be of the essence."

M: A bit lacking in originality, but gives protection nonetheless.

W: Indeed. They're very useful, these boilerplate provisions are.

M: Yet, as we're depending on ABC so that we can meet deadlines from our own buyers, naturally, we need to make sure we can terminate the agreement if they fail to deliver on time.

G: In that respect, we need to agree on a date for delivery which gives us time to find another supplier should worst comes to worst.

Translation

部会が始まろうとしています。参加者は部長の
トム・グラント、スタッフのブライアン・ウェルズ、
南純子ほかです。

グラント：皆さん、こんにちは。みんなそろって
　いますね。始めましょうか。午後は、課題が
　詰まっています。基本的なルールを決めてお
　きましょうか。まず、この会議は英語で通す
　ということでよろしいですか?

参加者一同：[小さな声で同意]

グラント：二つ目に、この会議は 4 時に終わるこ
　とになっています。時間があまりありませんの
　で、発言は手短にお願いします。ブライアン、
　議事録をとってくれますか。

ウェルズ：わかりました。

グラント：さて、リサイクルのためのゴミの分別と
　いったありきたりの議題も後ほどありますが、
　**きょう、集まっていただいたのは、ABC 社
　との取引について結論を出したいからです。**
　皆さん、議題集を 1 部ずつ持っていますね。
　それでは、議題の第 1 項、ABC 社との契約
　要項から始めましょうか。純子、この件、ま
　ずはきみから始めてくれないかな。

南：はい。契約要項を 1 部ずつ配らせてください。
　焦点を当てたいポイントは、納期です。

グラント：うーむ、「納期は（契約の）本質的要
　素ではない」とあるね。

南：ありきたりの条項ですが、とはいえ、法的
　保護は確保できるかと。

ウェルズ：そのとおり。便利ですよね、書式集か
　ら抜き出したこういう典型条項というのは。

南：そうは言っても、うちはうちで納品先との納
　期を守れるかどうかがこの ABC 社にかかっ
　ているのですから、当然のことながら、納
　期を守れなかったときは契約を解除できるよ
　う、確実を期しておく必要があります。

グラント：そのことで言えば、最悪の事態となっ
　たときに、別の仕入れ先を探す時間の余裕
　を見込んで納期を合意しておく必要がありま
　すね。

Vocabulary

get started 始める

get through （課題となっていること
を）やり遂げる、終える

ground rules 基本ルール

be due to ~ ～することになっている

be short of ~ ～があまりない、不足
している

be brief 短時間である、短い

minutes [mínəts] 議事録（常に複数形）

mundane matters ありきたりのこと
＊mundane [mʌndéin]「平凡な、あり
きたりの」

waste segregation ゴミの分別 ＊
waste [wéist]「ゴミ（の）」、segregation
「分離」

recycling purpose リサイクルのため
＊purpose [pə́ːrpəs]「目的」

deal 契約、取引、協定

agenda [ədʒéndə] 議題集

item 議題

term sheet 契約要項

open ~ ～（の議論）の口火を切る

focus on ~ ～に焦点を当てる

time of delivery 納期

shall （規則・法令で）～と定める［すべし］

be of the essence （契約の）本質的
要素である ＊違反があれば解除し、損
害賠償を求めうる

lacking in ~ ～が欠けている

boilerplate provision ひな型的条
項 ＊boilerplate [bɔ́iləplèit]「契約書の
モデル文」

meet a deadline 締め切りに間に合
わせる

terminate an agreement 契約を
解除する［終了させる］

fail to ~ ～しそこなう

deliver on time 時間通りに納品する

in that respect その点で

supplier 納入業者

should 万一～なら ＊if worst comes
to worst より多少フォーマル

Worst comes to worst. 恐れてい
た最悪の事態となる。

Lesson 27

Focus 　会議を始めるときの流れ

> ### Key Phrase
>
> **We're here today to make a decision about the ABC deal.**
>
> 今日、集まっていただいたのは、ABC社との取引について結論を出したいからです。

一般に会議は、開始を告げ、目的を示し、本題に入る、という形で始まります。

❶ 始まりを告げる

初めの文は形式張らない会議で、後の文は主に正式な会議で使います。

If we're all here, shall we get started?
（皆さんおそろいのようでしたら、**始めましょうか**）

Thank you for making the time to join us today. As it is 10:00 a.m. and we have a quorum, I declare the meeting open.
（本日はご参集いただき、ありがとうございます。午前10時となり、定足数も満たされておりますので、**これより会議を始めます**）

❷ 目的を説明する

後の文は、We で始まる初めの文と比べて、フォーマルな言い方です。

We're here today to discuss the proposed business alliance with ABC.
（本日お集まりいただいたのは、ABC社との業務提携案を検討するためです）
■ business alliance「業務提携、協業」 proposed ~「提案された〜、〜案」

The purpose[aim/object/target] of this meeting is to determine our position on the terms of the tender offer made by Green & Associates.
（この会議の目的は、グリーン&アソシエイツが提示してきた株式公開買い付けの条件につき、当社としての立場を決めることにあります）
■ determine「決定する」 terms of the tender offer「株式公開買い付け（TOB）の条件」
* TOB=takeover bid。日本語では TOB が定着しているが、英語では tender offer が一般的。

❸ 本題に入る

You've all received a copy of the agenda. You'll see there are three items there. Is there any other business?
（お手元にある議題集をご覧になっておわかりのとおり、議題は3項目です。他に何か取り上げるべき議題はありませんか）
※ You'll see ~の文のthereはon that agendaを意味します。Is there any other business?はこの場面でよく使われる表現で、businessは「議題（審議事項）」を意味します。

I see you've all got a copy of the agenda. The first item is sales prospects. （皆さん、議題集をお持ちですね。**第1項目は売上予測です**）
■ sales prospects「売上予測」

❹ 一つの議題を終えて、次の議題に移る

I think that covers the first item. **Are we all happy about that? Right. The next item on the agenda is handling rush orders.**
（議題の第1項は済ませたかと思います。これでよろしいですか。よろしいですね。**次の議題は急ぎの注文をどう処理するかです**）

If nobody has anything to add, let's leave that item. **I take it that it's acceptable to everyone.** Now, we come to the question of security.（何か付け足したいという方がいなければ、この項目は済ませましょう。どなたもよろしいようですね。**さて、次はセキュリティーの問題です**）

MORE

081

本題に戻したり、議題から離れたりするときの言い回し

話題や議論が議題から離れる場合に使う言い回しも見ておきましょう。

● **本題に戻す**

Going back to what I was saying, payroll data should be kept inaccessible to unauthorized personnel.
（**本題に戻りますが**、給与関連のデータは、権限のない職員に対してアクセス制限を設けておくべきです）
■ payroll「給与支払い台帳」 unauthorized personnel「権限のない（許可されていない）職員」

Can we get back to the point, please? That'll be dealt with under item three.
（**本題に話を戻していただけませんか**。その件は第3項目で取り上げます）

● **議題から離れる、関連事項にふれる**

While we're on the subject of payment terms, it's worth mentioning online cash management.
（支払条件の話題が出たついでに、オンラインの現金管理にもふれたいと思います）
■ payment terms「支払条件」 worth ~ing「～する価値がある」

As an extension, although it's not on the agenda, I'd like to touch on the issue of company-sponsored daycare.
（話の延長線で、議題には入っていませんが、会社負担のデイケアをちょっと取り上げたいと思います）
■ touch on ~「～に簡単に言及する」 company-sponsored「会社負担の」 daycare「昼間の保育」

● **項目を飛ばす、省略する**

Shall we skip the next item?（次の項目は飛ばしましょうか）

Shall we take that up at another meeting?
（それは別の機会に取り上げることにしませんか）

Lesson 28 ▶ 会議の開始 ②

Eliciting Information and Interacting with Others

082

The senior management of Global Widgets Inc., which is contemplating acquisition of a certain business, is discussing their next step.

Sandra Roberts: Okay, the next item on the agenda is the proposed acquisition of XX Pharmaceuticals.

Martha Pitt: I've been out of town the last week. Could you bring me up to speed? Where do we stand at this point?

Joseph Dunn: We reviewed their business plan and our first meeting with management took place yesterday. They seem to know what they're doing and I feel we could work with these individuals.

R: But we still have to ask senior executives to provide references.

P: Is that really necessary? I'm wondering about the appropriateness of going to such extremes.

D: There's nothing extreme about it. Don't you know that it's not uncommon for potential buyers to hire investigation firms to complement their own efforts?

P: Very well. It's your call.

R: Joseph, you have experience in this area. Can you tell us something about your experience? What's next?

D: Well, our next step is to draft a term sheet. And once the seller accepts our terms, we draft a letter of intent, and we're ready for due diligence.

P: I'm afraid I'm not sure what you're saying. What exactly do you mean by "due diligence"?

D: Don't we all want to check that we know what we're buying? Due diligence: it means the research we should do before we put our money down.

P: I know what it means. I just wanted to know the nature and extent of the due diligence investigations.

DIALOG 情報を聞いて話し合う

Translation

ある企業の買収を考えているグローバル・ウィジッツ社の経営幹部たちが、次の一手をめぐり討議しています。

サンドラ・ロバーツ：それでは、議題の次の項目はXX製薬の買収案件です。

マーサ・ピット：この一週間、不在でしたので、現況を教えてください。今、どの段階に来ているのでしょうか?

ジョセフ・ダン：この会社の事業計画書は検討済みで、きのう、初めて経営陣と顔合わせをしました。自分たちの仕事のことはわかっているようで、この人たちとなら一緒にやっていけると感じています。

ロバーツ：しかし、そうは言っても、上級幹部については照会先を求めないとなりませんね。

ピット：そういったことが本当に必要なのでしょうか。そこまで極端なことをするのが果たして妥当かどうか疑問を感じます。

ダン：この種の問い合わせをするのは、決して極端なこととは言えません。買い手側が自らの調査を補うために調査会社に依頼するのが珍しくないのを、ご存じないようですね。

ピット：まあ、いいでしょう。そちらでお決めになることですから。

ロバーツ：ジョセフ、あなたはこの種の案件での経験がありますよね。経験から何か言いたいことはありませんか。次のステップは何かとか。

ダン：そうですね、次のステップは契約要項案の作成ですね。そして売り手側がこちらの条件を受諾した段階で、予備的合意書案を作成し、デュー・ディリジェンスに入る用意が整うということになりますか。

ピット：申し訳ありませんが、おっしゃることがどうもよくわかりません。「デュー・ディリジェンス」が意味するところを正確に話してくれませんか。

ダン：買おうとしているものが何であるのかを調べようとしますよね、われわれは。デュー・ディリジェンスですが、これは資金を投じる前に行っておくべき調査分析のことです。

ピット：言葉の意味は承知しています。デュー・ディリジェンスの調査活動の内容と範囲を知りたかっただけです。

Vocabulary

elicit [ilísit]（〜から）引き出す、聞き出す

interact 交流する、たがいに伝達し合う

senior management 幹部、経営陣

widget [wídʒit] ＊架空の製品を指す語

contemplate [kántəmplèit] 熟考する、もくろむ

acquisition 企業買収

proposed ~ 提案された〜、〜案

pharmaceuticals [fàːrməsúːtikəlz] 製薬会社 ＊pharmacy「薬局」

bring ~ up to speed 〜に最新情報でようすを知らせる ＊up to speed「同等のレベルにまで」

business plan 事業計画

senior executives 上級幹部

provide references 照会先を知らせる ＊reference「照会先、身元保証人」

go to extremes 極端な行動に走る

potential buyer 購入する可能性のある人［企業］、潜在的買い手

hire 雇う

investigation firm 調査会社、探偵事務所

complement [kámpləmənt] 補足する

It's your call. それはあなたが決めることですから。＊It's your decision. と同意のインフォーマルな表現。企業買収は通常、対象企業の信用調査、財務調査や担当を分けて進めるが、それはダンの担当分野だという意味

draft a term sheet 契約要項案を作成する ＊draft「草稿を書く、〜の案をつくる」

terms 条件

letter of intent 予備的合意書 ＊intent「意図」

due diligence デュー・ディリジェンス ＊投資前の調査のことで、金融関係者は「デューデリ」と言う。due「然るべく」、diligence「注意義務を果たすこと」

put one's money down 支払いをする、資金を投じる

nature and extent 内容［性質］と範囲［程度］＊定型表現

Lesson 28

Focus 発言を促し、意見の交換をする 083

Key Phrase

Joseph, you have experience in this area. Can you tell us something about your experience?

ジョセフ、あなたはこの種の案件での経験がありますよね。経験から何か言いたいことはありませんか。

会議は一般に、上のように進行役が出席者に発言を促し、他の人々がコメントするというやり取りで進行します。意見交換に必要な言い回しを覚えておきましょう。

❶ 相手の意見を求める

Jane, would you like to start? Perhaps you can tell us something about **how your accounts view this issue.**（ジェーン、あなたから始めてくれませんか。あなたの顧客がこの問題をどう見るか、**何か話すことがあるでしょうから**）

Jill, what do you think about this issue? We haven't heard from you yet.
（ジル、この問題**についての考えを聞かせてくれませんか。まだあなたの意見を聞いていないことだし**）

Tom, do you have anything to add? I'd like to have your point of view.（トム、何か付け加えることはない？　**あなたの考えを聞きたいのですが**）

※一人ひとりに声をかけるのではなく、あらかじめ進行役が、I'd like you to give your views in turn.（順番に意見を求めます）と言うやり方もあります。

❷ 好意的?否定的にコメントする

I see what you mean. Good point, indeed.
（おっしゃりたいことはわかりました。いいポイントをついていますね、実際）

I don't think that's right. Nothing indicates that sales have suffered a downturn.
（それが正しいとは思えません。売上が下降局面に入っていることを示すものはありません）

■ suffer a downturn「下降局面に入る」

❸ 自分の理解が正しいかどうかを確かめる

A: **So you mean we should strike a balance between our inventory costs and lost sales due to stock outs.**

B: **Yes. I couldn't have put it better myself.**
（A：ということは、在庫コストと品切れによって販売機会を失うこととの間でバランスを取れ**とおっしゃりたいんですね。**B：はい。うまく話せませんでしたが）

■ strike a balance「バランスを取る」　inventory costs「在庫を抱えることで生ずるコスト」 lost sale「逃した販売（機会）」＊ lost「（機会などを）逃した」　stock outs「欠品、品切れ」

In other words, you're saying we don't have sufficient information to make a decision.

Lesson 28
会議の開始 ②

（言い換えれば、決定を下せるだけの十分な情報をわれわれは持っていない**とおっしゃっているのですね**）

❹ 聞き返す

〈聞き取れなかったときに聞き返す言い方〉

Sorry. Didn't hear what you said. Could you run through that again, please?
（申し訳ない。お話しになったこと、聞き取れませんでした。**もう一度お願いできますか**）

〈聞こえたけれども、意味がわからなかったときに聞き返す言い方〉

I'm afraid I don't see what you're getting at. Ah, it's about the point you made about termination rights. Could you go over that again, please?
（すみませんが、何をおっしゃろうとしているのかわかりません。えー、解除権のことで何かおっしゃった部分です。**もう一度お願いできませんか**）

■ get at ~「～を言おうとする」＊＝ drive at ~ termination rights「（契約の）解除権」＊ termination「終了」

MORE

084

進行役が使う言い回し

議論が混乱しかけたとき、進行役は次の表現を使って議事の円滑化を図ります。

● **われ先にと話し始めている人たちに対して**

One at a time, please. Roy first, then Dick, then Lisa.
（お一人ずつお願いします。まずロイ、次にディック、それからリサで）

We can't all speak at once. Ann, I think you wanted to say something?
（一度に話すのはやめましょう。アン、何か話したかったのではありませんか）

● **他の人の発言を妨害する人に対して**

Could you let Bill finish? I'd like to have his point of view.
（ビルの話が終わってからにしませんか。ビルの意見を知りたいと思います）

Just let Bill finish.（ともかくビルの話を最後まで聞きましょう）

※「最後まで言わせてほしい」と言いたいときは、Sorry. Could you just let me finish?

● **話の長い人に対して**

I'm afraid we're rather short of time. Can you be brief?
（あいにく時間がありません。手短にお願いできますか）

I'm afraid we're running out of time. I have to stop you there. Thank you, Mark.
（あいにく時間が迫ってきています。そこまでにしておいてください。ありがとうございました、マーク）

Chapter 4　会議で使う言い回し

発音も確認
してみよう

Focus 空欄を埋めて話してみよう

会議を始めるときの流れ／発言を促し、意見を交換する

---

1. ❶ 皆さんおそろいのようでしたら、始めましょうか。

I w___ a h___, s___ w_ g_ s_____?

080

---

2. ❷ 本日お集まりいただいたのは、ABC 社との業務提携案を検討するためです。

W___ h___ today t_ d_____ t__ p_____ b_____
a_____ w__ A__.

---

3. ❸ 皆さん、議題集をお持ちですね。第 1 項は売上予測です。

I s__ y_____ a_ g__ a c___ o_ t__ a_____. T__ f___
i___ i_ s___ p_____.

---

4. ❹ 何か付け足したいという方がいなければ、この項目は済ませましょう。

I_ n_____ h__ a_____ t_ add, l__ leave t__ i___.

---

5. MORE 本題に戻りますが、給与関連のデータは、権限のない職員に対してアクセス制限を設けておくべきです。

G___ b___ t_ w___ l w_ s_____, p_____ d__ s_____
b_ kept i_____ t_ u_____ p_____.

081

---

6. 支払条件の話題が出たついでに、オンラインの現金管理にもふれたいと思います。

W___ w___ o_ t__ s_____ o_ p_____ t___, i__
w___ m_____ o____ c__ m_____.

---

7. 次の項目は飛ばしましょうか。

S___ w_ s___ t__ n__ i___?

---

8. それは別の機会に取り上げることにしませんか。

083

S___ w_t___ t___ u_ a_a_____ m_____?

9. ❶ ジェーン、あなたから始めてくれませんか。あなたの顧客がこの問題をどう見るか、何か話すことがあるでしょうから。

J___, w___ y_ l_ t_ s___? P_____ y_ c_ t__ u_ s_____ a____ h__ y__ a_____ v_ t__ i___.

10. ジル、この問題についての考えを聞かせてくれませんか。

J_, w__ d_ y_ t___ a____ t_ i___?

11. ❷ おっしゃりたいことはわかりました。いいポイントをついていますね、実際。

I s__ w__ y__ m___. G___ p___, i_____.

12. それが正しいとは思えません。売上が下降局面に入っていることを示すものはありません。

I d___ t___ t____ right. N_____ i_____ t__ s___ h__ s_____ a d_____.

13. ❸ 言い換えれば、決定を下せるだけの十分な情報をわれわれは持っていないとおっしゃっているのですね。

I_ o___ w____, y____ s____ w_ d___ h__ s_____ i_____ t_ m__ a d_____.

14. ❹ 申し訳ない。お話しになったこと、聞き取れませんでした。もう一度お願いできますか。

S___. D___ h__ w___ y__ s__. C___ y_ r__ t_____ t_ a___, p____?

15. MORE あいにく時間がありません。手短にお願いできますか。

085

I_ a___ w__ r____ s__ o_ t___. C_ y__ b_ b___?

Chapter 4

会議で使う言い回し

DIALOG 音声を聴き取ろう

079

Opening a Meeting

A departmental meeting is about to start. Participating in this meeting are Tom Grant, head of the department, Brian Wells, Junko Minami and other members of the staff.

Grant: Good afternoon, everybody. I ___ we're __ ____. Shall we ___ _____? We have a lot to __ _____ this afternoon. Can we _____ __ the _____ ____? First, should we all ___ _____ for this meeting?

Participants: [Murmur their approval].

G: Second, the meeting _ ____ _ finish at 4 o'clock. We're _____ __ time, so can I ask you to __ ____? Brian, can you ____ the _____?

Wells: Sure.

G: Now. Later on, we will have to ____ ____ some _____ _____ like _____ _____ for _____ _____, but we'_ ___ ____ to _____ a _____ about the ABC ___. I see you'__ __ a copy of the _____. Okay, let's ____ ____ ____ number one: the ____ ____ for the ABC deal. Junko, _____ ___ ___ to ____ this one?

Minami: Of course. ___ __ ___ __ a copy of the term sheet. The area we need to _____ __ is ____ _ _____.

G: Hmm... says, "Time of delivery ____ not __ _ the _____."

M: A bit _____ _ originality, but gives _____ nonetheless.

W: Indeed. They're very _____, these _____ _____ are.

M: Yet, as we're _____ __ ABC so that we can ____ _____ from our own _____, naturally, we need to _____ ___ we can _____ the _____ if they ___ to _____ __ ___.

G: __ ____ _____, we need to agree on a ____ __ _____ which gives us time to find another _____ should _____ _____ to _____.

082

Eliciting Information and Interacting with Others

The senior management of Global Widgets Inc., which is contemplating acquisition of a certain business, is discussing their next step.

Sandra Roberts: Okay, the ____ ____ on the _____ is the _____ _____ of XX _____.

Martha Pitt: I've been ___ of ____ the last week. Could you ____ me __ __ _____? Where do we _____ at this point?

Joseph Dunn: We reviewed their _____ ____ and our first meeting with _____ ____ ____ yesterday. They ____ to _____ what they're doing and I feel we could ____ ____ these _____.

R: But we still have to ask _____ _____ to _____ _____.

P: Is ____ really _____? I'm wondering about the _____ of _____ __ such _____.

D: _____ _____ _____ about it. Don't you know that it's not _____ for _____ _____ to ___ _____ ____ to _____ their own efforts?

P: Very well. __ ____ ___.

R: Joseph, you have _____ in this area. ___ ___ ___ __ something about your experience? What's next?

D: Well, our ____ ____ is to ____ a ____ ____. And once the seller _____ our terms, we draft a ____ of _____, and we're ____ for ___ _____.

P: I'm afraid ___ ___ ___ ____ you're saying. What exactly do you _____ __ "due diligence"?

D: _____ __ all want to _____ that we know ____ ____ _____? Due diligence: it means the _____ we should do before we ___ ___ _____ ____.

P: I know ____ _ means. I just wanted to know the _____ ___ _____ of the due diligence investigations.

193

Lesson 29 ▶ 討議に入る ①

Opening a Discussion

085 🔊

A formal meeting of the Management Committee, chaired by Pat Stone, has just begun.

Stone: Welcome to the Management Committee Meeting. The first item on the agenda is the approval of the agenda. All those in favor?

[Chorus of ayes]

S: All those opposed?

[No response]

S: No one. The agenda is approved. The second item on the agenda is to consider and act on a draft procurement manual. Myra, your department submitted this item, so perhaps you'd like to start?

Myra Cummings: Thank you. Current procurement policy requires that any purchase over $1,000 and under $3,000 receive prior approval and quotes from at least two vendors. But it just seems to me that on a practical level, the $1,000 threshold is too low for us to have to determine whether it should be approved or not.

Peter Barnes: May I just say something, Pat?

S: You certainly may.

B: There's just one thing I want clarification about. What's the rationale for coupling the prior approval requirement with dollar amount thresholds?

C: Can I come in here?

S: Yes, Myra, go ahead.

C: I take it that the current requirements do serve as a double check, but I tend to think it's overkill. Perhaps we should raise the lower and upper ends of the requirement.

Translation

パット・ストーンを議長に、経営委員会の正式の会議が始まったところです。

ストーン：経営委員会の会議にお集まりいただき、ありがとうございます。議題の第1項目は議題集の承認です。賛成の方？

［一同賛成］

ストーン：反対の方は？

［発言なし］

ストーン：いませんね。議題集は承認されたと認めます。第2項目は、購買業務マニュアル案を検討し、決議するというものです。マイラ、この議題はあなたの部が提出したものだし、あなたから始めませんか。

マイラ・カミングズ：ありがとうございます。購買に関する現行の基本方針では、1000ドルを超え、3000ドル未満の購入については事前の承認を取り、かつ、少なくとも納入業者2社以上から見積もりを取るものとされています。しかし、私には、実際問題として、1000ドルという金額は、承認すべきか否かという検討作業をするにはあまりに低すぎる金額だと思えるのです。

ピーター・バーンズ：発言してもよろしいですか、パット。

ストーン：どうぞ。

バーンズ：一つだけ確かめておきたかっただけですが、事前に承認が必要かどうかを金額の範囲に絡めて決めることに、合理的な理由があるのでしょうか？

カミングズ：ちょっとよろしいですか。

ストーン：マイラ、結構です。どうぞ。

カミングズ：現行の条件は確かに二重のチェックという役目を果たしているということは理解できますが、そこまでやらなくてもいいのではないかという気もします。条件となる金額を、上限・下限とも上方修正すべきなのかもしれません。

Vocabulary

Management Committee 経営委員会、経営会議

Chair 議長を務める

Item 議題

approval 承認 ＊動詞は approve「承認する」

in favor 賛成して

aye [ái] はい、(正式の会議での) 賛成 ＊= yes

opposed 〈形〉反対して

act on ~ ～の決定を下す、～を決議する

draft ~ ～案 ＊draft「草案」

procurement manual 購買業務マニュアル

submit 提出する

procurement policy 購買の方針［政策］

prior approval 事前承認 ＊prior は priority「優先」と同系

quote 見積もり ＊= quotation

vendor 納入業者

on a practical level 実際的には ＊= practically

threshold [θréʃhould] 区分の境目となる数字、境界点

determine 決定する、取り決める

clarification 説明、解明

rationale [ræ̀ʃənǽl] (必要性などの根拠となる) 合理的理由

couple ~ with ... ～を…と結びつける［合体させる］

requirement 必要事項、必要条

Can I come in here? ちょっといいですか。 ＊come in「口をはさむ」

go ahead どうぞ

I take it that ~ ～だと思う［理解する］(が)

serve as ~ ～の役目を果たす

I tend to ~ (発をやわらげて) ～のようだ、～という気がする

overkill 行きすぎ、過剰

raise 上げる

lower and upper ends 上限・下限

Chapter 4 会議で使う言い回し

Lesson 29

> **Key Phrase**
>
> **May I just say something, Pat?**
> 発言してもよろしいですか、パット。

　正式の会議では、議長か進行役に許可を求めてから発言するのがルールです。発言を求める、控えめ／強めと強弱をつけて発言する、などの言い回しを見ていきましょう。

❶ 発言の機会を求める

公式の場では、Can I ~? ではなく Could I ~?/May I ~? のほうが一般的です。

Could I just say something?（ちょっとよろしいですか）

Could I suggest something in that regard?（そのことでちょっとよろしいですか）

May I add something to that?（それに補足してよろしいでしょうか）

※人の発言を聞いて、それを補足するために論議に加わるときに使います。

❷ 発言する

基本形は I think [understand] that ~ で、that のあとに述べたい内容を続けます。

I think that we've been overly dependent on brick-and-mortar suppliers. My reason for suggesting this is that all of our competitors that have made forays into e-commerce are doing well.

（われわれは従来型の納入業者に依存し過ぎていると**考えています**。というのは、インターネット取引を始めた同業他社はみなうまくいっている**からです**）　■ brick-and-mortar「（ネット企業との対比で）従来型の」＊ brick「れんが」、mortar「モルタル」　competitor「競争相手、同業他社」　make a foray into ~「～を急襲する、～に進出する」＊ foray「急襲」　e-commerce「電子商取引、インターネット取引」

I understand that studies show that verbal contact accounts for 75% of a manager's time.

（承知しているところでは、経営者の執務時間の 75％を口頭での連絡が占めているという調査結果があるそうです）　■ verbal contact「（面談、電話など）口頭での連絡」

❸ 自分の発言を控えめなものにする

I think that ~ を少し変えて、I'm inclined to [I tend to] think that ~.「～と考えてもよいような気がする」などの形を使います。

I'm inclined to think that it's not so much how much we spend as how we spend it.

（私としては、いくら使うかよりも、どのように使うかのほうが問題なのではないか、**という考えに傾いています**）　■ not so much ... as ~「…ではなくむしろ～」

Don't hold me to this. I'm just thinking aloud. **The negotiations got into a bind because our counterparts are inflexible and unwilling to think out of the box.**
（自信があるわけではありません。考えていることが口に出ただけなのですが。交渉が行き詰まっているのは、先方がかたくなで、自分の殻から出ようとしないためです）
■ hold ~ to ... 「～に…を守らせる」 * Don't hold me to this. は「こう言ったじゃないかと責任を追求しないでほしい」ということ think aloud「考えていることがそのまま口に出る、ひとりごとを言う」

❹ 自分の発言を強めのものにする

確信していると発言する場合、think の前に副詞 definitely を入れる形や、I'm convinced [I'm sure/I'm positive] that ~ などの形がよく使われます。

I definitely think that we should shift to online procurement.
（絶対に、オンライン調達に移行すべきだと考えます）■ procurement「調達」

I'm convinced that we need to redefine our core business lines.
（私は確信があるのですが、当社のコアビジネスを見直すべきです）■ redefine「再検討する、見直す」

MORE

087

自分の発言を補足する

補足説明する際によく使われる言い回しとして、次のようなものがあります。

● 「私が言おうとしているのは…」 What I'm trying to say is that ...
　What I'm trying to say is that it's always a good idea to get multiple bids for a project.（私が言おうとしているのは、一つのプロジェクトのために複数の条件提示を得るのが、基本的に間違いがないということです）
■ bid「入札、つけ値」

● 「私が申し上げたいのは…」 The point I'm trying to make is this: ...
　Are we sure we want to put everything into the hands of this consultant? The point I'm trying to make is this: the business may rely too heavily on one person.
（このコンサルタントにすべてを委ねたいということでいいのでしょうか？　私が申し上げたいのは、一人の人間に事業が大きく依存することになりはしないかということです）

● 「問題の核心は…」 The crux of the matter is that ...
　Today, only one out of 30 chips goes into a PC. Worldwide, six billion chips are used outside computers every year. The crux of the matter is that digitization has penetrated all parts of our lives.
（こんにち、生産される IC チップで 1 台のパソコンに組み込まれるのは 30 個中 1 個でしかありません。世界的には毎年、60 億個の IC チップがパソコン以外のところで使われています。問題の核心は、デジタル化が生活の隅々に浸透しているということです）
■ go into ~「（物が）～に収まる」 crux「最も重要な点」 penetrate [pénitrèit]「浸透する、入り込む」

Lesson 30 ▶ 討議に入る ②

Questioning at a Meeting

088

Akiko Matsuda, Bill Olson and the company's outside counsel, Jun Takasugi, are in a meeting to discuss the terms offered by the other party.

Matsuda: The next thing we have to discuss is the ABC deal.

Olson: May I, Akiko-san? There's something I wanted to ask Mr. Takasugi.

M: Go ahead.

O: The question I have, Mr. Takasugi, is that I think the proposed force majeure clause doesn't provide for a situation where we're unable to meet the buyer's order because our own suppliers have failed to deliver on time.

Takasugi: Let me have a look at what the wording says: "Neither party shall be liable for any failure to perform or delay in performing its obligations hereunder due to circumstances beyond its reasonable control including but not limited to bla bla bla bla ..." Hmm. You're right.

M: What do we do now?

T: Ah, a quick and easy way to patch up this problem is to add the following wording to the list of events beyond your reasonable control: "any failure of a third party to comply with its obligations to provide goods and services to the parties which are necessary for the performance of this agreement." You'd better brace yourselves for some tough bargaining, though.

O: Don't you think they'd readily say "Yes" to the proposed amendment?

T: I don't see why they should agree to that without putting up some resistance.

M: What would be their argument against that?

T: They'd most likely argue that it's entirely your problem if your supplier turns out to be unreliable.

Translation

相手方が提示してきた条件を検討するため、松田晃子、ビル・オルソンが顧問弁護士の高杉純を交えて会議を開いています。

松田：次に取り上げなければならないのは ABC 社との案件ですね。

オルソン：晃子さん、よろしいですか。高杉さんに質問があります。

松田：どうぞ。

オルソン：高杉さん、お伺いしたいのは、先方が提案している不可抗力条項では、当社の納入業者が納期を守れなかったがゆえに当社が買い手の注文に応えられなくなったケースでは、われわれが保護されないように思われることです。

高杉：文言を見てみましょう。いわく「いずれの当事者も、合理的に考えて自己の管理が及ばないと認められる事由で、本契約上の義務の履行を怠りまたは履行が遅れても、それにつき責任は問われない。例を挙げれば、何々何々で…」ですね。うーん、おっしゃるとおりです。

松田：どうすべきでしょう？

高杉：こうした問題に敏速かつ簡単に手当てしておくいい方法は、合理的に考えて自己の管理が及ばないとして列挙されている事由に、次の文言を入れることですね。「本契約の履行上当事者が必要とするモノ・サービスを提供すべき第三者が、その義務の履行を怠った場合」。しかし、これは厳しい交渉を覚悟しておいたほうがいいですね。

オルソン：この修正案に対して、相手は簡単に「イエス」と言ってはくれないのでしょうか。

高杉：相手が抵抗なく受け入れてくれるとは思いませんね。

松田：相手はどういう理屈でくるでしょうか。

高杉：おそらくは、御社の納入業者が信頼度の低い業者だったとしても、それはひとえに御社の問題だ、と主張するでしょうね。

Vocabulary

outside counsel 外部の弁護士→顧問弁護士 ＊顧問として法律上の相談にのる弁護士。counsel「弁護士,法律顧問」

terms offered by ~ ～に提示された条件

other party 相手方、先方 ＊party「関係者」、third party「第三者」

deal 契約、取引、協定

force majeure clause 不可抗力条項 ＊予測不能、あるいは当事者の責任の範囲を超える事態となった場合は、契約が履行されなくても責任を問われないとする条項。force majeure [fɔːrs mɑʒə́ːr]「不可抗力」(仏語)、clause [klɔːz]「条項」

provide for ~ ～を考慮に入れておく、～に備える

meet one's order ～の注文に応え

supplier 納入業者 ＊vendor とも言う

wording 言い回し、文言

shall (規則・法令で)～と定める [すべし]

liable 法的責任がある

failure to perform 不履行、実行できなかったこと ＊perform「実行する」。名詞は performance「実行、履行」

delay in performing 履行の遅滞 ＊delay [diléi]「遅延、遅れ」

obligations hereunder 本契約上の義務 ＊hereunder = under this agreement

circumstances beyond its reasonable control 合理的に考えて当事者の管理・支配が及ばない事情

bla bla bla bla 何とかかんとか ＊口語

patch up とりあえずの手当てをする

comply with ~ ～を順守する

the parties (契約を結ぶ)当事者たち

brace oneself for ~ ～に対し心の準備をする、～に備える

tough bargaining 厳しい交渉 bargain「交渉 [取り引き] する」

amendment 修正

I don't see why ~ should ... ～が…するとは思わない。＊= I don't see the reason why ~ should ....

put up resistance 抵抗を示す ＊put up「(闘志・抵抗など)を示す、見せる」

argument 論拠 ＊argue「議論する」

turn out to be ~ ～であることがわかる

Lesson 30

Key Phrase

Don't you think they'd readily say "Yes" to the proposed amendment?

この修正案に対して、相手は簡単に「イエス」と言ってはくれないのでしょうか。

狙いや状況に応じた質問の仕方があるので、代表的な例を見ていきましょう。

❶ 否定疑問文を使って相手の意見や態度をただす質問

否定形を使った疑問文は、「あなたはこう考える、こう動くと思ったのに、そうではないのか」という驚き、時には失望の気持ちをにじませるのに使います。

Aren't you going to look at the problem of erratic consumer demand?

（移ろいやすい消費者需要［消費パターン］の問題に目を向けようという気持ち**はないんですか**）

■ erratic「移ろいやすい」　consumer demand「消者需要」

Don't you plan to look into the problem of employees neglecting to encrypt customer information every time?

（従業員たちが顧客情報を必ずしも暗号化しようとはしない問題に踏み込む気は**ない**のですか）

■ look into ~「～を調査する、注意深く調べる」　encrypt「暗号化する」　customer information「顧客情報」

❷ 同調を促す質問

We can't change the format of the requisition slip at branch level. Shouldn't we raise the matter with headquarters?

（物品購入書の書式を支店レベルで勝手に変更することはできません。本社にこの件を持ち上げるべきではないでしょうか）

■ requisition slip「物品購入申請書」＊ requisition「要求、要求書」、slip「伝票、紙片」　branch (office)「支店」

It's all very well that you want to introduce a new accounting system. But don't you expect some teething problems with the introduction?

（新たな会計システムを導入したいというのは大変結構です。**でも、導入に伴う初期不良がある程度発生するの**を予想していないのですか）

■ teething problem「物事の初期に起こる問題」＊ teethe「（赤ん坊に）歯が生える」

❸ 相手の考えをさらに聞き出す質問

Could you go into more detail about the marketing mix you propose?

（どういったマーケティング・ミックスをお考えなのか、**もっと詳しく説明してくださいませんか**）

■ go into ~「～の詳細に触れる」　marketing mix「マーケティング・ミックス」＊マーケティング要素（価格、販売ルート、販促活動など）の戦略的組み合わせ　propose「提案する」

Could you tell me more about the approval process you have in mind?
（お考えになっている承認手続きについて、より詳しくご説明いただけませんか）

❹ 相手を支持する気持ちを伝える

So you're worried about the logistics to support our production activities in China.
（ということは、中国での生産を支援するロジスティックスに懸念があるということですよね）
■ logistics「ロジスティックス」*物流等、生産・販売に対する後方支援業務の総称

If I understand you, you're saying you want additional funding to complete the research.
（察するに、調査を完了するのに、さらなる資金手当てが必要だとおっしゃっているんですよね）
■ funding「資金面の手当て、財政的支援、資金調達」

| MORE | 質問が通じなかったときの言い直し方 | 090 |

自分の質問に即した回答が得られなかったときの対処策としての言い回しです。

● 「お聞きしたかったのはそういうことではなく…」

That's not really what I was asking. My question is about what impact it has on our business, not on the overall economy.
（お聞きしたかったのはそういうことではありません。質問は、当社の事業への影響でして、経済全体への影響ではありません）

● 「質問が明確ではなかったかもしれませんが…」

Perhaps I didn't make my question clear. In fact, what I asked about was your findings, not your recommendations.
（質問の仕方が明確ではなかったかもしれません。実のところ、お尋ねしたのは、どうするべきか、ということについてではなく、ご自身が確認された事実についてです）
■ findings「事実認識、見い出されたもの、（調査などの）結果」

● 「質問の主旨とは違うお答えでしたので…」

I think you've answered a different question from the one I asked. What I'd like to know is what your company or company management thinks. Not what your competitors think.
（お聞きしたい内容とは違うことをお答えくださったようです。知りたいのは、御社ないし御社経営陣がどう考えているかです。同業他社がどう考えているかではありません）

● 「そのこと（意見・考え）はわかりますが…」

I understand that, but what I actually had in mind was something along the lines of long-term trends rather than year-to-year differences.
（そのことはわかりますが、私が考えていたのは実のところ、1年ごとの違いではなく、より長期のトレンドのラインに沿ったものだったのですが）
■ along the lines of ~「~の線での」 long-term trends「長期のトレンド」

発音も確認
してみよう

Focus 空欄を埋めて話してみよう

強弱のアクセントをつけて発言する／目的に応じた質問

---

1. ❶ ちょっとよろしいですか。

C___ I j___ s__ s_____?

086

---

2. そのことでちょっとよろしいですか。

C___ I s_____ s_____ i_ t__ r____?

---

3. ❷ われわれは従来型の納入業者に依存しすぎていると考えています。

I t___ t___ w___ b__ o____ d_____ o_ b___-
a__-m____ s_____.

---

4. というのは、インターネット取引を始めた同業他社はみなうまくいっているからです。

M_ r_____ f__ s_____ t__ i t__ a_ o_ o__
c_____ t__ h__ m__ f____ i_ e-_____
a__ d____ w__.

---

5. ❸ 私としては、いくら使うかよりも、どのように使うかのほうが問題なのではないか、という考えに傾いています。

I'_ i_____ t_ t___ t__ i__ n__ s_ m___ h__ m___
w_ s____ a_ h__ w_ s____ it.

---

6. ❹ 絶対に、オンライン調達に移行すべきだと考えます。

I d_____ t___ t__ w_ s____ s__ t_ o____
p_____.

---

7. MORE 私が言おうとしているのは、一つのプロジェクトのために複数の条件提示を得るのが、基本的に間違いがないということです。

(087)

W___ I'___ t___ t s _ i t __ i_ a____ a g___ i___
t_ g_ m_____ b__ f_ a p____.

---

8. ❶ 移ろいやすい消費者需要［消費パターン］の問題に目を向けようという気持ちはないんですか。

(089)

A____ y___ g___ t_ l___ a t_ p_____ o e____
c_____ d_____?

---

9. 従業員たちが顧客情報を必ずしも暗号化しようとはしない問題に踏み込む気はないのですか。

D__ y_ p__ t l__ i__ t p_____ o e_____
n_____ t_ e_____ c_____ i_____ e__ t__?

---

10. ❷ 物品購入書の書式を支店レベルで勝手に変更することはできません。本社にこの件を持ち上げるべきではないでしょうか。

W_ c__ c_____ t_ f____ o t_ r_____ s_ a_
b____ l__. S_____ w_ r___ t_ m___ w__
h_____?

---

11. ❸ どういったマーケティング・ミックスをお考えなのか、もっと詳しく説明してくださいませんか。

C___ y_ g_ i__ m_ d___ a____ t_ m_____
m_ y__ p_____?

---

12. ❹ ということは、中国での生産を支援するロジスティックスに懸念があるということですよね。

S_ y___ w_____ a___ t_ l_____ t_ s_____ o__
p_____ a_____ i_ C___.

Chapter 4　会議で使う言い回し

DIALOG 音声を聴き取ろう

085

Opening a Discussion

A formal meeting of the Management Committee, chaired by Pat Stone, has just begun.

Stone: Welcome to the _____ _____ _____. The first ____ on the _____ is the _____ of the agenda. All those __ ____?
[Chorus of ayes]

S: All those opposed?
[No response]

S: No one. The agenda is _____. The _____ ____ on the agenda is to consider and ___ __ a ____ _____ _____. Myra, your department _____ this item, so perhaps you'd ___ __ ____?

Myra Cummings: Thank you. Current _____ ____ _____ that any _____ over $1,000 and under $____ receive ____ _____ and quotes from at least two vendors. But __ just _____ to me that __ a _____ ____, the $1,000 _____ is too low for us to have to _____ whether it should be _____ __ ___.

Peter Barnes: May I just ___ _____, Pat?

S: You certainly ____.

B: There's just ___ ____ I want _____ about. What's the _____ for coupling the prior approval _____ ____ dollar amount _____?

C: ____ I _____ __ ____?

S: Yes, Myra, __ _____.

C: I _____ __ ____ the current _____ do _____ __ a double check, but I _____ __ think it's _____. Perhaps we should ____ the _____ and _____ ____ of the requirement.

088

Questioning at a Meetings

Akiko Matsuda, Bill Olson and the company's outside counsel, Jun Takasugi, are in a meeting to discuss the terms offered by the other party.

Matsuda: The next thing we have to _____ is the ABC ____.

Olson: May I, Akiko-san? There's _____ I _____ to ___ Mr. Takasugi.

M: __ _____.

O: The question I have, Mr. Takasugi, is that I think the proposed ____ _____ _____ doesn't _____ __ a situation where we're unable to ____ the buyer's ____ because our own _____ have failed to _____ __ ____.

Takasugi: Let me ____ a ____ at what the _____ says: "_____ party ____ be ____ for any _____ to _____ or ____ in _____ its _____ _____ due to _____ _____ its _____ _____ including but not _____ to bla bla bla bla ..." Hmm. You're right.

M: What __ __ __ now?

T: Ah, a _____ and ____ ___ to _____ __ this problem is to ___ the _____ _____ to the ___ of _____ beyond your _____ _____: "any _____ of a ____ ____ to _____ ____ its _____ to provide _____ and _____ to the _____ which are necessary for the _____ of this agreement." You'd better _____ _____ __ some _____ _____, though.

O: Don't you think they'd _____ __ "Yes" to the proposed _____?

T: I _____ __ why they should agree to that without _____ __ some _____.

M: What would be their _____ against that?

T: They'd ____ ____ _____ that it's _____ ____ _____ if your supplier ____ __ to __ _____.

Chapter 4 会議で使う言い回し

Lesson 31 ▶ 賛成と反対 ①

Expressing Argument

091

The senior management of a branch office are discussing ways to deal with a head-office directive to consider restructuring their operations.

Tim Tyler: Seems that head office has an obsession with the bottom line and cost cutting, to the exclusion of all else.

Freda Daniels: Well, any business, after all, has every right to focus on current profitability and stock prices.

Sara Clark: Can you clarify that? Help me understand why you see it that way.

D: All companies are in the business of making money. Hence companies will do what it takes to maximize that profit. It's only rational to turn to strategies like downsizing to manage profitability.

C: That's one perspective, but I see it differently. Where does that leave the employees in terms of their feelings? I mean, feelings that their investment of time and knowledge matters.

T: I fully support what Sara's saying. If you want a business to perform well, especially when the business has to cope with cyclical ups and downs, you need people who are willing to invest their time and knowledge. Who wants to work when job security is precarious?

C: Boy, do I hear you! Businesses don't run themselves. People run them.

T: While we're on the subject of downsizing and job security, let me offer a case in point. Way back in the 1930s, an American automaker suffering from high turnover resolved the problem by offering a $5-a-day salary, which at the time was an unheard-of amount. The result? A tremendous jump in productivity as a result of lower turnover.

C: You have a strong case. Although it runs counter to intuition, offering the unheard-of salary provided a means for more efficient production. And the moral of the story is that cutting costs is not the only way to increase profitability.

Translation

本社から業務改革を検討するよう指示された支店の幹部たちが、どう対処するか話し合っています。

ティム・タイラー：どうも本社は最終損益と経節減ばかりを気にして、ほかのことに頭が回らないようですね。

フリーダ・ダニエルズ：しかし、事業というものは、結局、その期の採算と株価に焦点を合わせて当然と言えるのではないかしら。

サラ・クラーク：その点、説明してもらえないかしら。なぜそのように考えるのかを聞かせてもらえたらと思います。

ダニエルズ：どんな会社も営利事業に携わっていますね。したがって、会社である以上、利益を最大にしようとするものです。採算の取れる経営をしていく上で事業の整理縮小といった戦略を取るのは、何ら不合理ではありません。

クラーク：一つの見方ですが、私はそうは見ていません。その考え方でいくと、従業員の気持ちという面でどういう結果になると思います？　つまり、自分たちが時間や知識を投資していることに意味があるという気持ちです。

タイラー：サラの言っていることに全面的に賛成だね。事業で業績を上げたいのであれば、特に周期的景気変動に対処しなければならないときは、積極的に時間と知識を使ってくれる人々を必要とするわけだからね。雇用の保障もおぼつかない状況で誰が働くだろうか。

クラーク：そうね、とてもよくわかります。事業は勝手に動いてくれるものではありませんからね。人ですよ、動かすのは。

タイラー：ダウンサイジングと雇用の保障の話が出たついでに、いい例を挙げましょう。1930年代とだいぶ古い話ですが、あるアメリカの自動車メーカーは、離職率が高いという問題を、1日5ドルという当時としては他に例を見ない水準の給与を提示することで、解決しました。結果は、離職率が低下して、生産性が飛躍的に改善されたのです。

クラーク：説得力のある話ですね。それまでなかったような破格の給与をオファーしたことが、これは感覚的には何かおかしい気もするのですが、効率的生産の手段を提供したのだと。そして教訓は、何も経費節減だけが、収益向上の手段ではないということです。

Vocabulary

senior management　上級経営幹部　*=senior executives。management「経営者、管理者」

directive　（公式の）指示、指令

restructure　再構築する、改革する

operation　運営、業務

have an obsession with ~　～に取りつかれる、～で頭が一杯になる

bottom line　最終損益

cost cutting　コスト節減

to the exclusion of ~　～をそっちのけで

current profitability　当期の採算[収益]

stock price　株価　*=share price

clarify　説明する

what it takes to ~　（ある目標を達成）するのに不可欠なこと[もの]　*口語

maximize　最大にする

rational　合理的な、道理にかなった

turn to ~　～に目を向ける、向かう、取りかかる

strategy　戦略

downsizing　事業の整理縮小

manage profitability　採算性を図る

perspective　見方

Where does ~ leave ...?　～で…はどういう結果になるのか。*leave「結果を招く」

in terms of ~　～の点で

~ matter(s)　～が重要である

cyclical ups and downs　周期的景気変動

job security　雇用の確保[保障]

precarious　危うい、不安定な

Do I hear you!　よくぞ言ってくれました！*決まり文句

case in point　適例　*in point「適切な」

turnover　離職率

resolve　解決する

unheard-of　聞いたことがない、前例のない

productivity　生産性

You have a strong case.　説得力のある話ですね。*strong case「十分な理由[言い分]があること」

run counter to intuition　直感に反する

means　手段、方法　*単複同形

the moral of the story　その話の教訓

Lesson 31

Key Phrase

I fully support what Sara's saying.
サラの言っていることに全面的に賛成だね。

会議で賛成の意思を明らかにする場合、普通に賛成するケース以外にも、控えめな賛成から大賛成まで、いろいろなケースが考えられます。賛成の度合いに応じた賛意の表し方を見ておきましょう。

❶ （普通に）賛成する

Key Phrase にある support などの動詞も使われますが、基本形としてまず、次の agree / accept を使った形を覚えておきましょう。

I think I agree with you on that point.
（その点について、あなたに賛成できると思います）

I think we're in agreement on that.
（そのことでは同意できると思います）

※ be in agreement (on ~)の形で言うと、改まった感じが強まります。

I think we can accept that.（それは受諾できると思っております）

※動詞acceptは、賛成する[同意する]という意味で、agreeと同じくらいよく使いますが、acceptは他動詞ですから、目的語がすぐ後に来ます。そのためI accept to that.やI accept on that.ではなく、I accept that.になります。

❷ 条件付きで賛成する

I agree に in principle「大筋で」、on the whole「概ね」、basically「基本的には」などを添えて言うことができます。

I agree in principle, but this approach may result in unforeseen extra costs and disruption of normal operations.
（大筋で同意しますが、このアプローチですと、予想外の追加費用が発生したり、通常業務に支障をきたしたりする可能性があります）

■ result in ~「～に帰着する」 unforeseen「予期しない」＊foresee「予知する」 disruption「混乱」

Basically, I suppose you're right, but this approach may result in unforeseen costs.
（基本的にお考えは正しいと思います。ただ、このアプローチですと、予想外のコストが発生する可能性があります）

❸ どちらかといえば賛成する

I'm inclined to agree with you.
（私としては、ご意見を支持する気持ちになっております）

■ be inclined to ~「～してもいいような気がする、～したいと思う」＊incline「心が傾く」

If you ask me, I agree with you.
（どちらだと言われれば、ご意見を支持します）

❹ 全面的に賛成する

次のように、副詞（completely）や副詞句（without reservation）を添えて言います。

I completely agree with you.
（君の意見に**全面的に**賛成だ）

I accept your view without reservation.
（君の見方を**無条件で**受け入れるよ）■ reservation「留保、条件」

MORE

093
🔊

指示の気持ちを伝える言い回し

相手の意見に賛成する場合、賛成の意思表示とあわせて信頼や励ましの気持ちを伝えることもあります。そうした表現のいくつかを見ておきましょう。

●「**信頼しているよ**」

I have faith in you.（君には**信頼をおいている**からね）
※強調する場合は、I have complete faith in you.

I trust you.（君を**信頼している**よ）
※強調する場合は、I trust you completely.

●「**支持しているよ**」

〈behind you を使う〉

I'm 100 % behind you.（100パーセント、君を**支持している**よ）

I'm standing behind you.（君を**支えていく**よ）

〈You've got my ... を使う〉

You've got my support.（君を**応援している**よ）

You've got my backing. Remember, if anything goes wrong, I'll take the blame.
（君を**支援している**よ。覚えておいてくれ、何か問題が起きたら、責任は私がとるよ）
■ backing「支援」　take the blame (for ~)「（〜に対して）責任をとる」＊ blame「（失敗などに対する）非難」

〈in favor of を使う〉

I'm in favor of your plan to set cost-cutting targets.
（コスト削減目標を設定するというご提案、**賛同します**）

●「**やってみなさいよ**」「**頑張りなさい**」

Go for it. / Give it a try.（やってみなさいよ、当たってくだけろの気持ちで）

Stick with it. / Keep at it.（あきらめないで、続けなさいって）

Lesson 32 ▶ 賛成と反対 ②

Expressing Disagreement

094 🔊

Members of the IT Department of XYZ America, Ken, the department head, Agatha, and Rosie, are in an informal meeting to discuss the pros and cons of outsourcing a departmental project to BCD Inc.

Ken: Right. We're in agreement that we should outsource this project. The next step is to decide on the outsource service provider or vendor. Let's hear from Agatha.

Agatha: After going over this list of possible vendors, it seems that BCD Inc. is apparently our best choice because they have a 10 % shorter turnaround time at only 5 % higher cost than the nearest competitor. And it's my understanding that they're the most efficient in their industry.

Rosie: So I understand. But I'm afraid that vendor isn't the best choice. The industry grapevine has it that they're beset with litigations ranging from billing and contractual disputes to antitrust, unfair competition and tort cases.

A: How odd! This is the first I've heard of it.

R: If you ask me, being sued is no big deal. The frequency of a company being sued is no indication of liability. It's a fact of life in our litigious culture.

K: That may be. But suppose this project ends up in a total mess because of the firm's incompetence. Will we be able to claim it was unforeseeable? Of course not. We already know too much to plead ignorance.

R: What do we do now?

K: Right. Let's get the facts first. We should make a few discreet inquiries about the firm before making the next move. Agatha, can you take care of this? I'd like you to contact your industry sources and report back at the meeting scheduled for July 30.

A: Consider it done.

Translation

XYZアメリカの IT 部門で、部長のケン、アガサ、ロージーが、プロジェクトを BCD 社に外注することの是非を検討するため、形式張らないミーティングを行っています。

ケン： いいですね。このプロジェクトを外注すべきだということでは合意しました。次のステップは、外注業務の発注先つまりベンダーを決めることです。アガサの意見から聞きましょう。

アガサ： この候補リストの業者を見ていくと、BCD 社が最善の選択と言えるのではないでしょうか。と言いますのも、2 番目に条件がいい所と比べた場合、受注から納品までの時間が 10 パーセント短いのに、コスト的には 5 パーセント高くつく程度で済んでいますからね。また私の理解では、彼らは効率のよさで業界トップです。

ロージー： 私も同様に理解しています。しかし、残念ながら最善の選択ではありません。業界のうわさでは、同社は次々に訴訟を起こされており、しかも事案も、請求書や契約をめぐる紛争から、独禁法違反、不正競争防止法違反あるいは不法行為にまで及んでいるのです。

アガサ： それは妙ね。それは初耳だわ。

ロージー： 私に言わせれば、訴えられたからと言って、大した問題ではありません。会社が訴えられる頻度は、その会社の責任を示すものではないのですから（よく訴えられるからといって責任があるわけではありません）。何でも訴訟沙汰にするこの社会では、避けられない現実です。

ケン： それはそう言えるかもしれない。しかし、今回の件がその会社の無能のせいで台無しになってしまったとしよう。予測不可能だったと言えるだろうか。もちろん、そうは言えないだろう。知らなかったでは済まないほど、事情を知っているわけだから。

ロージー： どうしますか。

ケン： さてと。それでは、まず事実を確認してみよう。次へと動く前に、この会社について、慎重に調べておくべきだろう。アガサ、頼めるかな。業界関係者に当たって、7 月 30 日に予定されているこの会議で報告してほしいのだが。

アガサ： 承知しました。

Vocabulary

pros and cons 賛否両論
outsource 〈動〉外注する、業務を委託する
outsource service provider 外注業務の発注先 *provider「供給する人[業者]」、outsource〈名〉「外注」
vendor 発注先の業者、納入業者 * vending machine は「自動販売機」
go over ~ ~を詳しく検討する
possible ~ ~候補
apparently どうやら~らしい
turnaround time 完了（ここでは受注から納品まで）に要する時間
competitor 競争相手、ライバル企業
efficient 効率的な
industry grapevine 業界のうわさ *grapevine「ブドウのつる、うわさ」
have it that ~ ~であると言う
be beset with ~ ~に悩まされる
litigation [lìtəgéiʃən] 訴訟
ranging from ~ to ... ~から…にわたる
billing dispute 請求書をめぐる紛争 *bill ~「~に請求書を送る」
contractual dispute 契約紛争
antitrust case 独禁法違反事件
unfair competition case 不正競争防止法違反事件
tort case 不法行為がらみの事件（損害賠償請求訴訟）*tort「（賠償請求できる）不法行為」
sue 訴えを起こす、告訴する
big deal 重大事（件）
indication of liability （法的）責任を示すもの *indication「徴候」
fact of life 避けがたい現実
litigious 訴訟好きな
suppose ~ ~と仮定する *命令形
end up in ~ 最後は~にな
incompetence [inkámpətəns] 無能
claim 主張する
unforeseeable 予測[予見]不可能な
plead ignorance 知らなかったと申し立てる
discreet 慎重な
inquiry 調査、質問
industry sources 業界内の情報源
report back 改めて報告する
Consider it done. お引き受けします。任せてください。

Lesson 32

Focus 反対意見を強める・弱める

Key Phrase

That may be. But ...
それはそう言えるかもしれない。しかし…

会議では、反対意見を伝える表現の強弱をうまくつけることも重要です。

❶ （普通に）反対する

基本的には、agree/accept「賛成する」を使った否定文で表すことができます。

I don't agree with you on that.（その点については賛成いたしかねます）

I can't accept your view.（お考えに同意いたしかねます）

※acceptは前置詞なしに直接、目的語を取りますが、agreeはwith/to/onなどの前置詞が必要です。agree with ~では後に人やものごとがきますが、agree to ~は人には使わず、agree to thatなどの形でものごとに同意するときに使われます。agree on ~は、主語が複数で「～について意見が一致する」というときに使います。例：We have agreed on this, haven't we?「合意は調っているかと思いますが」

❷ どちらかといえば反対する

I'm not sure/I can't say など、あいまいに否定する表現を文頭に置きます。

I'm not sure I'd agree with you on that.
（その点について賛成か**といえば、迷いがあります**）

※ I'd agreeはI would agreeの略で、弱めるためのwouldが入ります。

I can't say that I accept your view. （お考えに同意するとは**言いかねます**）

❸ 一部賛成するが、基本的には反対

I agree に up to a point/to a certain extent 「ある程度は」などの語を添えて言います。

I agree up to a point, but have you considered the incidental expenses that may arise in the course of this transaction?
（**ある程度まで**賛成ですが、取引の過程で生じる付帯的な費用のことを考慮されましたか）

■ up to a point「ある程度までは」 incidental「付随的な」 arise「生じる」 transaction「取引」

Key Phrase の That may be. But ... と同じように、You have a point there. / I take your point. 「あなたのご意見もごもっともです」などの表現を使って言うこともできます。

You have a point there, yes, this method of transportation is very efficient. But it's limited to objects that are not very delicate.
（**その点はおっしゃるとおりで**、なるほど、この輸送方式は非常に効率がいい方法です。**しかし**、対象が、壊れにくいようなものに限定されます）

■ efficient「効率的」 object「物、対象」 delicate「壊れやすい」

Lesson 32
賛成と反対 ②

※Lesson 31 見たI agree in principle, but ...（大筋で同意しますが…）の意味と似ています
が、この場合は、どちらかというと反対の気持ちが強いときの表現です。

❹ 反対の意思を強めに表明する

I'm afraid I have to object to that plan.
（残念ですが、そういった計画には異議があります）■ object to ~「～に反対する」

I'm afraid we are absolutely opposed to [absolutely against] that plan.
（残念ですが、そういった計画には断固反対です）■ be opposed to ~「～に反対である」

※ I disagree.は、コーパス研究で、ビジネスではまず使われないほど強過ぎるとされています。

MORE

丁寧な言い方で反対する

　会議では、同じ反対の意思を伝えるのでも、できるだけ丁寧な表現を選ぶ必要があります。以下のような、矢印（→）で示した表現の言い換えがお勧めです。

●「それはまるで見当違いだ」 You're way off base.

　上の言い方はかなり乱暴な反対の表現です。以下のような言い方がお勧めです。

　→ **I'm not sure if that's quite right.** ■ I'm not sure ~「～だとは思えない」
　→ **That's not quite how I see it.**
　→ **That's not quite what I think.** ■ That's not quite ~「正確には～ではない」

　いずれも「私にはそうは思えません」という意味です。これに続けて、以下のように相手の言い分に一歩譲り、自分の考えを述べたりします。

Admittedly, there are good reasons for that, but equally important is the fact that we need to consider our customer's needs.
（もとより、そのことにも十分理由があるのはわかりますが、それと等しく重要な点として、私どものお客様のニーズを考えなければならないということがあります）

●「それは駄目だね」 That's unacceptable.

　→ **I'd find it quite difficult to accept that.**
　　（それを受け入れるのはかなり厳しいと感じます）

●「私の言うことがわからないのか」 You don't get what I'm saying, do you?

　→ **I'm afraid I didn't explain that clearly.**
　　（その点、こちらの説明が不十分だったようですね）

●「その解決策では満足できない」 I'm not happy about the solution.

　→ **I prefer a different solution.**
　　（もっと別の解決策によることができたらと思います）
　　※ wouldを足して、I'd preferとすると、控えめになり、いっそう感じがよくなります。

Chapter 4　会議で使う言い回し

発音も確認
してみよう

Focus 空欄を埋めて話してみよう

賛成意見を強める・弱める／反対意見を強める・弱める

---

1. ❶ その点について、あなたに賛成できると思います。

I t___ I a___ w___ y___ o_ t__ p___.

092

---

2. それは受諾できると思っております。

I think w_ c__ a_____ t__.

---

3. ❷ 基本的にお考えは正しいと思います。ただ、このアプローチですと、予想外のコストが発生する可能性があります。

B_____, I s_____ y____ r___, b_ t__ a_____
m_ r____ i_ u_____ c___.

---

4. ❸ 私としては、ご意見を支持する気持ちになっております。

I'_ i_____ t_ a___ w__ y__.

---

5. ❹ 君の意見に全面的に賛成だ。

I c_____ a____ w__ y__.

---

6. MORE コスト削減目標を設定するというご提案、賛同します。

I'_ i_ f____ o_ y___ p___ t_ s_ c___-c_____ t_____.

093

---

7. ❶ その点については賛成いたしかねます。

I d___ a____ w__ y__ o_ t__.

095

---

8. お考えに同意いたしかねます。

I c___ a____ y__ v___.

---

9. ❷ その点について賛成かといえば、迷いがあります。

I'_ n_ s___ I'_ a____ w__ y__ o_ t___.

10. ❸ ある程度まで賛成ですが、取引の過程で生じうる付帯的な費用のことを考慮されましたか。

I a____ u_ t_ a p__ t, b_ h__ y__ c_____ t__
i_____ e_____ t_ m_ a___ i_ t_ c____ o_
t__ t_____?

11. ❹ 残念ですが、そういった計画には断固反対です。

I'_ a____ w_ a_ a_____ o_____ t_ t__ p__.

12. MORE 私にはそうは思えません。

I'_ n_ s__ i_ t____ q___ r___.

096 🔊

13. それを受け入れるのはかなり厳しいと感じます。

I'_ f__ i_ q___ d_____ t_ a____ t__.

14. その点、こちらの説明が不十分だったようですね。

I'_ a____ I d____ e_____ t__ c____.

15. もっと別の解決策によることができたらと思います。

I p____ a d_____ s_____.

Chapter 4 会議で使う言い回し

DIALOG 音声を聴き取ろう

091 🔊

Expressing Agreement

The senior management of a branch office are discussing ways to deal with a head-office directive to consider restructuring their operations.

Tim Tyler: Seems that head office ___ an _____ ____ the _____ ___ and ____ _____, to the _____ of all else.

Freda Daniels: Well, any business, after all, has every ____ to ____ __ _____ _____ and _____ _____.

Sara Clark: Can you _____ that? ____ me _____ ___ you ___ it ____ ____.

D: All companies are in the _____ of _____ _____. Hence companies will do ____ it ____ to _____ that profit. It's only _____ to ____ _ _____ like _____ to _____ _____.

C: That's one _____, but I ___ it _____. Where does that ____ the _____ in _____ of their _____? I mean, _____ that their _____ of time and knowledge _____.

T: I fully _____ ____ Sara's saying. If you want a _____ to _____ ___, _____ ____ the business has to ____ with _____ ___ and _____, you need people ___ are _____ to ____ their ____ and _____. Who wants to work when ___ _____ is _____?

C: Boy, ___ I ____ ___! Businesses don't ___ themselves. People ___ ____.

T: While we're on the _____ of _____ and job security, ___ me ____ a ____ in _____. ___ ____ in the 1930s, an American _____ _____ from high _____ _____ the problem by _____ a $5-a-day _____, which ___ the ____ was an _____ amount. The result? A _____ ____ in _____ as a result of _____ _____.

C: You have a _____ ___. Although it ____ _____ to _____, offering the unheard-of salary _____ a _____ for more _____ _____. And the _____ of the ____ is that _____ ____ is not the ____ ___ to _____ _____.

094

Expressing Disagreement

Members of the IT Department of XYZ America, Ken, the department head, Agatha, and Rosie, are in an informal meeting to discuss the pros and cons of outsourcing a departmental project to BCD Inc.

Ken: Right. We're __ _____ that we should _____ this project. The next step is to _____ on the _____ _____ _____ or _____. Let's ____ ____ Agatha.

Agatha: After _____ ____ this list of _____ _____, it seems that BCD Inc. is _____ our ___ _____ because they have a 10 % _____ _____ ____ at only 5 % _____ ___ than the _____ _____. And it's __ _____ that they're the ____ _____ in their _____.

Rosie: __ I _____. But I'm afraid that vendor isn't the ___ __ _____. The _____ _____ ___ it ____ they're ____ ___ _____ ranging from _____ and _____ _____ to _____, _____ _____ and ___ ____.

A: How ___! This is the ___ I've _____ of it.

R: If you ask me, _____ ____ is no __ ____. The _____ of a company being sued is no _____ of _____. It's a ___ of ___ in our _____ culture.

K: That ____ __. But _____ this project ____ __ _ a total ____ because of the firm's _____. Will we be able to _____ it was _____? Of course not. We already know ___ _____ to _____ _____.

R: What __ __ __ now?

K: Right. Let's ___ the ____ first. We should _____ a few _____ _____ about the firm before _____ the next ____. Agatha, can you ____ ____ of this? I'd ____ ___ to _____ your _____ _____ and _____ ___ at the meeting _____ ___ July __.

A: _____ it ____.

Lesson 33 ▶ 会議の終了 ①

Summarizing and Recapping

097 🔊

A meeting to address the issue of revising the Employee Handbook, presided over by the president of the company, Mr. Dawkins, is coming to an end. Paula French was asked to prepare the minutes of the meeting.

Dawkins: Right. I think we've just about covered the main areas. Paula, could you go over the main points, reading out from your notes?

French: Sure. The items we want to include in the Employee Handbook are at-will employment; working hours, including meal and rest breaks; pay procedures; benefits, including paid vacation and sick leave; safety and accident rules; sexual and other forms of harassment; and disciplinary procedures.

D: And the two topics deferred to the next meeting are...

F: Oh, the two topics are revision of the dress code; and use of communications systems, including the proper use of e-mail and Internet access.

D: So, how do we proceed from here? What's next?

Meg Swan: Send a request for quotation to Kirei Printing.

D: To whom?

S: Kirei Printing.

D: Oh, Kirei. But don't they have a history of late shipments?

F: Yes, but one idea might be to offer incentive payments for completing the project ahead of schedule.

S: Can we couple that with tough financial sanctions in case they fail to meet the deadline? I'm a believer in the proverbial iron hand.

D: Great idea. Could you take care of that and negotiate a contract along those lines?

S: With pleasure, Mr. Dawkins.

Translation

ドーキンス社長を中心にした、従業員ハンドブックの改訂を進める会議が終わりに近づいています。会議の議事録作成を依頼されたのは、ポーラ・フレンチです。

ドーキンス：よろしいですね。主な点を概ね見てきたかと思います。ポーラ、メモを読み上げて、主立った点を振り返ってくれないかな。

フレンチ：わかりました。従業員ハンドブックに盛り込みたいのは、退職自由・解雇自由の原則、食事ならびに休憩時間を含む勤務時間、給与支払手続、有給休暇、病気休暇を含む福利厚生、労働安全規則、セクハラその他のハラスメント、懲戒手続ですね。

ドーキンス：それと、次回の会議に回した項目が2つあるでしょう…

フレンチ：そうそう、2つの項目は、服装規定の改正とEメールやインターネット・アクセスの適正利用を含めての通信手段の利用です。

ドーキンス：で、ここから先はどう進めましょうか。次のステップということです。

メグ・スワン：キレイ・プリンティングに見積もり依頼を出す、ということでしょうか。

ドーキンス：何プリンティング？

スワン：キレイ・プリンティングです。

ドーキンス：ああ、キレイか。でも、納品がいつも遅れるという話があるね。

フレンチ：一つのやり方としては、期限より早く完成したらインセンティブを払ってよさそうなものです。

スワン：それに、期限に遅れたらかなりの額のペナルティーを課すというのを組み合わせたいのですが、どうですか。ことわざで言う衣の下から何とやらの信奉者なんですよ、私。

ドーキンス：いいじゃないですか、それ。その件を任せますので、その方向で契約をまとめてもらえますか。

スワン：喜んでお引き受けします、ドーキンス社長。

Vocabulary

Summarize 要約する
recap （講演、商談などの最後で）要約する、反復する *= recapitulate。summarizing and recapping は「要約して繰り返す」の意味になる
address 取り組む
revise 見直す
preside over ~ ~（会議など）を仕切る *preside [prizáid]「主宰する」
minutes [mínəts] 議事録
go over ~ ~を振り返る *前レッスンで見た「~を詳しく検討する」という意味も
at-will employment 退職自由・解雇自由の原則 *従業員・雇い主とも随時、雇用契約を打ち切れる、米国の労働慣行の柱。at will「思いのままに」
working hours 労働時間
meal and rest breaks 食事ならびに一時休息のための休憩時間
pay procedures 給与支給手続き
benefits 福利厚生
paid vacation 有給休暇
sick leave 病気休暇 *leave「許可→休暇」
safety and accident rules 労働安全規則
harassment 苦しめること、いやがらせ
disciplinary procedures 懲戒手続き
defer [difə́ːr] 延期する
revision 改訂、修正
proceed 続ける、前進する
request for quotation 見積もり依頼
late shipment 納品の遅れ
incentive payment インセンティブ、報奨金 *早期納品等の理由に基づく報奨金
ahead of (the) schedule 予定より早く
couple ~ with ... ~と…を組み合わせる
financial sanctions 制裁金、ペナルティー *sanctions「制裁」
meet the deadline 期限に間に合わせる
proverbial ことわざにある
iron hand 「衣の下の鎧」相当の句 *the iron hand in a velvet glove の短縮形
negotiate a contract 契約に向け交渉する

Lesson 33

Focus　会議を締めくくる

098

Key Phrase

Right. I think we've just about covered the main areas.

よろしいですね。主な点を概ね見てきたかと思います。

どのような会議でも、終盤の流れは大体同じです。結論をまとめ、やるべき作業があるときは担当者を決め、最後にほかに何かないかを確認して、終わりを告げます。それぞれの場面ごとに使われる言い回しを見ていきましょう。

❶ 結論をまとめる

I'll just go through what we've agreed to today.
（今日合意した内容をざっと振り返ってみます）
※「振り返ってみる［繰り返す］」という意味でgo throughの代わりにgo over, run throughなども使えます。

意見をまとめる場合、summarize/recap/sum up などを使って言うことができます。sum up を使うとインフォーマルな感じになります。

To summarize what we've said so far, Brian thinks we depend on distributors too much, and Emma suggests that we should increase our presence on the Internet.
（これまでの意見をまとめておきますと、ブライアンは当社が販売店に依存しすぎていると考え、エマはインターネット上での展開を強化すべきだということでした）

❷ 決定事項に従って分担を決める

次の who's doing what は「誰が何をしているか」という決まり文句です。

Let's just run through who's doing what.
（誰が何を受け持つのかをざっと確認しておきましょう）

Jane, you're going to contact headquarters, and Bob's going to take care of the translation. Is that all right?
（ジェーンは本社と連絡を取り、ボブは翻訳の件を処理する。そういうことでよろしいですか）

❸ ほかに何かないかを確認する

Right. That just about covers everything.
（さてと。これでほぼすべてこなしたかと思います）■ just about「ほぼ」
※Key Phraseの表現や、I think we've covered everything. も使えます。

Is there any other business?
（他に取り上げるべき議題はありませんか）■ business「議題（審議事項）」
※レッスン27のFOCUSの❸の文でも見た表現です。Are there any further points?（point「問題点、取り上げるべき点」）と言っても同じです。

220

❹ 終わりを告げる

So, that's it then. Thank you all very much for your contributions.
(ということで、こんなところでしょうか。皆さんご意見を聞かせてくださり、ありがとうございました)
■ contribution「寄与、発言」

この that's it は、「これで全部ですね」という意味で、同僚との間でよく使う、インフォーマルな表現です。一般的には That's all for today. と言います。

Right. I declare the meeting closed. Thank you for coming and contributing.
(それでは、**これにて閉会を宣します**。ご参集の上、ご意見を聞かせてくださり、ありがとうございました) ■ declare ~ (to be) ...「~が…と宣言する」

これは正式な会議で使われるフォーマルな言い方です。「これより開会いたします」は、I declare the meeting open. です。hereby「これをもって」を入れて I hereby declare the meeting closed/open. とすると、より重々しくなります。

MORE　　　　**終わりを告げるバリエーション**　　　　099 🔊

会議の終わりを告げるとき、よく使うのが close と adjourn [ədʒə́ːrn] です。典型的な使い方を見ておきましょう。

● **close　動詞としても、名詞としても使う**

That closes our business for today.
(これにて本日の議事を**終えます**)

That's the end of the agenda, bringing the meeting to a close.
(議題はこれで終了しましたので、これにて本日の会議は**終了となります**)

● **adjourn　動詞として使う**

かなりフォーマルな場面や正式な会議で使う言い方は次のものです。このとき、議長ないし進行役は起立して宣言するのが普通です。

The meeting is adjourned. (これにて**閉会します**)
※I declare the meeting closed.の応用でI declare the meeting adjourned.とも言えます。

動詞 adjourn は、閉会する、散会するという意味に加えて、次のように会議中に暫時休会することを宣言するときにも使われます。

We will adjourn until 9:00 in the morning. (明朝9時まで**暫時休会します**)

We'll adjourn for lunch and reconvene at 1:00 p.m. to discuss the outstanding issues.
(昼食のため**暫時休会**し、未処理の案件を検討するため午後1時に会議を再開します)
■ reconvene [riːkənvíːn]「再び集まる、再召集する」　outstanding「未処理の」

Lesson 34 ▶ 会議の終了 ②

Making Resolutions

100

A resolution appointing the directors of the Company is about to be adopted at a stockholders meeting.

Chairperson: The meeting will please come to order. I am Walter Conners, CEO of XYZ International and Chairperson of the meeting. I have appointed Alan Brown as Teller of the meeting. He has informed me that a quorum is present in person or represented by proxy.

Unless I hear a request for ballots, all votes will be taken by counting of the proxies previously submitted.

The first item of business is to fix the number of directors and to proceed with the election of directors. **Is there a motion to fix the number of directors?**

Stockholder 1: I move that the Board of Directors for the ensuing year be fixed at twelve and that the meeting proceed forthwith to elect a Board of Directors, each to hold office in accordance with the Bylaws of the Company.

C: Can we have a seconder?

Stockholder 2: I second the motion.

C: Teller, will you please report on the vote?

Brown: At least 12 million votes were cast in favor of fixing the number of directors at twelve, constituting more than a majority of votes cast on the proposal.

C: The motion is carried. We shall now proceed to the election of a Board of Directors. The nominees proposed by the Nominating Committee are named on page 2 of your proxy statement. Eight of the twelve nominees are currently directors of the Company. Do I hear nominations?

S1: I nominate the following individuals as directors of the Company, for a term expiring at the next Annual Meeting of Stockholders and until their successors are duly elected and qualified. Amy Hill, Bob Blake...

Translation

株主総会で、取締役を選任する決議が採択されようとしています。

議長：これより議事に入ります。私は、ウォルター・コナーズと申します。XYZインターナショナルのCEOであると共にこの総会の議長を務めます。投票管理者としてアラン・ブラウンを指名しました。同人によると、出席者または議決権代理行使の委任状による出席者により、定足数が満たされているとのことです。投票による表決が求められない限り、表決は、従前提出された委任状を数えて行います。

第1号議案は、取締役会の定員を決定することと、取締役の選任を進めることです。**取締役会の定員を決定することについて、動議の提出を求めます。**

株主1：次年度の当社取締役会の定員を12名とし、直ちに取締役会構成員の選出を進める動議を提出します。各取締役は当社の付属定款の定めるところに従ってその任に当たるものとします。

議長：どなたか、動議を支持されますか。

株主2：この動議を支持いたします。

議長：投票管理者の方、表決の結果をお願いします。

ブラウン：取締役の員数を12名と定める件につき、少なくとも1200万票が賛成に投じられており、これは、この議案につき投じられた票数の過半数を超えております。

議長：この動議は可決されました。取締役の選出に移ります。当社指名委員会が指名した候補者は、皆さんにお届けした委任状の添付書類の2ページにあります。12名の候補者中、8名が現在、当社の取締役を務めております。指名の動議をお願いします。

株主1：当社の取締役として以下の者を指名します。任期は、次回の年次株主総会が開催され、かつ、後任が適法に選任され、適格と認められるまでとします。エイミー・ヒル、ボブ・ブレイク…

Vocabulary

resolution [rèzəlúːʃən] 決議

appoint 任命する、指名する *本文中は appoint ～ as ...「～を…に指名する」

adopt 採択する

stockholders meeting 株主総会

come to order 始まる *この order は「議場での静粛［秩序］」。

CEO 最高経営責任者 *= Chief Executive Officer

Teller 投票集計係、投票管理者

quorum is present 定足数が満たされている *「定足数」は会議成立上必要な最少人数。present〈形〉「出席している、ある」

in person 本人で、本人の出席で

represented by ～ ～が代わりを務めて、～による出席で

proxy [prɑ́ksi]（代理）委任状 *議決権行使を委任する文書

ballot 投票、票

vote 表決、票決

item of business 議案 *議事日程上示されている報告・決議事項

proceed with ～ 続けて～する

motion 動議

move 動議を提出する *提案を表す動詞のため that 節の動詞は原形（be）

ensuing year 翌年度、次年度

forthwith ただちに *= immediately

elect 選出する、選任する

hold office 任務に当たる、在職する

in accordance with ～ ～のとおりに

bylaw 付属定款

seconder 動議の支持者 *second「動議を支持する」

cast （票を）投じる *cast-cast-cast

in favor of ～ ～に賛成して

constitute ～ ～を構成する

majority of votes 投票の過半数

proposal 提案、議案

The motion is carried. 動議が可決された。

Nominee 指名された者、候補者

nominating committee 指名委員会

proxy statement 委任状の添付書類

expire 期限が切れる

annual meeting of stockholders 年次株主総会

successor 後任者

duly 適切に、然るべく

Lesson 34

Focus　　決議の手順

Key Phrase

Is there a motion to fix the number of directors?

取締役会の定員を決定することについて、動議の提出を求めます。

　英語の世界での議事手続きでは、議題は、それが予定外の案件でなくても、必ず誰かが動議 motion を出し、それを別の人が支持 second して初めて正式な議題となり、採決に向かいます。手順に即して決議にまつわる必要な言い回しを見てみましょう。

❶ 動議の提出を促す

Key Phrase の Is there a motion to ~? のほか、次のような言い方が行われます。

A: Is there someone to propose the motion?　B: Yes.
（A：どなたか、この動議を提出されますか。　B：はい）
■ propose「提案する」　motion「（議会・集会での）動議、発議」

A: Do we have a motion?　B: Yes.
（A：動議の提出はありますか。　B：はい）

❷ 動議が支持されるかを確認する

A: Is there someone to second the motion?　B: Yes.
（A：どなたか、この動議を支持されますか。　B：はい）

A: Is there a seconder for the motion?　B: Yes.
（A：この動議を支持される方はいらっしゃいますか。　B：はい）

❸ 決を取る

The question is on the adoption of an amendment to the Bylaws. Let's put it to the vote.
（論点は付属定款の改正を採択するかです。決を取りましょう）
■ adoption「採択」　amendment「改正」　bylaw「内規、付則、付属定款」　vote「表決、表決、投票」
※日本の会社の「定款」に当たるものは、米国の場合、基本的事項が記載されている基本定款（設立証書 = Articles of Incorporation）と、付属定款（Bylaws）の2つから成ります。

It is moved and seconded to adopt the following resolution: "Resolved, that the Company's branch in Japan be closed." Could we take a vote on this?
（「当社の日本における支店を閉鎖する旨の決議」を採択するとの動議が提出され、支持されています。この件を採決したいと思います）
■ adopt「採択する」　resolution「決議」＊動詞は resolve「決議する」で、Resolved(,) that ~ は「~と決議する」という定型表現　take a vote「採決する」

❹ 採決の結果を報告する

The motion has been carried by majority vote.（動議が過半数で可決されました）

■ carry「（動議・議案を）通過させる」 majority vote「過半数の投票、多数投票」

The motion is carried: 8 for, 3 opposed, 2 abstentions.
（動議が可決されました。内訳は賛成 8、反対 3、棄権 2 です）

The motion has been rejected by eight votes to two.
（動議は 8 対 2 で否決されました）■ reject「否決する」

MORE

採決方法のバリエーション 102 🔊

● 発声による採決

All those in favor of the motion, say "aye." Those opposed say "no [nay]." The noes [nays] have it.
（動議に賛成の方、「イエス」とおっしゃってください。反対の方は「ノー」とおっしゃってください。反対が多数です）■ nay [néi]「いいえ」＊主に投票で使う

● 挙手による採決

Can I ask for a show of hands? All in favor of the motion, please raise your hand. Thank you. All those opposed? Abstentions? Would Mr. Secretary please report your tally of votes?
（挙手による採決を行います。動議に賛成の方の**挙手を求めます**。ありがとうございました。反対の方は？ 棄権の方は？ 事務方は、票決の結果をお願いします）
■ show of hands「挙手」 all in favor of ~「~に賛成の人」 all those opposed「反対の人」＊ All those (people) who are opposed の略 abstention [æbsténʃən]「棄権」 tally「集計」

● 起立による採決

Can we move to a vote on this? All those in favor, please rise. Be seated. Those opposed, please rise. The motion is carried unanimously.
（本件につき決を取りたいと存じます。賛成の方、**ご起立願います**。お掛けください。反対の方、**ご起立願います**。議案は満場一致で可決されました）
■ unanimously [ju(ː)nænəməsli]「満場一致で」

● 投票用紙による採決

Members are now asked to proceed to the Secretary's table to receive their ballots, then to proceed to the polling booths to mark the ballots, and finally to put the ballots in the ballot box.
（皆さん、事務方の机に進み出て投票用紙を受け取り、投票記載台で**用紙に記入して**から、投票用紙を**投票箱に入れて**ください。）
■ polling booth「投票記載台」＊ poll「投票する」 ballot box「投票箱」

発音も確認
してみよう

Focus 空欄を埋めて話してみよう

会議を締めくくる／決議の手順

---

1. ❶ 今日合意した内容をざっと振り返ってみます。

I'_ j__ g_ t_____ w__ w___ a_____ t_ t____.

(098)

---

2. ❷ 誰が何を受け持つのかをざっと確認しておきましょう。

L__ j___ r__ t_____ w__ d___ w___.

---

3. ❸ さてと。これでほぼすべてこなしたかと思います。

R___. T__ j__ a____ c____ e_____.

---

4. ❹ ということで、こんなところでしょうか。皆さんご意見を聞かせてくださり、ありがとうございました。

S_, t____ i_ t___. T____ y__ a_ v__ m__ f_ y__
c_____.

---

5. MORE 皆さん、これにて本日の議事を終えます。

L____ a__ g_____, t__ c____ o__ b_____ f_
t____.

---

6. 明朝 9 時まで暫時休会します。

W_ w__ a_____ u__ 9:00 i_ t__ m_____.

(099)

---

7. 昼食のため暫時休会し、未処理の案件を検討するため午後 1 時に会議を再開します。

W__ a_____ f_ l____ a__ r_____ a_ 1:00 p.m.
t_ d____ t_ o_____ g i___.

---

8. ❶ A: どなたか、この動議を提出されますか。　B: はい。

A: I_ t____ s_____ t_ p_____ t_ m_____?　B: Y__.

9. ❷ どなたか、この動議を支持されますか。　B: はい。

A: I_ t____ s_____ t_ s_____ t__ m_____?　B: Y__.

10. ❸ 論点は付属定款の改正を採択するかです。決を取りましょう。

T__ q_____ i_ o_ t__ a_____ o_ a_ a_____ t_ t__ B_____. L__ p_ i_ t_ t__ v___.

11. ❹ 動議が過半数で可決されました。

T__ m_____ h__ b__ c_____ b_ m_____ v__.

12. 動議が可決されました。内訳は賛成 8、反対 3、棄権 2 です。

T__ m_____ i_ c_____: 8 __, 3 o_____, 2 _____.

13. 動議は 8 対 2 で否決されました。

T__ m_____ h__ b__ r_____ b_ e___ v___ t_ t__.

14. **MORE** 動議に賛成の方、「イエス」とおっしゃってください。反対の方は「ノー」とおっしゃってください。反対が多数です。

A_ t____ i_ f____ o_ t__ m_____, s__ "a__." T____ o_____ s__ "n_ [n_]." T__ n___ [n__] h___ i_.

15. 挙手による採決を行います。動議に賛成の方の挙手を求めます。

C__ I a__ f__ a s___ o_ h___? A_ i_ f____ o_ t__ m_____, p____ r___ y___ h___.

227

DIALOG 音声を聴き取ろう

097 🔊

Summarizing and Recapping

A meeting to address the issue of revising the Employee Handbook, presided over by the president of the company, Mr. Dawkins, is coming to an end. Paula French was asked to prepare the minutes of the meeting.

Dawkins: Right. I think we've ___ ___ _____ the main areas. Paula, could you __ ___ the main points, _____ ___ from your notes?

French: Sure. The items we want to _____ in the _____ _____ are _____ _____; _____ _____, including ____ and ___ _____; ___ _____; _____, including ____ _____ and ___ ____; ____ and _____ ____; _____ and other forms of _____; and _____ _____.

D: And the two topics _____ to the next meeting are...

F: Oh, the two topics are _____ of the ____ ___; and use of _____ _____, including the _____ ___ of e-mail and _____ ____.

D: So, how do we _____ from here? _____ ___?

Meg Swan: Send a _____ for _____ to Kirei Printing.

D: To whom?

S: Kirei Printing.

D: Oh, Kirei. But don't they have a history of ___ shipments?

F: Yes, but ___ ___ might be to offer _____ _____ for completing the project _____ of _____.

S: Can we _____ that ____ tough _____ _____ in case they fail to ____ the deadline? I'm a _____ in the _____ ___ ___.

D: _____ ___. Could you take care of that and _____ a _____ along those lines?

S: ____ _____, Mr. Dawkins.

Making Resolutions

100

A resolution appointing the directors of the Company is about to be adopted at a stockholders meeting.

Chairperson: The meeting will please _____ to _____. I am Walter Conners, _____ of XYZ International and _____ of the meeting. I have _____ Alan Brown __ _____ of the meeting. He has _____ me that a _____ is _____ in _____ or _____ by _____.

Unless I _____ a _____ for _____, all _____ will be taken by _____ of the proxies previously _____.

The first _____ of _____ is to __ the number of _____ and to _____ ____ the _____ of directors. **Is there a _____ to fix the number of directors?**

Stockholder 1: I _____ that the _____ of _____ for the _____ ____ be _____ at _____ and that the meeting proceed _____ to _____ a Board of Directors, each to _____ _____ in _____ ____ the _____ of the Company.

C: Can we have a _____?

Stockholder 2: I _____ the motion.

C: Teller, will you please _____ on the vote?

Brown: At least __ million votes were ____ __ ____ __ fixing the number of directors at twelve, _____ more than a _____ of _____ cast on the _____.

C: The _____ is _____. We shall now _____ __ the _____ of a Board of Directors. The _____ proposed by the _____ _____ are _____ on page 2 of your _____ _____. _____ of the _____ _____ are currently directors of the Company. Do I hear _____?

S1: I _____ the _____ _____ as directors of the Company, for a term _____ at the next _____ _____ of _____ and until their _____ are ____ elected and _____. Amy Hill, Bob Blake...

Chapter 5

交渉で使う
言い回し

The Language of
Negotiations

Chapter 5

交渉で使う言い回し
The Language of Negotiations

内容紹介

　第5章のテーマは、Learning the language of negotiations.つまり「交渉でのやり取りを学ぶ」です。交渉の席で話の糸口を作り、切り出す、「条件闘争」を経て話をまとめる、さらに交渉をしめくくる上でよく使われる言い回しを盛り込んでありますので、しっかり覚えれば、ひとまず用は足りるはずです。

　ところで、交渉や折衝に携わる人の英語を見聞きして、自分自身、学んできたのは、言い回しの暗記は当然のこととして、同じぐらい重要なことは、状況に応じて意識して言葉をコントロールする技術、ないし良識とでも言うべきものがあるということです。相手の意向に必ずしも応えないであろうことを言うときは、マクラにI'm afraidを入れることから始まり、That's unacceptable.の直接性を緩和するためにwouldを入れてThat'd be unacceptable.を選ぶといったセンスの問題です。That's too vague.とずばっと言わずに、just、little、some、bit of等の小道具を使い、さらに疑問文にして、Isn't that a touch too vague?と変えるのも同じような話です。

　結局、教育のある人が話す英語というのは、用語・用例の暗記だけでは追いつかない何かがあるのでしょう。この点、技巧的・作為的になってしまうので、すべては盛り込めませんでしたが、こういったことにも思いを巡らしつつ原稿を執筆したつもりですので、意のあるところをくみ取っていただければ幸いです。

ダイアログ紹介

▶ 段取りの決定と条件提示 Preparing the Ground and Bringing up the Topic

Lesson 35　交渉の段取りに合意する　Agreeing Procedure

　ソフトウェアのライセンス交渉（ソフト使用権［ライセンス］を使用料［ロイヤルティー］と引き換えに認める）の場面です。冒頭で、交渉の進め方［段取り］について相互に確認しています。契約案は、終了条項を除いて一般条項については問題がないとの共通認識に立って、契約の実質的部分である支払条件の交渉に入っていきます。

Lesson 36　個別の論点に入る　Bringing up a Topic

　前回のダイアログにつづく交渉で、残った終了条項について、話し合いが行われています。契約の終了・更新を定める条項にはよく、当事者が期間満了の何カ月前までに終了の意思を相手に通知しない限りは自動更新される旨の但し書き（proviso）が入っていますが、そうした満了日を把握して対処できる体制が整っていないと、無用の自動更新を強いられる結果となります。木田はそういった心配から自動更新条項に抵抗しています。

▶ **互いの主張を明確にする** Clarifying Positions

Lesson 37　問いただして確かめる　Getting It Straight

　場面は、米国の輸出業者と、輸入販売を計画する日本の商社の契約交渉です。グループを形成している企業は互いの商品・サービスを売ることでグループ全体の売上を拡大しようとするもので、ここでは輸出業者が自分たちのグループ企業の「保険・運送サービス」をいわば抱き合わせで販売しようと、代金のみの輸出価格である FOB ではなく、保険料・運賃込みの価格表CIFを使おうとして相手ともめる結果を招いています。

Lesson 38　効果的に主張する　Making Your Case Effectively

　前回の交渉の続きです。相手が保険料込みの価格に抵抗するので、それならその保険料が他と比べていかに有利かを示せばいいと思ったところ、買い手側の問題はそういうことではなく、自社の経営陣が傾倒するコンサルタントの指南で、モノの動きを逐一把握できる独立系の物流業者に一任せざるを得ない事情のあることが明らかになります。

▶ **合意への障害を取り除く** Removing Obstacles to Agreement

Lesson 39　相違点・問題点を明らかにする　Finding Points of Disagreement

　米国メーカーと日本の商社の販売店契約の交渉です。外国の魅力的商品を輸入販売するに当たっては、自社でその販売を独占できたほうが、他にも販売業者がいる場合より、うまみがあります。しかし独占販売契約は、一定量の買い付けといった負担も伴うため、このケースでは、ひとまず負担の軽い形でスタートさせてくれと交渉しています。

Lesson 40　より明確にして合意を目指す　Getting a Clearer Picture

　前回の交渉のつづきです。契約の原案には為替相場が変動した場合は価格を改定するという条項が盛り込まれていますが、輸入業者にとっては、この程度では予測可能性を確保するという見地から不十分です。そこで、所定の為替レートから何パーセントを超えて動いたら価格を見直すという修正案が提示されます。

▶ **妥結点を見いだす** Bargaining for a Deal and Bringing Negotiations to a Close

Lesson 41　駆け引きをする　Bargaining for a Deal

　場面は、合弁事業契約に向けての交渉の最終段階です。テーマは合弁会社での意思決定のあり方、つまり取締役会の決議方法です。両社は新会社に役員を同数派遣するが、取締役会での決議で可否同数になった場合を考えて、議決に際しては3分の2の多数を必要とするようにしようといった話し合いが行われます。

Lesson 42　交渉を終える　Settling and Closing

　前回の交渉のつづきで、合弁事業の資金調達の方法が相互に確認されて、交渉終了へと向かいます。ダイアログでは、事業資金は相互に折半出資し、さらに借り入れによる資金調達で行こうという話になっています。利益の蓄積（内部留保）のない企業が事業資金を調達する場合、株式を発行して出資者を募るか、銀行など外部から借りるかのどちらかですが、後から出資者を募ると既存株主の持ち分が薄まってしまうという事情があります。

Lesson 35 ▶ 段取りの決定と条件提示 ①

Agreeing Procedure

103

Susumu Kida of ABC Corporation, has just started negotiating a software license agreement with Glen Chang and Sylvia Dobbs from Soft Widgets.

Kida: I'm wondering if we can now agree on the overall procedure. First of all, I take it that except for the termination clause, which we're going to deal with later, we're basically in agreement that all the general provisions are non-issues.

Chang: Yes, that's very much how we see it, too.

K: Good. So we both agree that we should look at the substance of the license agreement in general and the payment structure in particular. Does that sound okay?

Dobbs: Certainly. We'll make the payment structure the first item then.

K: Good. Now, I see from your standard form that you license your software for an upfront lump-sum payment.

C: That's right.

K: May I ask why you don't license your product for a running royalty?

C: It's primarily because our business is by nature "cash hungry." Not to be outdone by the competition, we always have to quickly recover development costs and thereby fund new development efforts.

K: But aren't you missing out on the chance to piggyback on the success of your licensees?

D: Um, naturally, we'd like to link our royalty income to the licensee's sales growth, but the trouble is that so far our clients have all been unknown quantities. All the more reason to prefer hard cash transactions. As is often said, beggars can't be choosers.

Translation

ABC社の木田進が、ソフト会社ソフト・ウィジッツのグレン・チャン、シルビア・ドッブズと、ソフトウェアのライセンス契約の交渉を始めました。

木田：大まかにどう進めるかを決めておければと思います。まず、後ほど取り上げる終了条項を除き、基本的に一般条項は問題なしということで合意が調っているというのが私の理解です。

チャン：はい、私どもも大体そのように理解しています。

木田：結構です。となると、ライセンス契約の実質的内容全般を、そして、個別には料金体系を見ていくということですね。いかがですか。

ドッブズ：同感です。では、料金体系から始めましょう。

木田：そうですね。さて、御社の標準約款を拝見すると、ソフトのライセンスに当たっては一括払いの契約一時金［前払い］方式によっているのですね。

チャン：そのとおりです。

木田：御社の製品のライセンスがランニング・ロイヤルティーによらない理由を伺いたいのですが。

チャン：主として、私どものビジネスは、事業の性格上、常にキャッシュを必要としているからです。ライバルに追い抜かれないよう、常に開発の回収を急いで、新規開発への取り組みに振り向けなければならないのです。

木田：でも、ライセンシーが成功したときに便乗できる［収入が増える］チャンスを逃すことになりませんか。

ドッブズ：うーん、当然、ロイヤルティー収入をライセンシーの売り上げ増に連動させたいところですが、これまで、うちのお客様がいずれも未知数というのが問題でして。だからこそ現金取引の方を希望している次第です。えり好みできる立場じゃないってよく言いますでしょ。

Vocabulary

Negotiate 交渉する
license [licensing] agreement ライセンス契約
widget [wídʒit] ＊架空のものや製品を言うときに使う語
overall procedure 全般的な手続き［手順］＊procedure [prəsíːdʒər]
I take it that ~ ～だと思う［理解する］（が）
termination clause 終了条項 ＊termination「（ここでは契約の）終了」
agreement 同意、合意、契約（書）
general provision 一般条項 ＊通知方式や紛争解決方式等、どのような契約書でも定める必要のある一般的条項
non-issue 論点になっていない問題
that's very much ~ ～について大方そんなところです
substance 内容 ＊ここでは契約書の形式的部分に対する実質的内容［本文］を指す
payment structure 料金［支払］体系
make ~ the first item ～を最初の項目にする→～から始める
standard form 定型的書式 ＊ここでは standard form contract「標準約款」
license 使用を認可する
upfront lump-sum payment 一括前払い金 ＊upfront「前払いの」、lump-sum「一括払いの」
running royalty ランニング・ロイヤルティー ＊売上に連動させて支払う使用料で、製品が多く売れるほど多くなる
primarily 主として、第一に
by nature 生まれつき、本来
outdo 負かす
competition 競争、競争相手 ＊= rivals
recover development costs 開発費を回収する
fund ~ ～の資金を調達する
miss out on ~ ～（好機など）を逃す
piggyback on ~ ～に便乗する
licensee [làisənsíː] ライセンシー、ライセンスを受けた人［企業］
unknown quantity 未知数（の人［物］）
All the more reason to ~ だからこそ～する ＊There's ~ の省略
hard cash transaction 現金取引

235

Lesson 35

Focus 交渉を始める

104

> ### Key Phrase
>
> **I'm wondering if we can now agree on the overall procedure.**
> 大まかにどう進めるかを決めておければと思います。

交渉を始めるときには、「始めましょう」「〜から始めましょう」「取り上げるべき点を見ておきましょう」などの決まった言い回しが使われるので、覚えておきましょう。

❶ 始まりを告げる

Well, let's get started.（それでは、始めましょう）

Shall we get down to business?（すぐ本題に入りましょうか）

※このbusinessは、交渉の席でのやりとりを指しますから、「すぐ交渉を始めましょう」という意味です。取り上げるべき点［項目］を念頭に「すぐ本題に入りましょう」と言いたいのであれば、Shall we get to the point?という言い方になります。

❷ 取り上げる項目を確かめる

May I go through the points to be discussed before we begin?
（始める前に、取り上げるべき点を一通り見ておきましょうか）

※go throughの代わりにrun throughも使えます。ともに「振り返ってみる、繰り返す」。次の文はI thoughtで始めて間接的表現になっている分、丁寧さが増しています。

I thought we should begin by going over the points to be discussed today.
（はじめに本日取り上げるべき点をざっと見ておいてはどうかと思っています）

❸ 相手の意向を確かめる

次の文は「どうですか」という意味合いで、一番よく使われる言い回しです。

How does that sound to you?
（いかが思われますか）

What do you think about what I've just said?
（今申し上げたようなことでいかがでしょうか）

❹ 最初の論点を切り出す

Right. Let's start with the issue of quality control.
（それでは、品質管理の問題から始めましょう）

※この場合、前置詞ofの次に入れる名詞（句）には、原則として冠詞をつけません。

Now, let me lay it on the table. What we're looking for is a supplier who can match our pace.
（それでは、率直に申し上げましょう。求めているのは、弊社のペースに合わせてくださる納入業者です）

※lay it on the tableは「テーブルの上に持ち札をすべて出す」という意味で、let me lay it on the tableで「単刀直入に申し上げましょう」という前置きになります。

MORE

重要度の違いを伝える言い回し

105 🔊

いくつか重要なことを取り上げる場合、重要度が同程度なのか、差があるのかを明らかにする言い回しがあります。

● **Aは重要、Bも重要、と並列する**

It's important for us to **expand into the TV shopping market. Equally important is to expand our presence on the Internet.**

（私どもにとってテレビ通販市場への進出は重要な課題です。それと同じぐらい重要なのがインターネットでのビジネスの拡大です） ■ presence「進出していて目につくこと、存在感」

● **Aは重要、だがBはもっと重要、と言う**

It's important for us to **have a decent cash flow every month,** but what is still more important is to **match our payments with projected cash flows.**

（当社にとって月々、一定水準の現金収支があるのは重要だが、それよりもっと重要なのは、予想される現金収支の範囲内に支払いが収まるようにすることだ）
■ decent cash flow「適正なキャッシュフロー［現金収支］」 projected「予想される、見込みの」

● **Aが最も重要、Bも重要だが優先順位は低い、と言う**

The most important issue for us is **timeliness of delivery. Responsiveness** is also important but of secondary consideration.

（私どもにとって最も重要なのは期限どおりの納品です。迅速に要求に応えてくださるのも重要ですが、優先順位はそれよりも低くなります）
■ timeliness「適時、期限どおり」 responsiveness「敏感さ、即応性」 of secondary consideration「二次的に考慮すべき事柄」＊ but is of ～ の is が省略された形

● **priority を使って優先順を明示する**

Laying the base for a more constant revenue stream is of higher priority than expanding our product lines to better meet customer needs.

（より確実な安定収入に向け基本条件を整備することの方が、顧客ニーズによりよく応えるべく製品のラインナップを拡充することより優先度が高い）
■ lay「（基礎などを）しっかり置く」 revenue stream「収入の流れ」 of higher priority「最優先［最重要］の」 product line「製品のラインナップ」 better meet「よりよく応える」＊ better は副詞
※is of higher priority thanの前後の構文のスタイルをそろえる必要があります。ここでは、前後とも動名詞~ingで始まるフレーズです。

Lesson 36 ▶ 段取りの決定と条件提示 ②

Bringing up a Topic

106

This is a continuation of the previous dialog. Kida of ABC Corp. is negotiating a license agreement with Chang and Dobbs of Soft Widgets. The topic is termination.

Kida: Okay, let's move on to the issue of termination.

Dobbs: By all means. It's the last hurdle for us, isn't it?

K: That's right. Now, what I'd like to propose is that we change the wording of the renewal clause.

Chang: Oh, the wording is pretty standard for this kind of license agreement. And I'm sure you'll agree, Mr. Kida, that it's also conducive to a long-term relationship.

K: I see your point, but the other side of the coin is that we may end up with an unwanted renewal when things have changed and the rationale for entering into the license is no longer valid.

C: Of course, we can't deny that things might take such a turn. But isn't the "unless" proviso in the renewal clause sufficient for your purpose?

K: Sorry, the "unless" proviso?

C: I was referring to the proviso to the renewal clause. The clause provides that the agreement shall be renewable at the end of the current term for a successive length of three years. And subsequent to this provision, the "unless" proviso states as follows: Either party may give written notice of its intention not to renew three months before expiration of the current term.

K: Well, therein lies the very reason why we're concerned. That proviso requires us to give notice in order to terminate the contract. But doesn't this presume that we have procedures in place to track termination dates and automatic renewal provisions?

C: Which you don't, I assume.

Translation

前回に続きＡＢＣ社の木田と、ソフト・ウィジッツのチャン、ドップズがライセンス契約の交渉をしています。議題は契約の終了です。

木田：それでは、契約終了の問題に移りましょうか。

ドップズ：賛成です。私どもにとって、最後のハードルになりますね。

木田：そういうことですね。さて、私どもとしては更新条項の文言を変えることをご提案したいと思います。

チャン：ええ、でも、この種のライセンス契約としてはよくある定型的なものですし、木田さんもご承知のとおり、長期関係に寄与するようにできている条項です。

木田：その点はごもっともです。ただ、その反面、事情が変わり、ライセンス契約締結当時はあった合理性が失われているのに、無用の更新をするといったことになりかねません。

チャン：もとより、そういった変化が生じうることは否定できません。しかし、更新条項の「unless」で始まる但し書きでは御社の立場からして不十分なのでしょうか。

木田：失礼、「unless」で始まる但し書きとおっしゃると？

チャン：更新条項の但し書きのことを申し上げました。この条項は現行期間の終了時点で、さらに３年間の更新ができると定めています。そして、これに続いて、unless で始まる但し書きが「いずれの当事者も現行期間が満了する３カ月前に更新しない旨の意思を書面で通知することができる」としています。

木田：それなんですね。その点にこそ私どもの懸念の理由があるわけです。その但し書きは、契約を終了させるためには私どもからの通知を求めています。しかし、このこと自体、契約終了日や自動更新条項といったものを継続的に把握できる体制を私どもが整えていることを前提にしてはいませんか？

チャン：しかし御社にそういった体制はないと、そうおっしゃりたいようですが？

Vocabulary

bring up ~ 　～を提起する、持ち出す

termination 　契約の終了 ＊動詞は terminate「終了させる」

move on to ~ 　～に移る

by all means 　どうぞ ＊強い承諾の意

propose 　提案する

wording 　文言、言い回し

renewal clause 　更新条項 ＊clause「条項」は provision などでも表す

be conducive to ~ 　～に貢献している ＊conducive [kəndjúːsiv]〈形〉「貢献する、寄与する」

long-term relationship 　長期的関係

I see your point. 　おっしゃることはわかります。

end up with ~ 　～で終わる［すること になる］

rationale [ràʃ ənæl]　理論的根拠、合理性

valid 　妥当な、もっともな

take a turn 　向きが変わる

proviso [prəváizou]　但し書き

refer to ~ 　～に言及する

provide that ~ 　（契約書や法令などで）～と定めている ＊この意味の名詞が provision「条項」

shall 　（規則・法令で）～と定める［すべし］

current term 　現行期間 ＊term「期間」

successive length 　次に続く期間

subsequent to ~ 　～に続いて ＊形容詞

party 　当事者、関係者

written notice 　書面による通知

renew 　更新する ＊名詞は renewal

expiration 　期間満了

therein 　（法律文書で）その中に、その点に

be concerned 　懸念している

give notice 　知らせる

presume that ~ 　～を前提にする

procedures in place 　運用されている手続き→制度、体制 ＊procedure「処理手順、手続き」、in place「整っている、実施されている」

track termination dates 　契約終了日を調べて見つける ＊track ~「～の跡を追う」

automatic renewal provision 　自動更新条項

assume 　前提とする

Lesson 36

Focus オファーの提示、オファーへの対応

107

Key Phrase

Now, what I'd like to propose is that we change the wording of the renewal clause.

さて、私どもとしては更新条項の文言を変えることをご提案したいと思います。

　自分たちのオファーを提示し、また、相手のオファーを受け入れたり拒んだりするのは交渉における一つの山場です。状況別に必要な言い回しを見ていきましょう。

❶ こちらのオファーを示す

　次のように suggest や propose などの語を使って提案します。propose は正面からの提案、suggest は控えめな提案に使われます。

Here's what we'd like to suggest: Set up a 50-50 joint venture to get into the TV distribution market.
（こういったご提案をしたいと思っていますが、テレビ通販に進出するため折半出資の合弁事業をスタートさせるというのはいかがでしょう）

■ set up「起こす、立ち上げる」　TV distribution market「テレビ通販」＊ distribution「流通」　前レッスンの FOCUS にある TV shopping market と同じ

We propose that the current provisions of Clause 13, Termination, be expanded to cover automatic renewal.
（ご提案申し上げたいのは、第 13 条、終了の項で、現行の規定が自動更新についても適用されるよう改定することです）

■ current provision「現行の規定［条項］」　termination「（契約の）終了」　automatic renewal「（契約の）自動更新」

※suggestやproposeなど提案や要求を表す動詞に続くthat節では、shouldを略した〈動詞の原形〉が使われます。ただし、イギリス英語ではshouldが加わります。

❷ 相手のオファーを尋ねる

What can you offer us in the way of discounts?
（値引きの点ではどういったご提案が可能でしょうか）

May I ask what your policy on returns is?
（返品に関する基本方針を伺ってもよろしいですか）　■ policy「基本方針」　returns「返品」

※この文の元の疑問文はWhat's your policy on returns?「返品に関する御社の基本方針はどのようなものですか」で、May I askに続けた間接疑問文にすることで、丁寧になっています。

❸ オファーを受け入れる

I think that'd be acceptable.（それはお受けできるかと思います）

※上のacceptableの部分をan acceptable alternative（受け入れ可能な選択肢）とすると、完全には満足はできていないという気持ちを伝える言い方になります。

I think that could be an acceptable alternative.
（それは一つの選択肢としてありうるかなと思っております）

❹ オファーを断る

まず、断るときの一番オーソドックスな表現です。

I'm afraid we can't accept [agree to] that.（残念ですが、それは受け入れられません）

次は、直接的に断るのではなく、断る方向にもっていくための言い方です。

I'm afraid that'd be rather difficult.（残念ながら、それはかなり難しいですね）

MORE

108

遠回しに断る言い回し

交渉は双方の条件をすり合わせる場ですから、Your suggestion is totally out of the question.（ご提案は話になりません）とか、That's absolutely unacceptable.（それは絶対に受け入れられません）と切り捨ててしまうわけにはいきません。実際には、以下のような間接的な言い方で断るのが一般的です。

● **間接的に断る**

I can't say that I'm happy with your suggestion.
（ご提案に満足が行くとは申し上げかねます）
※I'm unhappy with ...と言ってしまうと、直接的できつい言い方になります。

I'm afraid that'd be very difficult for us to accept.
（申し訳ないが、受け入れるのは大変難しいですね）

● **間接的に断りながら、その理由にもふれる**

「あいにく」の気持ちを表す I'm afraid ～を文頭に置いて理由を述べましょう。

I'm afraid we'd prefer a lower minimum purchase requirement.
（残念ですが、私どもとしてはより低い最低購入数量を希望しております）
■ minimum purchase requirement「最低購入要件→最低購入保証（条項）、責任買取額」

I'm afraid this puts us in a difficult position. My immediate feeling is that it doesn't suit our customers' taste.
（残念ですが、これでは私どもの立場が苦しくなります。今すぐここで言えるのは、私どものお客様の好みに合わないということです）

I'm afraid I don't see how it fits in with the way we look at it. For us, quality comes first and cost is of secondary importance.
（残念ですが、私どもの見方とは隔たりがあるようです。私どもとしては、品質が第一で、コストは二次的問題です）
■ fit in with ~「～と適合する」 the way we look at it「われわれの見方」 ~ come first「～が第一である」 of secondary importance「二次的問題」

発音も確認
してみよう

Focus 空欄を埋めて話してみよう

交渉を始める／オファーの提示、オファーへの対応

---

1. ❶ それでは、始めましょう。

104

W__, l__ g__ s_____.

---

2. ❷ 始める前に、取り上げるべき点を一通り見ておきましょうか。

M__ l g t_____ t_ p_____ t_ b_ d_____ b____
w_ b____?

---

3. ❸ いかが思われますか。

H__ d__ t__ s_____ t_ y__?

---

4. ❹ それでは、品質管理の問題から始めましょう。

R____. L__ s___ w_ t_ i_____ o_ q_____ c_____.

---

5. MORE 私どもにとってテレビ通販市場への進出は重要な課題です。それと同じ
ぐらい重要なのがインターネットでのビジネスの拡大です。

106

I_ i_____ f__ u_ t_ e_____ i_ t__ T_ s_____
m_____. E_____ i_____ i_ t_ e_____ o__ p_____
o_ t__ I_____.

---

6. 当社にとって月々、一定水準の現金収支があるのは重要だが、それより
もっと重要なのは、予想される現金収支の範囲内に支払いが収まるよう
にすることだ。

It's i_____ f__ u_ t_ h__ a d_____ c__ f___ e____
m_____, b__ w___ i_ s__ m__ i_____ i_ t_ m____
o__ p_____ w_ p_____ c__ f___.

---

7. ❶ こういったご提案をしたいと思っていますが、テレビ通販に進出するため折半出資の合弁事業をスタートさせるというのはいかがでしょう。

107 🔊

H___ w__ w_ l__ t_ s_____ : S_ u_ a__ -__ j___
v_____ t_ g_ i__ t_ T_ d_____ m___.

---

8. ご提案申し上げたいのは、第13条、終了の項で、現行の規定が自動更新についても適用されるよう改定することです。

W_ p_____ t__ t__ c_____ p_____ o_ C____ 13,
T_____, b_ e_____ t_ c___ a_____
r_____.

---

9. ❷ 値引きの点ではどういったご提案が可能でしょうか。

W___ c__ y_ o___ u_ i_ t__ w__ o_ d_____?

---

10. 返品に関する基本方針を伺ってもよろしいですか。

M_ I a__ w__ y__ p___ o_ r_____ i_?

---

11. ❸ それはお受けできるかと思います。

I t____ t____ b_ a_____.

---

12. ❹ 残念ですが、それは受け入れられません。

I'_ a____ w_ c___ a_____ t__.

---

13. 残念ながら、それはかなり難しいですね。

I'_ a____ t___ b_ r_____ d_____.

---

14. MORE ご提案に満足が行くとは申し上げかねます。

108 🔊

I c___ s_ t__ I'_ h____ w__ y___ s_____.

---

15. 残念ですが、私どもとしてはより低い最低購入数量を希望しております。

I'_ a____ w_ p___ a l____ m_____ p_____
r_____.

Chapter 5 交渉で使う言い回し

DIALOG 音声を聴き取ろう

104 🔊

Agreeing Procedure

Susumu Kida of ABC Corporation, has just started negotiating a software license agreement with Glen Chang and Sylvia Dobbs from Soft Widgets.

Kida: I'm wondering if we can now _____ on the _____ _____. First of all, I ____ _ ____ except for the _____ _____, which we're going to ____ ____ later, we're basically in _____ that all the _____ _____ are non-issues.

Chang: Yes, that's ____ _____ how we see it, too.

K: Good. So we ____ _____ that we should look at the _____ of the license agreement in general and the _____ _____ in _____. Does that _____ okay?

Dobbs: Certainly. We'll _____ the payment structure ___ ____ item then.

K: Good. Now, I see from your _____ ____ that you _____ your software for an upfront _____ _____.

C: That's right.

K: May I ask why you don't _____ your product for a _____ _____?

C: It's primarily because our business is __ _____ "cash hungry." Not to be _____ by the _____, we always have to quickly _____ _____ ____ and thereby ____ new _____ _____.

K: But aren't you _____ __ __ the chance to _____ __ the success of your _____?

D: Um, naturally, we'd like to ___ our _____ _____ to the licensee's ____ _____, but the _____ _ that so far our clients have all been _____ _____. __ the ____ _____ to prefer ____ ____ _____. As is often said, _____ can't be _____.

106

Bringing up a Topic

This is a continuation of the previous dialog. Kida of ABC Corp. is negotiating a license agreement with Chang and Dobbs of Soft Widgets. The topic is termination.

Kida: Okay, let's _____ __ _ the issue of termination.

Dobbs: __ __ _____. It's the last hurdle for us, isn't it?

K: That's right. Now, what I'd like to _____ is that we change the _____ of the _____ _____.

Chang: Oh, the wording is pretty _____ for this kind of _____ _____. And I'm sure you'll agree, Mr. Kida, that it's also _____ __ a _____ _____.

K: I ___ your _____, but the _____ ___ of the ___ is that we may ___ __ ____ an _____ _____ when things have changed and the _____ for entering into the license is __ _____ ____.

C: Of course, we can't ____ that things might ___ such a ___. But ___ the "unless" _____ in the renewal clause _____ for your purpose?

K: Sorry, the "unless" proviso?

C: I was _____ __ the proviso to the _____ _____. The clause _____ ___ the agreement ____ be _____ at the end of the _____ ____ for a _____ _____ of three years. And _____ __ this _____, the "unless" proviso _____ as follows: Either _____ may give _____ _____ of its _____ not to _____ three months before _____ of the current term.

K: Well, _____ lies the very reason ___ we're _____. That proviso requires us to ___ _____ in order to _____ the _____. But doesn't this _____ ___ we have _____ __ ____ to ____ _____ ____ and _____ _____ _____?

C: Which you don't, I _____.

Lesson 37 ▶ 互いの主張を明確にする ①

Getting It Straight

109

Kenta Hosaka of XYZ Trading is in the course of negotiating an import deal with Terry Keynes and Vivien Marshall of American Widgets.

Hosaka: Okay, before moving on to the issue of delivery terms, can I just check something about your export unit price?

Keynes: Of course. What seems to be the problem?

H: It struck me as odd that the prices you've been mentioning seem to be higher than what are shown in your export price list.

Marshall: That's strange. Can I have a look at that list?

H: Here you are.

M: Umm ... Oh, this list isn't current.

H: Not current! How could that be? You sent me this list only last month.

K: This is entirely my fault. My apologies for the slip-up. Starting this month, we're using CIF prices instead of FOB prices.

H: Of course, there certainly is a notation on the price list that reads: "All prices are subject to change without notice." But a change of this magnitude obviously influences our buying decision. You should have informed us of such a change well in advance.

K: You have every right to feel that way. Let me explain the background. As you know, we've been acquired by a financial conglomerate, and late last month, it was decided by group management that all group companies should cross-sell each other's services.

H: Oh, I see. You're telling me that your prices now are inclusive of the insurance rates offered by your sister company.

M: That's right. As a matter of fact, now that we have the backing of an insurance giant, our list offers the best insurance rate and policy coverage.

H: Maybe you're right. But this is something totally unexpected. I need to talk with one or two colleagues and get back to you later.

Translation

XYZ商事の保坂健太が、アメリカン・ウィジッツのテリー・ケインズ、ビビアン・マーシャルと、輸入取引の交渉をしています。

保坂:それでは、納期等の条件に移る前に、**輸出単価**のことでちょっと確かめさせていただけますか。

ケインズ:どうぞ。何か問題がありましたか。

保坂:ちょっと妙だと思ったのですが、お話に出てくる価格が御社の輸出価格表に載っているものより高いように思われます。

マーシャル:それはおかしいですね。そのリストを見せていただけますか。

保坂:これです。どうぞ。

マーシャル:うーん。あっ、このリスト、最新ではないですね。

保坂:最新版でないって! どういうことですか。先月、そちらから頂戴したばかりですよ。

ケインズ:すべて私の責任です。手違い、お詫び申し上げます。今月から、FOB建てのものに代えて、CIF建ての価格を使うことになったのです。

保坂:確かに価格表には「予告なく価格を変更することがあります」という断り書きはありますよ。でもこれほどの大規模な変更となると、私どもの買い付けようという意思決定を左右します。こうした変更を十分早めの時期に教えてくださって然るべきだったでしょう。

ケインズ:そうお感じになるのもごもっともです。背景を説明させてください。ご存じのとおり、私どもは金融コングロマリットに買収されまして、先月末近くですが、グループ首脳部がグループ企業は自社の顧客に互いの製品を売り込むべきだと決定したのです。

保坂:ふーん、そうでしたか。つまり、御社の価格には、現在は、グループ企業が提示した保険料が含まれているということですね。

マーシャル:そのとおりです。実際のところ、巨大保険会社によるバックアップのおかげで、弊社の価格表は保険料率と保険がカバーする範囲においてベストのものとなっています。

保坂:そうかもしれません。しかし、これはまるで予想していなかったことです。同僚の何人かと相談したうえ、後日、連絡をさせていただく必要があります。

Vocabulary

get ~ straight ～を把握する、はっきりさせる

in the course of ~ing ～しているところ

import deal 輸入契約

delivery terms 納期等の条件

export unit price 輸出単価

strike ~ as ... ～に…だと感じさせる

mention ~ ～について話す、触れる

export price list 輸出価格表

current 最新の、現行の

How could that be? どうしてそのようなことが起きるのですか。

one's fault ～の責任 *fault「責任、過失」

slip-up 手違い、失敗

CIF price CIF建価格 *cost, insurance, and freight の略で、運賃(freight)と保険料(insurance)込みの輸出代金

FOB (price) FOB建価格 *free on board の略。船積み(on board)すれば売主の引き渡し義務が終了するもので、運賃や保険料は入らない

notation 注記事項、注意書き

be subject to change 変更を受ける可能性がある、変更になる場合がある

of this magnitude これほど重大な

influence ~ ～に影響を与える

buying decision 買うという意思決定

inform ~ of ... ～に…を知らせる

in advance 前もって

You have every right to ~ あなたが～するのは当然だ

acquire 買収する

financial conglomerate 金融コングロマリット *金融サービスを主力とする企業グループ

cross-sell 提携販売をする、クロスセリングをする

be inclusive of ~ ～を含んでいる

insurance rate 保険料率

sister company 姉妹会社 *同一グループに属する関連会社

now that ~ ～だから、～なので

policy coverage 保険によってまかなわれる損失の範囲 *policy「保険証書」

Lesson 37

> **Key Phrase**
>
> ## Can I just check something about your exportunit price?
> 輸出単価のことでちょっと確かめさせていただけますか。

　交渉の席では、必要に応じて自分の理解に間違いがないかを確かめておかないと、あとあと影響することがあります。以下の言い回しで手を打っておくのが得策です。

❶ 聞き返す、より詳しく説明してもらう

〈もう一度説明してもらいたいとき〉

上の Key Phrase のほかに、次の言い方もできます。

Would you care to repeat that? I'm not sure that I understood what you're saying.
（もう一度お願いできますか。理解できたか不安ですので）

〈具体例を挙げて説明してもらいたいとき〉

How exactly does that calculation work? Would you mind giving me an example?
（その計算法だと正確にはどうなりますか。**具体例を挙げてくださいませんか**）

❷ 自分の理解が正しいかを確かめる

So, what you mean is that you're happy with the quality as it is now.
（つまり、品質については現状に満足していらっしゃる**ということですね**）
■ quality as it is now「今の状態の品質 ＊ as は状態を表す接続詞

上の文は特に丁寧ではありませんが、話が順調に進んでいるときはこれで十分です。次の文は、疑問文にすることで、より丁寧な言い方になっています。

Am I right in thinking that you're interested in a larger upfront fee?
（より大きな前払い金を希望していらっしゃる**と、こういう理解でよろしいでしょうか**）
■ upfront fee「前払い金」＊ upfront「前面の、前金の」、fee「料金」

❸ 食い違いを指摘する

お互いに違ったことを取り上げていると単純に指摘するときの言い方です。

I don't think we're talking about the same thing.
（話がかみ合っていないように思えるのですが）

Aren't we talking at cross purposes?（話がかみ合っていないのではないしょうか）
■ talk at cross purposes「互いにちぐはぐなことを言う」＊ cross-purposes「意図のすれ違い」

❹ 相手の言い分を訂正する

A: I'm afraid your company has a history of late shipments.

B: I'm surprised to hear you say that. I don't think that's correct.

（A：遺憾ながら、御社は納品が数回遅れたことがありますね。B：そんなことをおっしゃるとは意外です。**事実だとは思えません**）

このように I don't think をつけて間接的に言うことで、穏やかになります。次は、相手の一方的な言い分を婉曲に訂正する言い方です。

A: Our company has doubled its sales in the last two years.

B: That's impressive, of course. But don't forget that your sales were pretty low three years ago.

（A：弊社は過去2年で売上を倍に伸ばしました。B：**それは確かに大したものです**。でも、御社の売上が3年前は結構落ち込んでいた点**を忘れるわけにはいきません**）

MORE 　　**即答を避けるための言い回し**

111

即答できない場合、以下のような言い回しを知っておくことが必要です。

● その場で相手を待たせたいとき

　席上、必要な資料を取り出したり、計算などをするために相手を待たせたりする場合には、必ずそのたびに断りを入れる必要があります。

I need to check this. Could you bear with me a moment?
（この点は確かめる必要があります。**ちょっとお待ちいただけますか**）

Could you please give me a moment to do some calculations?（計算する間、ちょっとお待ちいただけますか）

● 後日、返事をしたいとき

　まずは、以下のような言い回しで即答できないことを伝えます。

I'm sorry, I don't have the figures at hand.（すみません、手元に数字がありません）

It's difficult to say at the moment.（今すぐお答えするのは難しいです）

I'm not at liberty to disclose that information.
（私にはその情報を明らかにする権限が認められていません）

I'm afraid I don't have that information at hand.
（あいにく、手元に資料がありません）

I'm afraid I'd have to ask someone at the Tokyo office.
（あいにく、東京オフィスの者に問い合わせる必要があります）

上の文に続いて、以下の言い回しで締めくくります。

I'll have to get back to you on this.
（この件については、後日お返事を差し上げます）

Lesson 38 ▶ 互いの主張を明確にする ②

Making Your Case Effectively

112

This is a continuation of the previous dialog. Hosaka takes up the discussion where he left off and tells Keynes and Marshall that his company cannot go along with a CIF-based price list.

Hosaka: Well, I raised the matter with management and the answer is: we buy FOB. CIF is unacceptable, I'm afraid.

Keynes: Very well, we'll prepare a list with the prices quoted in FOB terms. Er, it's just a thought, but would it make any difference if we gave you a breakdown of the export prices? I mean we can show the shipping and insurance rates separately. Perhaps you'd like to compare the rates we offer with those available elsewhere.

H: I'm afraid that's not worth the trouble. **What matters is shipment control.** All other things have to take a back seat.

Marshall: Correct me if I'm wrong, but are you saying that the need for enhanced shipment control outweighs the need for better terms?

H: In fact, that's exactly the line of reasoning taken by our management. We want to track product movements as the goods move through the supply chain, to the company's receiving docks. It's called supply chain visibility, I'm told.

K: Supply chain visibility... It does sound like what a cutting edge management technique should be. But whatever that means, you can readily locate your goods in transit by obtaining status information from our freight agent.

H: Personally, I agree with you, but our company's management is under the thumb of a recently engaged consultant. She's said to be a "world-class management guru," and according to this consulting guru, we're better able to obtain accurate and timely shipment information by working with a third party logistics provider of our choosing.

M: A consulting guru...hmm. I don't know what gurus are like here, but where I come from, they are best avoided.

Translation

効果的に主張する

前回の続きです。保坂は、前回打ち切った交渉に再度臨み、ケインズとマーシャルに、会社としては CIF 建ての価格表には同意しかねると告げます。

保坂：さてと、経営陣にまで話を持ち上げたところ、答えはこうです。FOB 建てで買いたいと。あいにく CIF 建てではまずいということです。

ケインズ：まあ、そういうことであれば、FOB 建てで価格が表示されているリストを作成します。えー、これはただの思いつきでしかありませんが、輸出価格の内訳を示したら、何か違ってくるでしょうか。つまり、運賃・保険料を別途示すということです。弊社がご提示する料金と他社の料金を比較されたいのかなと思ったわけでして。

保坂：せっかくですが、そこまでやっていただく必要もないかと思います。**大事なことは物流の管理**でして、ほかは後回しということです。

マーシャル：私の理解が間違っていたら指摘してくださいね。より徹底した物流管理の方が、より有利な取引条件を確保することより大事だというお話なのでしょうか。

保坂：実際、弊社の経営陣の論法がまさにそれなんです。モノがサプライチェーンの中を移動し、会社の搬入口に到着するまでの動きを追跡したいということです。サプライチェーン・ビジビリティーと言うんだそうです。

ケインズ：サプライチェーン・ビジビリティーね。最先端の経営テクニック的な響きはありますね。しかし、それが何であれ、輸送途上の荷については、私どもの運送代理店に問い合わせてくだされば、簡単に所在は確かめられますよ。

保坂：私も個人的には同感です。しかし、うちの経営陣は最近、依頼したコンサルタントの言いなりです。彼女は、「マネジメントの世界的な大家」だそうで、このコンサルティングの大家によれば、われわれ自身が選んだ、独立系の物流業者と一緒に仕事を進めたほうが、荷の動きについてより正確に、しかも必要な時にきちんと情報が得やすいとのことです。

マーシャル：コンサルティングの大家ですか…うーん。日本での事情は知りませんが、私に言わせれば、こういった人たちとは関わらないのがベストですね。

Vocabulary

make one's case 自分の立場を説く
take up ~ ～を再開する
leave off ~ （話などを）中断する
go along with ~ ～に賛成［同調］する
raise ~ with ... ～を…に上げる、提起する
buy FOB FOB 建の価格で購入する
prices quoted in FOB terms FOB 建価格 *quote「提示する、見積もる」、terms「条件」、FOB は前レッスン参照
give ~ a breakdown ～に内訳を示す
shipping rate 運賃
insurance rate 保険料
compare ~ with ... ～と…を比較する
those available elsewhere 他社の料金 *those はここでは rates
be not worth the trouble 手間をかけるまでもない *worth ~「～の価値がある」
shipment control 物流管理 *shipment「出荷、積み荷」
take a back seat 二の次になる
enhanced [enhǽnst] 強化された
outweigh ~ ～にまさる
better terms より有利な取引条件
line of reasoning 論法、ロジック
track product movements 荷動きを追跡する
supply chain サプライチェーン *本来は、部品供給網といった供給の連鎖を意味するが、ここではモノの輸送経路を指している
receiving dock 搬入口
visibility 目に見えること［状態］
cutting edge 最先端の *edge「端」
locate ~ ～の所在位置を突き止める
goods in transit 輸送途上の荷
status information （…の）現在位置・処理状況等の情報 *status「状態」
freight agent 運送会社 *= transportation company。freight「（船）荷」
under the thumb of ~ ～の言いなりになって *thumb「親指」
guru 専門家として有名な人、権威者
logistics provider 物流業者
where I come from 私が感じている［言いたい］ことは *「出身地では」の意味もある

251

Lesson 38

Focus　メリハリをつけて主張する

113

Key Phrase

What matters is shipment control.
大事なことは物流の管理なのです。

交渉の場では、一方的に主張するのではなく、相手との兼ね合いを見定めながら自分の主張をわかってもらう必要があります。

❶「そう言えるなら、こうも言える」と強調する

Cash in advance provides greatest security for you. But by the same token, it provides the least security for us.
（現金での前払いが御社には一番安全でしょう。**しかし裏を返せば**、それが私どもには一番危険なのです）
■ cash in advance「現金での前払い」　by the same token「同様に、同じ理由で」

You say we don't know if the product is a winner. But by the same line of reasoning, we don't know that it's a loser, either.
（この製品がヒットするかはわからないとおっしゃいます**が、逆に、失敗に終わるとも言えないは**ずです）
■ reasoning「推論、推理」　winner「勝者、（この場合）ヒット商品」　loser「敗者、（この場合）失敗作」

❷「それは二次的な問題だ」と言う

What matters is cost. The rest is of secondary importance.
（重要なのはコストです。他のことは二次的な問題です）
■ what matters「重要なこと、大事なこと」　of secondary importance「二次的問題」

As far as this product is concerned, style should take a back seat to safety.（この製品に関しては、スタイルは安全性**より優先順位が落ちる**はずです）
■ take a back seat to ~「~の二の次になる」＊back seat「後部座席」

❸「もっと大事なことがある」と言う

相手を立ててから、より大事と思われる点を打ち出すのが一般的です。

Yes, I'm impressed with those features. But what matters more is whether it offers intuitive ease of use.
（確かにそういった特性には感心します。**しかし、より重要なのは**、すぐわかる簡単な操作で使えるかどうか**です**）
■ feature「特徴」　intuitive [intúːətiv]「直感的な」　ease of use「使いやすさ」

Admittedly a titanium casing can't be beat. But cost takes precedence over such a feature.
（もちろん、チタンのケースに勝るものはありません。**しかし、コストのほうが**こうした特性**よりも優先します**）
■ admittedly「確かに（…ではあるが）」　beat「打ち負かす」　take precedence over ~「~に優先する」

❹「何よりも大事なことはこれだ」と言う

It is of vital concern that our business partners share our views about reliability and quality.
（何よりも大事なのは、信頼性と品質において取引先と私どもの認識が共通している**ことです**）
■ vital「きわめて重要な」 be of concern「重要である」 business partner「ビジネスの相手、取引先」
※of vital concernはof utmost importance（utmost「最高の」）で言い換えができます。次はKey PhraseのWhat matters is ~の応用形です。

What matters most is whether or not we can keep to the delivery schedule.
（何より大事なのは納品スケジュールを守れるかどうか**です**）
■ keep to ~「~を守る」 delivery schedule「納品のスケジュール」
※What's most important is ...あるいはWhat's important is ...という言い方もできます。

MORE　　114 🔊

一歩譲ってから自分の主張を打ち出す言い回し

相手の言い分が自分の立場と相容れない場合、No, that'll never work.（いや、それは絶対うまくいかないでしょう）、あるいは We'll not come to a solution that way.（そのやり方では解決策になりません）などと切り返すのは賢明でないとされています。通常は、以下のようにワンクッション置いて、自分の立場を打ち出します。

● 「それはごもっともです。しかし…」
That's a good point. But I think we should also take turnaround time into consideration.
（それはごもっともですが、完了までの時間も考慮に入れるべきではないかと思います）
■ turnaround time「一つの仕事［作業］をやり終えるのに必要な時間」

● 「その点は、別な角度から捉えることができますので…」
I think you're talking about a problem that can be seen from many different angles. In this case, the most important thing is customer satisfaction.
（おっしゃる点については別の角度からもいろいろ捉えることができると思うのです。この件では、顧客満足が一番大事なことです）

● 「結論を出す前に…」
Before we come to a conclusion, we have to consider how best we can organize ourselves.
（結論を出す前に、どうすれば最善の態勢を整えられるかを**考える必要があります**）
■ come to a conclusion「結論に達する」 organize oneself「態勢を整える、段取りをつける」

発音も確認
してみよう

🔊

Focus 空欄を埋めて話してみよう

相手の主張を確認しながた話を進める／メリハリをつけて主張する

---

1. ❶ もう一度お願いできますか。理解できているか不安ですので。

W___ y_ c_ t_ r___ t__? I'_ n_ s__ t__ I
u_____ w__ y___ s____.

110
🔊

---

2. その計算法だと正確にはどうなりますか。具体例を挙げてくださいませんか。

H__ e___ d__ t__ c_____ w__? W___ y__
m__ g___ m_a_ e_____?

---

3. ❷ より大きな前払い金を希望していらっしゃると、こういう理解でよろしい
でしょうか。

A_ I r___ in t_____ t__ y___ i_____ i_a
l____ u____ f_?

---

4. ❸ 話がかみ合っていないように思えるのですが。

I d__ t___ w__ t____ a___ t_ s___ t___.

---

5. ❹ A：遺憾ながら、御社は納品が数回遅れたことがありますね。
B：そんなことをおっしゃるとは意外です。事実だとは思えません。

A: I'_ a___ y__ c_____ h_ a h____ o_l__
s_____.
B: I'_ s_____ t_ h__ y__ s_ t__. I d__ t___
t___ c____.

---

6. MORE ちょっとお待ちいただけますか。

C___ y__ b__ w__ m_a m____?

111
🔊

7.　私にはその情報を明らかにする権限が認められていません。

I'_ n_ a l____ t_ d_____ t__ i_____.

8.　あいにく、手元に資料がありません。

I'_ a____ I d___ h___ t___ i_____ a_ h___.

9.　この件については、後日お返事差し上げます。

I'_ h___ t_ g_ b___ t_ y__ o_ t__.

---

10. ❶　しかし逆に、失敗に終わるとも言えないはずです。

113 🔊

B_ b_ t__ s___ l__ o_ r_____, w_ d___ k____
t__ i__ a l___, e____.

---

11. ❷　重要なのはコストです。他のことは二次的な問題です。

W__ m_____ i_ c___. T__ r__ i_ o_ s_____
i_____.

---

12. ❸　しかし、より重要なのは、すぐわかる簡単な操作で使えるかどうかです。

B_ w__ m_____ m__ i_ w_____ i_ o___ i_____
e___ o_ u__.

---

13. ❹　何よりも大事なのは納品スケジュールを守れるかどうかです。

W__ m_____ m__ i_ w_____ o_ n_ w_ c__ k___ t_
t__ d_____ s_____.

---

14. MORE それはごもっともですが、完了までの時間も考慮に入れるべきではないかと思います。

T___ a good p___. B_ I t___ w_ s____ a__ t__
t_____ t__ i__ c_____.

DIALOG 音声を聴き取ろう

109

Getting It Straight

Kenta Hosaka of XYZ Trading is in the course of negotiating an import deal with Terry Keynes and Vivien Marshall of American Widgets.

Hosaka: Okay, before _____ __ _ the issue of _____ _____, can I ___ _____ something about your export unit price?

Keynes: Of course. What _____ __ __ the problem?

H: It _____ me __ ____ that the _____ you've been _____ seem to be _____ ____ what are shown in your _____ ____ ___.

Marshall: That's strange. Can I have a ____ at that list?

H: ____ ___ ___.

M: Umm ... Oh, this list isn't _____.

H: Not current! ____ _____ that __? You sent me this list ___ ___ _____.

K: This is entirely __ ____. My apologies for the _____. _____ this month, we're using ___ _____ instead of ____ _____.

H: Of course, there certainly is a _____ on the price list that reads: "All prices ___ _____ __ _____ without _____." But a change __ ___ _____ obviously _____ our _____ _____. You should have _____ us __ such a change well __ _____.

K: You ____ every ____ to ___ ___ ___. Let me _____ the _____. __ ___ ____, we've been _____ by a _____ _____, and ___ last month, it was _____ by _____ _____ that all _____ _____ should _____ each other's _____.

H: Oh, I see. You're _____ me that your _____ now are _____ __ the _____ ____ offered by your ____ _____.

M: That's right. __ a _____ of ___, ____ ___ we have the _____ of an _____ ____, our list _____ the ___ insurance ___ and _____ _____.

H: Maybe _____ ____. But this is something _____ _____. I need to ___ ____ one or two _____ and __ ____ to ___ ____.

Making Your Case Effectively

This is a continuation of the previous dialog. Hosaka takes up the discussion where he left off and tells Keynes and Marshall that his company cannot go along with a CIF-based price list.

Hosaka: Well, I _____ the matter ____ _____ and the answer is: we ____ ____. CIF is _____, I'm afraid.

Keynes: Ver y well, we'll _____ a list with the _____ _____ in FOB _____. Er, it's just a _____, but would it _____ any _____ if we ____ ___ a _____ of the _____ ____? I mean we can show the _____ and _____ ____ separately. Perhaps you'd like to _____ the rates we offer ____ ____ _____ _____.

H: I'm afraid that's ___ _____ the _____. ____ _____ is _____ _____. All other things have to ____ a ____ ____.

Marshall: _____ me if I'm wrong, but are you saying that the need for _____ shipment control _____ the need for _____ _____?

H: In fact, that's exactly the ___ _ _____ taken by our management. We want to ____ _____ _____ as the goods _____ _____ the _____ ____, to the company's _____ _____. It's called _____ ____ _____, I'm told.

K: Supply chain visibility ... It does _____ __ what a _____ ____ management technique _____ __. But whatever that means, you can readily _____ your _____ __ _____ by obtaining _____ _____ from our _____ ____.

H: Personally, I ____ ___ ___, but our company's management is _____ the _____ _ a recently _____ consultant. She's said to be a "world-class _____ ____," and according to this _____ ____, we're better able to _____ accurate and timely _____ _____ by working with a third party _____ _____ of ___ _____.

M: A consulting guru ... hmm. I don't know ____ ____ __ ____here, but _____ I _____ ____, they are ____ _____.

Lesson 39 ▶ 合意への障害を取り除く ①

Finding Points of Disagreement

115

XYZ Trading plans to import and market Global Widgets' products. Asako Niki of XYZ Trading is negotiating a distributorship agreement with representatives from Global Widgets, Dana Roberts and Betty Kent.

Roberts: Can you give me an idea of how you plan to meet your minimum purchase requirements?

Niki: Minimum purchase requirements? We're pleased to act as your distributor, but we'd prefer not to commit ourselves to that extent.

R: Sorry, I don't know what to make of your comment. I was given to understand that you wanted to enter into an exclusive distributorship agreement. Needless to say, manufacturers like us normally seek to impose minimum purchase requirements to ensure that the distributor justifies such appointment.

Kent: Can I once again make sure that you agree to market our products as a distributor? — not as an agent, I mean. In other words, you're prepared to act as an independent contractor selling our products for your own account and in your own name, aren't you?

N: I know the difference between an independent contractor and an agent.

R: Okay, let's step back and see where we are. You're willing to enter into a distributorship agreement, but not ready yet to guarantee minimum purchase. Am I right? Or am I still missing something?

N: I think that sums it up quite well. We haven't made any definite plans, but here's the way we're leaning. Think of it as a tentative proposal. We initially start out as a non-exclusive distributor on the understanding that you may subsequently reappoint us as an exclusive distributor in the event we manage to purchase and distribute a predetermined amount.

K: Sounds realistic enough. It should work for both of us.

DIALOG 相違点・問題点を明らかにする

Translation

XYZ商事がグローバル・ウィジッツの製品を輸入・販売しようとしており、XYZ商事の仁木麻子が、グローバル・ウィジッツの代表者デイナ・ロバーツ、ベティー・ケントと販売店契約の締結に向け、交渉しています。

ロバーツ: 最低購入義務の履行に向けての計画がどんなものかを聞かせていただけませんか。

仁木: 最低購入義務ですって? 私どもは御社製品の販売を手がけられるのはうれしいと思っていますが、そこまでのコミットはせずに済めばと思っています。

ロバーツ: 失礼。おっしゃっていることの意味がつかめません。独占販売契約を締結されたいのだと理解していたのです。申し上げるまでもありませんが、私どものようなメーカーは、通常、独占販売権を付与するからにはそれに見合うものをということで[独占販売店指名の正当性を担保する]、こうした最低購入義務というものを課すわけです。

ケント: もう一度、代理店としてではなく、販売店として私どもの製品を販売するということでご了承くださっている点を確認させてください。言い換えますと、弊社の製品を御社の勘定で、そして御社の名義で販売する独立した立場の請負業者として動く用意がある、とこういうことでよろしいですね。

仁木: 独立の請負業者と代理店との違いは承知しております。

ロバーツ: わかりました。ここで、ちょっと一歩引いて、現時点での状況を確かめておきましょう。御社は販売店契約を締結される意思があるけれども、最低購入数量の保証をする用意はまだない、と。これでよろしいでしょうか。まだ何か見落としているでしょうか。

仁木: 大体、そんなところかと思います。これと決まった計画はありませんが、とりあえずこんなのはどうでしょう。暫定案というご理解で結構です。当初は非独占販売店ということでスタートするものの、了解事項として、弊社が所定の数量を購入し、販売できた場合、後日、改めて独占販売店にしてくださるというやり方です。

ケント: 十分現実味がありますね。双方にとってうまく機能するはずです。

Vocabulary

market 販売する
distributorship agreement 販売店契約 *distributorship「販売権」
representative 代表者
meet ~ ～に応じる、～を満たす
minimum purchase requirement 最低購入義務 *一定期間内に義務として買い付けを要する数量・金額。requirement「要求されること、必要条件」
distributor 販売店 *メーカーから製品を仕入れて販売する independent contractor (独立契約者) で、在庫を抱えるリスクはあるが、仕入れと販売価格の差を利益にできる。販売店契約では、最低購入数 [額]、独占販売や非独占販売かなどの取り決めが必要。distribute「流通させる」
commit oneself 約束して引き受ける
I don't know what to make of ~. 私は～を理解できません。*口語
I am given to understand that ~. 私は～と理解しています。*give ~ understand ...「～に…と思わせる」
exclusive 独占的な
manufacturer メーカー *= maker
impose ~ ～を課す
ensure 確実にする
justify such appointment (独占販売店への) 指名の合理性を裏付ける *justify「正当化する、弁明する」
agent 代理店 [人] *メーカーの代理で製品を販売する形態で、在庫を抱えるリスクはないが、販売手数料という形でしか利益は得られない
independent contractor 独立 (販売) 契約者 [請負業者] *↔代理人 (agent)
for one's own account 自社勘定で *売買による損得がその人に帰属すること
in one's own name 自社名義で
step back 距離をおいて考える
guarantee [gæ̀rəntíː] 保証する
sum up ~ ～を要約する
definite plan 確定した計画
tentative proposal 暫定的提案、たたき台
in the event ~ ～の場合には
predetermined amount 所定の数量

Chapter 5　交渉で使う言い回し

259

Lesson 39

Focus　合意への道筋を探る

> **Key Phrase**
>
> **Can you give me an idea of how you plan to meet your minimum purchase requirements?**
> 最低購入義務の履行に向けての計画がどんなものかを聞かせていただけませんか。

　交渉して合意に至るためには、質問と返答を重ね、合意の障害となっているものを明らかにしていく必要があります。そのための言い回しを見ていきましょう。

❶ 個別の事項について質問する

Can you give me an idea of your delivery schedule?
（納品のスケジュールがどうなるのか説明してくれませんか）

※Can you explain your delivery schedule?とも言えますが、explainをgive me an idea of で婉曲に表現している分、丁寧さが増しています。

相手がどのように進めるつもりか尋ねたいときには、次のように〈Could you tell me how you plan to ~?〉の形がよく使われます。Would you ~? の形は、本質が命令文なので、こういう場合は使いません。

Could you tell me how you plan to land a commitment from the TV shopping channel?
（テレビ通販業者からどうやって発注の約束をとりつけるおつもりか聞かせていただけますか）
■ land a commitment「発注の約束をとりつける」　channel「ルート、経路」

❷ 相手の質問に対応する

A: Do you really think you can guarantee next-day delivery?

B: Let me reassure you on that point. We have the full support of the nation's best logistics operator.
（A：本当に翌日配送を約束できるんですか。　B：その点は請け合います。わが国でトップの物流業者が全面的に支援してくれています）
■ guarantee「保証する」　reassure「改めて請け合う」　logistics operator「物流業者」

A: How important is the delivery schedule?

B: That'd depend on various factors.
（A：納品のスケジュールはどの程度重要なのでしょうか。　B：条件によりますね）

※「条件次第です（That depends.）」ではなく、「~はとても重要です」と答えるのであれば、It's vital that ~.を使い、It's vital that we receive the parts and components on time.（期限どおりにパーツや部品を受け取るのは必須条件です）などと言います。

❸ 両者にとっての障害［対立点］を明確にする

Let's analyze the situation and get to the problem.
（状況を分析し、問題点を把握しましょう）■ get to ~「~に入っていく」

※この場合、Let's take a closer look at the problem.と言っても意味は同じです。

What **exactly** is the underlying problem **here?**
(ここで**根底にある問題点は正確には何なのでしょうか**) ■ underlying「下に横たわる、潜在する」

❹ 自分たちにとって何が問題かを伝える

The main obstacle to progress **at the moment is the burdensome reporting requirement.**
(現時点で**進展を妨げている最大の要因は**、負担の大きい報告義務ですね)
■ obstacle「障害」 burdensome「とても重い、やっかいな」 reporting requirement「報告要請」

The main thing that bothers us seems to be **the minimum purchase obligation.**
(私どもにとって大きな障害になっているのは、どうやら最低購入義務のようです)
■ bother「悩ませる」 minimum purchase obligation「最低購入義務」＊ LESSON 36 などで見た minimum purchase requirement と同意
※be動詞 ではなく seem(s) to be にすることで、控えめな感じが強調されています。

MORE

117

単刀直入に論点に入りたいときの言い回し

話が堂々めぐりになったり、なかなか核心に到達しなかったりする場合によく使われる決まり文句です。

● **問題点を絞る**

Now, let's focus on **two areas of mutual interest.**
(では、互いに関心のある 2 分野に**話を絞りましょう**)
※focus on ~「~に関心を集中する」の部分はspotlightやzero in onといったインフォーマルな言い方で置き換えることもできます。

● **核心に入る**

Let's get to the heart [crux] of **the matter.**
(問題の核心に入りましょう) ■ heart/crux「核心」

Let's cut straight through to **the core of the issue.**
(単刀直入に問題の本質部分を取り上げましょう)
■ cut through to ~「~にまで切り込む」 core「核心」＊ heart/crux と同意
※Let's cut to the chase.「要点に行きましょう（chase「追求物」）」という言い方もよく聞きますが、インフォーマルな言い方です。

● **無駄な議論を避ける**

Let's not beat around [about] the bush.
(二次的問題に時間をかけるのはやめませんか)
■ beat around [about] the bush「遠回しに言う、要点に触れるのを避ける」
※次のように既出のthe crux of the matterの前置きとして使うこともできます。
　Let's not beat around the bush and discuss the crux of the matter.

Lesson 40 ▶ 合意への障害を取り除く ②

Getting a Clearer Picture

118 🔊

This is a continuation of the previous dialog. This time, the talks between the representatives of XYZ Trading and Global Widgets are focused on the issue of currency fluctuation.

Niki: Now we only need to clear up a couple of minor details. Firstly, I find that the wording of the exchange rate variation clause is a touch too vague.

Roberts: Vague? It's been a part of our standard terms and conditions over the years and it's never been questioned.

N: Be that as it may, there is some room for clarification.

Kent: May I ask what makes you think so?

N: We both know that this provision is primarily for your protection. But at the same time, it serves as a warning to us of possible price adjustments. However, seen from this angle, the current wording is not sufficient to ensure price predictability.

R: I see. What's the exchange rate you have in mind?

N: I'm not asking you to specify an exchange rate that I may hold you to.

K: Oh, I was absolutely mistaken then. What is it then, may I ask, that you suggest?

N: Right. The clause in question simply states that prices are subject to exchange rate fluctuations, but doesn't tell us exactly what kind of fluctuation triggers a price adjustment. So I'd like to suggest that the prices be reviewed if the exchange rate deviates more than plus or minus, say, 5 % from a predetermined level.

R: Interesting.

K: It certainly deserves some careful consideration.

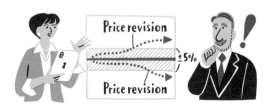

Translation

前回の続きです。今回のXYZ商事とグローバル・ウィジッツの代表者の会談は、為替相場の変動の問題が焦点となっています。

仁木：さて、あとは何点か細かな問題を片づければいいだけですね。まず最初にですが、為替変動調整条項の文言がやや不明確と感じています。

ロバーツ：不明確ですか。もう何年も私どもの標準約款の一部として使われ、この間、一度も問題視されたことはないのですが。

仁木：それはそうかもしれませんが、もう少し明確にする余地はあるはずです。

ケント：どうしてそのようにお考えになるのかを聞かせていただけますか。

仁木：この条項の定めが主として御社の利益を保護するためのものであることは、互いにわかっていることです。ただ、同時に、私どもにとっても、価格調整がありうることを予告する役目も果たしています。ところが、この視点から見た場合、現在の文言では価格を予測可能なものにするには不十分です。

ロバーツ：なるほど。為替レートとしてはどの水準をお考えですか。

仁木：事前にレートを決めて、それを守っていただきたいというわけではありません。

ケント：そうでしたか、完全に誤解していました。となると、どういったことをお考えなのか聞かせていただけますか。

仁木：ええ。問題の条項は単に為替変動があれば価格が変更されうると定めているだけで、具体的にどういった変動があると価格調整があるのかはわかりません。そこで、ご提案申し上げたいのは、所定の水準からたとえばプラス・マイナス5パーセントを超えて動いたら価格を見直すという方式です。

ロバーツ：なかなかいいですね。

ケント：たしかに十分検討する価値はありますね。

Vocabulary

be focused on ~　～に焦点が当てられる

currency fluctuation　為替相場の変動 ＊currency「通貨」

minor details　細かなこと

wording　文言

exchange rate variation clause　為替変動（調整）条項 ＊exchange rate「為替相場［レート］」、variation「変動（= fluctuation）」

vague [véig]　あいまいな

standard terms and conditions　標準約款 ＊terms and conditions「契約条件、約款」

be that as it may　そうかもしれませんが、それはともかく ＊口語

room for ~　～の余地

clarification　明確化

provision　条項、定め ＊clause の同意語。clause は、条項を独立した項目という外形から捉え、provision は provide「規定する」を基に条項の内容を捉える

serve as ~　～の役割を果たす

warning　警告、注意

possible　ありうる

price adjustment　価格調整

ensure ~　～を確実にする、確保する

price predictability　価格の予測可能性 ＊predict「予測する」

specify ~　～を具体的に指定する

hold ~ to ...　～に…を守らせる ＊この場合 hold you to the exchange rate

state　述べる、決める

be subject to ~　～を被る可能性がある

exchange rate fluctuations　為替変動 ＊fluctuate「変動する」

trigger ~　～の引き金［きっかけ］となる

suggest　提案する ＊suggest that the prices should be ~ の should は米語では省略される

deviate　離れる、逸脱する

predetermined level　所定の水準

deserve ~　～を受けるに値する

Lesson 40

Key Phrase

May I ask what makes you think so?
どうしてそのようにお考えになるのかを聞かせていただけますか。

　合意の前段階で相手の話の内容が不十分だったり、わかりにくいと感じられたりする場合は、そのままにせず、状況をよりはっきりさせる必要があります。その際は、以下のような質問をよく用います。

❶ どこに重点を置いているかを尋ねる

A: What emphasis do you place on the issue of recyclable parts?
B: It's our top priority.
（A：リサイクル可能部品の問題にはどの程度重点を置いていますか。　B：最重点項目です）
■ place emphasis on ～「～に重点を置く」　priority「優先事項」

Would it be correct to say that you place emphasis on recyclable parts?
（御社は、リサイクル可能部品に重点を置かれていると言ってもよろしいでしょうか）

話の流れから、こう言えるのかもしれないという根拠があるときの尋ね方です。

❷ 根拠を確かめる

表現をやわらげるために、次のような May I ask や Could you tell me のあとに間接疑問文を置く形に慣れておきましょう。

May I ask what your basis of calculation is?
（計算の根拠をうかがってもよろしいですか）

Could you tell me where this January figure comes from?
（この１月の数値の出所がどこかうかがってもよろしいですか）

元の疑問文は、それぞれ What is your basis of calculation?、Where does this January figure come from? です。

❸ 相手の前提条件を確かめる

When you say "North America," does that include Mexico?
（「北米」とおっしゃる場合、メキシコも含まれているのでしょうか）

That means Mexico is also included. と決めつける感じの確認の仕方に比べて、かなり丁寧な感じのする尋ね方です。

When you say "enhanced efficiency," do you mean you can stock more of what's hot?
（「効率の向上」とおっしゃいますが、売れ筋商品の在庫をもっと増やせるということでよろしいのでしょうか）　■ enhance「高める、促進する」　efficiency「効率」　what's hot「よく売れる商品、売れ筋商品」

❹おおよその数字を尋ねる

Roughly, what is the production capacity of your operation in Taiwan?
（ざっと言って御社の台湾での生産能力はどのくらいですか）
■ production capacity「生産［製造］能力」

出だしの Roughly や Approximately がポイントになります。

Approximately, how many shipments do you make per week?
（おおよそのところ、1週当たりの出荷回数はどのくらいですか）

この種の質問に対して正面から答えにくい場合は、That depends on a number of factors.（いくつかの要因がどう絡むかによります）が便利です。

MORE

副詞を活用したコミュニケーション・テクニック

120

自分がどういう姿勢で臨もうとしているかを交渉相手に伝えたり、コミュニケーションの効果を高めたりするために、以下の副詞がよく使われます。

●「当然のことながら…」 Naturally, ...

Naturally, I'm curious to know where the figures come from.
（当然のことながら、こういった数値の出所がどこなのか知りたいと思います）
■ curious「知りたい」 figure「数字、数量」

●「（異論もあるでしょうが）おそらく…、あえて申し上げると」 Arguably, ...

Arguably, our products offer the best value on the market.
（おそらく、弊社の製品は現在の市場で一番お得なのではないでしょうか）
■ arguably [ɑ́ːgjuəbli]「ほぼ間違いなく」＊ argue「議論する、主張する」
※arguablyは最上級の形容詞とセットで使われ、「異論もあるでしょうが、あえて申し上げると」という感じで使われます。その点、probablyと異なります。

●「一般的に…、たいていは」 Typically, ...

Typically, these products offer a higher margin to the dealer.（一般的に、この種の製品は販売店に大きな利幅をもたらします）
■ typically [típikəli]「通常は」＊ typical「典型的な」 margin「利幅」
※「一般的に」はgenerallyでも表しますが、特定の事柄を念頭に「通常そういう性質がある」と言いたいときは、よくtypicallyを使います。usually、regularlyに近い言葉です。

●「意外なことに…」 Surprisingly, ...

Surprisingly, this product is not available in Small or Extra-large.（意外にも、この製品にはSサイズまたはLLサイズがありません）

●「驚くまでもありませんが…」 Not surprisingly, ...

Not surprisingly, these early products did not gain consumer acceptance.
（驚くまでもありませんが、こういった初期の製品は消費者に受け入れられませんでした）

Chapter 5 交渉で使う言い回し

Focus　空欄を埋めて話してみよう

合意への道筋を探る／合意に向けた詰めの確認

---

1. ❶ 納品のスケジュールがどうなるのか説明してくれませんか。

116
🔊

C__ y_ g__ m_ a_ i__ o_ y__ d_____ s_____?

---

2. テレビ通販業者からどうやって発注の約束をとりつけるおつもりか聞かせていただけますか。

C____ y__ t_ m_ h__ y_ p__ t_ l___ a

c_____ f___ t_ T_ s_____ c_____?

---

3. ❷ A：本当に翌日配送を約束できるんですか。
B：その点は請け合います。わが国でトップの物流業者が全面的に支援してくれます。

A: D_ y__ r___ t___ y_ c_ g_____ n__-d__
d_____?
B: L_ m_ r_____ y_ o_ t__ p___. W_ h__ t__
f_ s_____ o_ t_ n____ b__ l____ o_____.

---

4. A：納品のスケジュールはどの程度重要なのでしょうか。B：条件によりますね。

A: H__ i_____ i_ t_ d_____ s_____?
B: T____ d_____ o_ v_____ f____.

---

5. ❸ 状況を分析し、問題点を把握しましょう。

L__ a_____ t_ s_____ a_ g_ t_ t_ p_____.

---

6. ❹ 現時点で進展を妨げている最大の要因は、負担の多い報告業務ですね。

T_ m__ o_____ t_ p_____ a_ t_ m_____ i_ t__
b_____ r_____ r_____.

---

7. MORE では互いに関心のある 2 分野に話を絞りましょう。

(117) 🔊

N__, l__f____ o_t__a____ o_m____ i_____.

8. 問題の核心に入りましょう。

L___ g_t_t__h____ [c___] o_t__ m____.

9. ❶ 御社は、リサイクル可能部品に重点が置かれていると言ってもよろしいでしょうか。

W____ i_b_c_____ t_s_t__y_p___e_____
o_ r_____ p___?

10. ❷ 計算の根拠をうかがってもよろしいですか。

M__ I a__ w___ y___ b___ o_c_____ i_?

11. この 1 月の数値の出所がどこかうかがってもよろしいですか。

C____ y_t_m_w____t__J_____f____ c____
f___?

12. ❸ 「効率の向上」とおっしゃいますが、売れ筋商品の在庫をもっと増やせるということでよろしいのでしょうか。

W___ y_s_ "e_____ e_____," d_y__m___
y__c__s____m__o_w____h_?

13. ❹ ざっと言って御社の台湾での生産能力はどのくらいですか。

R_____, w__ i_t__p_____ c_____ o_y___
o_____ i_T_____?

14. MORE おそらく、弊社の製品は現在の市場で一番お得なのではないでしょうか。

(120) 🔊

A_____, o__p_____ o___t__b__ v____ o_t__
m____.

DIALOG 音声を聴き取ろう

115

Finding Points of Disagreement

XYZ Trading plans to import and market Global Widgets' products.
Asako Niki of XYZ Trading is negotiating a distributorship agreement
with representatives from Global Widgets, Dana Roberts and Betty Kent.

Roberts: Can you ____ ___ an ___ of how you plan to ____
your _____ _____ ___ _____?

Niki: Minimum purchase requirements? We're _____ to ___ _ your
_____, but we'd prefer not to _____ _____ to that _____.

R: Sorry, I ____ ____ ____ to _____ _ your comment. I ___ ____ __
_____ that you wanted to enter into an _____
_____ agreement. Needless to say, _____ like us
normally ___ to _____ minimum purchase requirements to
_____ that the distributor _____ such _____.

Kent: Can I once again ____ ___ that you agree to _____ our
products as a _____? — not as an ____, I mean. In other
words, you're _____ to act as an _____ _____
selling our products __ ___ ___ _____ and __ ___ ___ ____,
aren't you?

N: I know the _____ _____ an independent contractor and an
agent.

R: Okay, let's ___ ____ and see _____ __ __. You're _____ __ enter
into a distributorship agreement, but not _____ __ to _____
minimum purchase. Am I right? Or am I ___ _____ something?

N: I think that ____ it __ quite well. We haven't made any _____
____, but here's the way we're _____. Think of it as a _____
_____. We _____ ___ ___ __ a non-exclusive distributor __
the _____ that you may subsequently _____ us __ an
exclusive distributor __ the _____ we manage to purchase and
_____ a _____ _____.

K: _____ realistic enough. It should ____ for both of us.

Getting a Clearer Picture

This is a continuation of the previous dialog. This time, the talks between the representatives of XYZ Trading and Global Widgets are focused on the issue of currency fluctuation.

Niki: Now we only need to ____ __ a couple of _____ _____. Firstly, I find that the _____ of the _____ ___ _____ _____ is a touch too _____.

Roberts: Vague? It's been a part of our _____ ____ ___ _____ over the years and it's never been _____.

N: __ ____ as it ___, there is some ____ __ _____.

Kent: May I ask ____ _____ you ____ so?

N: We both know that this _____ is _____ for your _____. But at the same time, it _____ __ a _____ to us of _____ ____ _____. However, ____ from this angle, the current _____ is not sufficient to _____ ____ _____.

R: I see. What's the _____ ___ you have __ ____?

N: I'm not _____ you to _____ an exchange rate that I may ____ you __.

K: Oh, I was _____ _____ then. _____ __ _ then, may I ask, ___ ___ _____?

N: Right. The _____ in _____ simply _____ that prices are _____ __ exchange rate _____, but doesn't tell us exactly ____ ____ __ fluctuation _____ a ____ _____. So I'd like to _____ that the prices be _____ if the exchange rate _____ more than plus or minus, say, 5 % from a _____ ____.

R: Interesting.

K: It certainly _____ some _____ _____.

Lesson 41 ▶ 妥結点を見いだす ①

Bargaining for a Deal

121 🔊

Jodie Powers of American Widgets is negotiating a joint venture agreement with Fred Cross and Rie Ito of Global Partners.

Powers: So, welcome back to what I hope will be our final session. We haven't gotten as far as we'd hoped, but even so, we've made good progress.

Cross: Yes, we're doing fine, on the whole.

P: Let me run through the main points we've agreed on. We've covered contribution of partners; the scope of the joint venture's business; territorial limitations for the venture; and profit distribution, or dividend policy. **This means that if we reach an agreement on board representation and funding, then we have a deal.** We're almost there, aren't we? Is that an accurate summary?

C: That's fine. As for board representation, I don't see why we shouldn't have equal say in management decisions as well as an equal number of seats on the Board. We are, after all, 50-50 partners in the venture.

P: How do you break a tie when the voting is even? The proposed decision-making process can be frustrating at best and is destined for a stalemate at worst.

Ito: We both want to ensure that neither side can arbitrarily kill key decisions. Why don't we include a supermajority voting provision in the articles of incorporation or the board's rules?

P: Now, that's a thought. It certainly sounds effective.

C: So board resolutions would require a two-thirds vote, rather than a simple majority.

P: I can go along with that unless our legal departments throw some technicalities our way.

I: Sounds fair enough. I have no objections.

C: Neither do I.

·····o **DIALOG** 駆け引きをする

Translation

アメリカ・ウィジッツのジョディー・パワーズは、グローバル・パートナーズのフレッド・クロス、伊藤理絵と、合弁事業契約の交渉を行っています。

パワーズ： またご足労いただき、ありがとうございます。今回で最後のセッションになればいいとは思っているのですが、期待したほどではありませんが、とはいえ、まずまずの進捗なのではないでしょうか。

クロス： ええ、まずまずではないでしょうか、全体として。

パワーズ： これまでの主な合意点をざっと振り返っておきましょう。パートナーの出資、合弁事業の範囲、事業の適用地域、利益分配ないし配当政策でしたね。つまりは、派遣役員の比率や資金調達について合意が調えば、話はまとまるということです。あと一歩ではないでしょうか。まとめとして問題はありませんか。

クロス： それで結構です。派遣役員の構成比の件ですが、経営上の意思決定において平等で、取締役会に占める取締役員数においても同数ということでよろしいのではないでしょうか。この事業は、結局のところ折半出資のパートナーですし。

パワーズ： 投票が可否同数となった場合の打開策はどうしますか。ご提案の意思決定方式だと、うまくいってももどかしく感じられるでしょうし、悪くすると、手詰まり必至ということになるでしょう。

伊藤： 一方の当事者の勝手な思惑で重要な決定が葬り去られることのないようにしたいというのは、共通の思いでしょう。定款または取締役会規則に、議決に際しての特別多数決の定めを盛り込んではどうでしょうか。

パワーズ： ああ、それはいい考えですね。なるほど効果的な感じがします。

クロス： となると、取締役会決議は、3分の2の多数を要する、つまり、過半数では足りないということでよろしいですね。

パワーズ： 私は賛成です。ただし、両社の法務部がこのやり方に専門的な見地から問題点ありとしなければの話ですが。

伊藤： 妥当なところじゃないでしょうか。異存はありません。

クロス： 私も異存はありません。

Vocabulary

joint venture 合弁事業
welcome back to ~ また~にようこそ ＊welcome は間投詞
session 会議
run through ~ ～を振り返る
contribution 出資、貢献
scope 範囲
territorial limitation 契約の適用地域
profit distribution 利益分配
dividend policy 配当金政策（出資者への見返りである配当に関する基本方針）
board representation 取締役会に送り込まれる役員（の比率）→派遣役員比率 ＊representation「代表者、代表派遣」
funding 資金調達
have a deal 話がまとまる
be [get] there 成し遂げる
I don't see why we shouldn't ~. われわれは~したほうがいいと思います。
equal say in ~ ～における平等な発言権 ＊say「発言権、決定権」
management decision 経営陣の意思決定
the Board 取締役会、役員会
50-50 持ち分が等しい、互角の
break a tie 可否同数を打破する
even 同数
decision-making process 意思決定過程
be destined for ~ ～の運命にある
stalemate 手詰まり、行き詰まり
arbitrarily 恣意的に ＊arbitrate「裁定する」
supermajority voting 過半数より多数を必要とする多数決、特別多数決
articles of incorporation 定款 ＊会社の憲法に当たるもの
board's rules 取締役会規則
That's a thought. それはいい考えだ。
simple majority 単純多数決 ＊過半数で決める方法
go along with ~ ～（人・考え）に賛成する
throw ~ (in) one's way …の行く手に［じゃまになるように］～を投じる
technicalities 専門的な［細かい］問題
fair enough まずまず、妥当な
objection 異議、異存

Lesson 41

Focus　落とし所を探る

Key Phrase

This means that if we reach an agreement on board representation and funding, then we have a deal.
つまりは、派遣役員の比率や資金調達について合意が調えば、話はまとまるということです。

交渉の終盤で落とし所を探っていくに当たって、「こうなればああなる」と互いに仮定の例を示しながら、歩み寄りを図る作業は不可欠です。

❶ 問題の所在を確認する

The only outstanding point is the issue of the upfront royalty payment.
（最後に唯一残っている点は、ロイヤルティーの前払いだけですね）
■ outstanding「未解決の」　upfront payment「前払い」 * upfront「前金の」　royalty「使用料」

I like what I see. The only thing left is that we need more space on the payment schedule.
（条件には満足しています。ただ、**唯一残っている点として、支払期間をもう少し延ばしてもらいたいのです**）■ more space on the payment schedule「支払いスケジュールの余裕」

❷ この条件であれば合意できるという場合

If you agree to review the minimum purchase quantity in 10 months' time, I think we have an agreement.
（10 カ月後に最低購入数量を見直していただけるのであれば、**合意は調うかと思います**）
■ minimum purchase quantity「最低購入数量」

If you're prepared to cut your prices by another 3%, I think we have a deal.
（もう 3 パーセント価格を引き下げて**くださるお気持ちがあれば、話はまとまります**）
■ be prepared to ~「~する用意ができている」　cut the price「値引きする」 * = reduce the price/discount

❸ この条件であれば合意の可能性が高いという場合

主節を〈will＋動詞〉の形にすると、動詞の現在形より可能性が落ちます。

If you order more than one thousand units, we'll give you an additional 5% discount.
（1000 個を超える**発注をしてくだされば**、さらに 5 パーセントの値引き**をさせていただきましょう**）
■ give ~ discount「~に対して値引きをする」

If you give us a 4% discount, we'll sign the contract.
（4 パーセントの値引きを**認めてくだされば**、私どもも契約に**調印できるでしょう**）
■ contract「契約（書）」 * = agreement

❹ 合意の可能性は五分五分と考えられる場合の条件提示

What if I promised you an initial purchase of 1,000 units?
（仮に当初、1000 個買い付けると約束したらどうでしょう）■ what if ~「~としたらどうだろう」

What would you say if we made an advance commitment to buy 1,000 units?
（仮に私どもが、1000 個買うという約束をあらかじめしたとすると、どうでしょうね）
■ advance commitment to ~「~するというあらかじめの約束」

条件を提示する if 節中の動詞を過去形にすることで、話し手が、仮定のシナリオの実現性を五分五分程度と、そうは高くないと考えていることを表します。

MORE

交渉の進展とともに if 構文を使い分ける

123 🔊

交渉の進展とともに仮定の度合いが変わると、表現も変わってきます。

● 合意の可能性が（五分五分より）低い段階

If you'd agree to a minimum purchase of 300 units per month, we might offer you an additional discount.
（あくまで仮定の話ですが、1 カ月当たり少なくとも 300 個買い付けることに同意してくださるのであれば、さらに値引きをすることも可能ではあります）

上の文は、if 節で would ['d] を、また主節でも might を使っており、総じて可能性の低い仮定法の文です。

● 合意の可能性が5割以上になった段階

If you agreed to a minimum purchase of 300 units per month, we'd offer you an additional discount.
（仮に 1 カ月当たり少なくとも 300 個買い付けることに同意してくださるのであれば、さらに値引きをすることも可能になります）

上の文は、if 節が前項の would agree から agreed（過去形）になっている分、可能性が高まっています。下の文では、if 節が agree（現在形）、主節が will offer で、前文の agreed（過去形）/would offer の形に比べると可能性が高い文です。

If you agree to a minimum purchase of 300 units per month, we'll offer you an additional discount.
（1 カ月当たり少なくとも 300 個の買い付けに同意してくだされば、さらに値引きいたします）

● ほぼ合意が見えてきた段階

if 節の agree も主節の offer も現在形で、「可能性」ではなく、こうすればああなるという「条件」を表す文になっています。

If you agree to a minimum purchase of 300 units per month, we offer you an additional discount.
（1 カ月当たり少なくとも 300 個の買い付けにご同意いただければ、さらに値引きいたします）

Lesson 42 ▶ 妥協点を見いだす ②

Settling and Closing

124 🔊

This is a continuation of the previous session. Powers, Ito and Cross have finally reached an agreement.

Powers: Now, the only outstanding issue is funding, or strictly speaking, confirmation of our initial financing plans.

Ito: As agreed, Global Partners makes a cash contribution of 10 million dollars and American Widgets makes a cash contribution of 8 million dollars and an in-kind contribution with a value of 2 million dollars.

P: That's right. And we've arranged for a credit facility with XYZ Bank that provides for borrowings of up to 3 million dollars. In this connection, we act as joint guarantor for the facility and undertake joint and several liability under the guaranty.

Cross: And it was agreed that in the event we need more capital to expand, we'll seek debt financing, not equity financing, because it's our policy not to give away too much equity in round one of the funding process.

I: The underlying reason, of course, being that if you give away too much equity now, there will be nothing left for the next round.

P: We're all set now?

C: Yes. I think that just about covers it.

I: I think we've covered everything, indeed.

P: I'll send a written summary of our agreement within a couple of days. If the summary looks okay, we'll proceed to having our lawyers prepare an appropriate agreement.

C: Fine. We look forward to hearing from you.

P: I'd like to thank you all for coming. I hope we both got the deal we wanted.
Good-bye, then.

I: I think we did. Good-bye, Ms. Powers.

Translation

前回のセッションの続きです。パワーズ、伊藤、クロスはついに交渉の合意に至ります。

パワーズ： さて、最後に残っているのは、資金調達、正確に言えば、当初の資金計画の確認です。

伊藤： 合意したとおり、グローバル・パートナーズは現金にて 1000 万ドル出資し、アメリカン・ウィジッツは現金にて 800 万ドル出資する一方、評価額 200 万ドルの現物出資を行います。

パワーズ： そのとおりです。そして、XYZ 銀行による融資枠を確保してあり、300 万ドルまで借りられるようになっています。これに付帯して、御社と弊社はこの融資については、共同保証人となり、保証契約に基付く連帯責任を負います。

クロス： そして事業拡大のために資本が必要となった場合、株式を発行する形式の資金調達でなく、借り入れによる資金調達でいくという点についても合意しましたね。資金調達の最初のラウンドでは、むやみに出資持ち分を分けてしまわないようにするという私どもの基本方針ですから。

伊藤： 根底にある理由は、当然のことながら、今の段階であまり出資持ち分を分けてしまうと、次のラウンドで分けられるものがなくなってしまうからです。

パワーズ： こんなところでよろしいでしょうか。

クロス： ええ、そんなところでしょう。

伊藤： 私も、実際すべてカバーしたと思いますよ。

パワーズ： それでは、2、3 日のうちに合意のあらましを書面にまとめてお届けします。その内容に問題がないようでしたら、次は、弁護士たちに然るべき契約書にしてもらう作業です。

クロス： 結構です。ご連絡をお待ちします。

パワーズ： このたびはお越しくださり、ありがとうございました。双方が満足できる契約内容になったかと思います。それでは、これで失礼します。

伊藤： 私はうまくいったと感じています。それでは、パワーズさん、これで。

Vocabulary

reach an agreement 合意に達する
outstanding issue 未解決の論点 * outstanding は「際立った」のほか「未解決の、未処理の」の意味も持つ
funding 資金調達
initial 初期の、当初の
financing plans 資金計画 * financing「資金調達」(= funding)
cash contribution 現金による出資 *contribution「出資、寄与」
in-kind contribution 現物出資 * 金銭以外のノウハウや労務を提供する形式の出資
credit facility 融資枠、借り入れ枠 *facility は一般には「施設」の意味だが、ここでは「融資枠、借入金」
provide for ~ ～に備える、～を考慮に入れる
borrowings 借り入れ金、借用金
up to ~ ～までの
joint guarantor 共同保証人 * guarantor [gǽrəntɚr]
undertake 引き受ける
joint and several liability 連帯責任 *liability「(法的) 責任」
guaranty [gǽrənti] 保証契約
capital 資本、元手、出資金
expand (事業を) 拡大する
debt financing 借り入れによる資金調達 *debt [dét]「借金」
equity financing 株式の発行による資金調達 *equity「株式」
give away 分かち与える
equity 株式→出資持ち分
round one 最初のラウンド *round はここでは「(株主募集の) 回」を表す
underlying 根底にある
We're all set now? 準備完了しましたか。よろしいですか。 * all set「すっかり用意ができて」
just about ほぼ、まずまず
cover ～を扱う、取り上げる、カバーする
written summary 書面による「あらまし」
proceed to ~ ～に進む *move on to ~

Lesson 42

Key Phrase

Now, the only outstanding issue is funding, or strictly speaking, confirmation of our initial financing plans.

さて、最後に残っているのは、資金調達、正確に言えば、当初の資金計画の確認です。

　交渉も大詰めに入ると、合意内容を確認したり、次回の予定を話したりすることになります。こうした場面でよく使う言い回しを見ていきましょう。

❶ 決着したこと、未決着のことを確認する

So, let's just summarize what we've agreed **today. You're going to look into additional discounts and we're going to see if we can accelerate payment. Have I covered everything?**
（それでは、本日の合意点をまとめておきましょう。御社がさらなる値引きを検討し、弊社は支払の前倒しができるかを考えるということでしたね。これで全部でしょうか）

I'm afraid we've not come to an agreement about the payment terms.（残念ながら、支払条件については合意に至っておりません）

Key Phrase の The only outstanding issue is ~ も未決着のことを確認する表現です。

❷ 次回の予定を確認する

As the question of payment terms remains to be clarified, perhaps we can arrange another meeting to discuss this point.
（支払条件がまだ残っていますので、この点を検討するため、再度、話し合いの場をもつということでいかがでしょうか）

So, we'll meet again on August 4 and by that time, you'll have obtained the export permits.
（それでは、次回は8月4日に集まり、それまでに御社は輸出許可を取得してくださるということですね）

❸ 契約書の話をする

As agreed, we'll draw up a draft agreement and send it to you for review.
（合意に基づき、契約書案を作成し、ご検討いただくためにお送りします）

As soon as we get board approval, we'll put the agreement in writing.（取締役会の承認が得られ次第、契約を書面にします）

❹ 終わりを告げる

It's been a pleasure doing business with you. Thank you for having us here.（お話ができて、うれしく思っています。お邪魔いたしました）

上の文は、相手の所に出向いて交渉に臨んでいたときに使う言い回しです。
相手を招いた場合は、次のように言います。

So, it only remains for me to thank you for coming over. It's been a productive meeting.
（最後に、わざわざお越しいただきありがとうございました。大変有意義な話し合いができました）
■ productive meeting「有意義な会議」

MORE

交渉が不調に終わった場合の言い回し

126

交渉が不調に終わった場合でも、次のチャンスにつながる可能性を考える必要があります。交渉をおだやかに着地させる表現も身につけましょう。

● **とりあえず交渉を打ち切る**

It's clear that we're going nowhere with this.
（続けても意味がないのは、はっきりしています）
■ We're going nowhere with this. = This takes us nowhere.「らちがあかない」

It's clear that there's no point in continuing the talks.
（話し合いを続けても意味がないのは、はっきりしています）
■ There's no point in ~ing「〜してもむだだ」

次のように、おだやかに交渉を打ち切る理由を述べることもできます。

We're far apart on the basic issues as they stand right now. I don't see an end to this coming anytime soon.
（今のままでは、基本的な問題の見方が互いに大きく隔たっています。じきに決着がつく問題のようにも思えません）
■ as they stand「現状では」　see an end coming「終わりが来るのを見る→決着がつく」

上のように言ってから、次のように続けます。

Let's break off the talks.（話し合いをいったん打ち切りましょう）

Let's call it quits.（とりあえずこれまでとしましょう）
※ call it quits「今日のところはこれまでとする（quits〈形〉「貸し借りのない」）」はcall it a day（本日はこれまで）と同じく、インフォーマルな表現です。

● **後日に備えてポジティブな姿勢を見せる**

交渉再開への道が残されているなら、次のようにフォローすることができます。

But let's continue looking at ways to bridge the gap.
（とはいえ、隔たりを埋める方法がないかを引き続き模索していきましょう）

Perhaps now is not the right time to talk about these things. Why don't we reopen the talks when the timing is right?
（今はこのことを話し合う時機ではないのでしょう。ふさわしい時機が訪れたときに、話し合いを再開しませんか）

発音も確認
してみよう

Focus　　空欄を埋めて話してみよう

落とし所を探る／交渉を締めくくる

---

1. ❶ 最後に唯一残っている点は、ロイヤルティーの前払いだけですね。

   T__o__o_____ p___i_t_i___o_t__u_____
   r_____p_____.

   122 🔊

2. 　条件には満足しています。ただ、唯一残っている点として、支払期間を
   もう少し延ばしてもらいたいのです。

   I l__ w__ I s_ . T__o__t___ l_ i t__ w_ n___
   m___ s____ o_t__p_____ s_____.

---

3. ❷ 10 カ月後に最低購入数量を見直していただけるのであれば、合意は調
   うかと思います。

   I_ y__ a___ t_ r____ t__ m_____ p_____
   q_____ i_ 10 m_____ ' t___ , I t___ w_ h__ a_
   a_____.

---

4. ❸ 1000 個を超える発注をしてくだされば、さらに 5 パーセントの値引き
   をさせていただきましょう。

   I_ y__ o___ m__ t___ o_ t_____ u___ , w__ g__
   y__ a_ a_____ 5% d_____.

---

5. ❹ 仮に私どもが、1000 個買うという約束をあらかじめしたとすると、どう
   でしょうね。

   W__ w____ y__ s_ i_ w_ m___ a_ a_____
   c_____ t_ b__ 1,000 u___?

---

6. ❶ 残念ながら、支払条件については合意に至っておりません。

   I'_ a____ w__ n_ c___ t_ a_ a_____ a___ t__
   p_____ t___.

   125 🔊

---

7. ❷ 支払条件がまだ残っていますので、この点を検討するため、再度、話し合いの場をもつということでいかがでしょうか。

A_ t__ q_____ o_ p_____ t____ r_____ t_ b_
c_____, p_____ w_ c__ a_____ a_____ m_____ t_
d_____ t__ p___.

---

8. ❸ 合意に基づき、契約書案を作成し、ご検討いただくためにお送りします。

A_ a_____, w__ d___ u_ a d___ a_____ a__ s___
i_ t_ y__ f__ r_____.

---

9. ❹ お話ができて、うれしく思っています。お邪魔いたしました。

I_ b__ a p_____ d___ b_____ w__ y__. T____
y__ f__ h_____ us h___.

---

10. MORE 続けても意味がないのははっきりしています。

I_ c___ t__ w__ g____ n_____ w__ t__.

126

---

11. 今のままでは、基本的な問題の見方が互いに大きく隔たっています。

W___ f_ a____ o_ t__ b___ i____ a t___ s____ r___
n___.

---

12. 話し合いをいったん打ち切りましょう。

L__ b____ o_ t_ t___.

---

13. とはいえ、隔たりを埋める方法がないかを引き続き模索していきましょう。

B__ l__ c_____ l_____ a_ w___ t_ b____ t__ g__.

---

14. ふさわしい時機が訪れたときに、話し合いを再開しませんか。

W_ d_ w_ r_____ t_ t__ w___ t_ t_____ i_
r___?

DIALOG 音声を聴き取ろう

121

Bargaining for a Deal

Jodie Powers of American Widgets is negotiating a joint venture agreement with Fred Cross and Rie Ito of Global Partners.

Powers: So, _____ ____ _ what I hope will be our ____ _____.
We haven't gotten __ __ __ ___ _____, but even so, we've _____
good _____.
Cross: Yes, we're doing fine, __ __ _____.
P: Let me ___ _____ the _____ _____ we've agreed on. We've
covered _____ of partners; the _____ of the joint venture's
business; _____ _____ for the venture; and _____
_____, or _____ ____. **This means that if we ____
an _____ on ____ _____ and _____, then we
____ a ___.** We're _____ ____, aren't we? Is that an _____
_____?
C: That's fine. __ __ board representation, I ____ __ ___ we
_____ have _____ __ in _____ _____ as well as an
_____ _____ of seats on __ _____. We are, after all, _____
partners in the venture.
P: How do you _____ a __ when the voting is ___? The proposed
_____ _____ can be _____ at best and is
_____ __ a _____ at worst.
Ito: We both want to _____ that neither side can _____ kill key
decisions. ____ __ include a _____ _____ provision
in the _____ of incorporation or the _____ ____?
P: Now, _____ a _____. It certainly _____ _____.
C: So _____ _____ would require a _____ ____, rather than
a _____.
P: I can __ ____ ___ that unless our legal departments _____ some
_____ __ ___.
I: Sounds ___ _____. I have no _____.
C: _____ __ I.

124

Settling and Closing

This is a continuation of the previous session. Powers, Ito and Cross have finally reached an agreement.

Powers: Now, the only _____ _____ is _____, or _____ _____, confirmation of our _____ _____ ____.

Ito: __ _____, Global Partners makes a ____ contribution of 10 million dollars and American Widgets makes a cash contribution of 8 million dollars and an _____ _____ with a value of 2 _____ _____.

P: That's right. And we've arranged for a _____ _____ with XYZ Bank that _____ __ _____ of __ _ 3 million dollars. In this connection, we act as ____ guarantor for the facility and _____ ____ ___ _____ _____ under the _____.

Cross: And it was agreed that __ ___ _____ we need more _____ to _____, we'll seek ____ _____, not _____ _____, because it's our policy not to ___ ____ too much _____ in _____ ___ of the _____ _____.

I: The _____ reason, of course, being that _ you give away too much equity now, ____ __ be _____ __ for the next round.

P: We're __ __ now?

C: Yes. I think that ___ _____ covers it.

I: I think we've _____ _____, indeed.

P: I'll send a _____ _____ of our _____ within a couple of days. If the summary looks okay, we'll _____ to having our _____ _____ an _____ agreement.

C: Fine. We ____ _____ to _____ ____ you.

P: I'd like to _____ you all __ _____. I hope we both ___ the ____ __ _____.
Good-bye, then.

I: I think __ ___. Good-bye, Ms. Powers.

Chapter 5 　交渉で使う言い回し

Chapter 6

プレゼンテーションで
使う言い回し

The Language of
Presentations

Chapter 6

プレゼンテーションで使う言い回し
The Language of Presentations

内容紹介

　英語でのプレゼンテーションは定型化されており、手順と決まり文句さえ押さえれば、誰でもこなせます。一方聞くほうも、こうした定型的な流れを予想しているので、それに乗せておかないと、いくら内容のいい話でも相手にうまく伝わりません。バーチャルな建物を説明している気持ちで、「全体は3階建てで、1階では…2階では…3階では…を見て参ります。では1階です。ここにあるのは…。以上が1階のあらましです。では2階に上がりましょう…」とこんな形で進めるとうまくいきます。最初と最後にそれがどういう特徴のある建物かを明示し、しっかり「持ち帰って」もらうのもポイントです。

ダイアログ紹介

▶ プレゼンテーション入門 Introduction to Presentations

Lesson 43　プレゼンテーションを理解する　Understanding Presentations

　証券会社での新人研修の場面で、プレゼンテーションをテーマとしたプレゼンが行われています。「何の話なのか」「時間はどのぐらいかかるのか」が冒頭ではっきり示され、プレゼンの典型的な出だしとなっています。

Lesson 44　プレゼンテーションの準備をする　Preparing for Presentations

　前回の続きです。プレゼンの進め方は実に単純明快で、これからこういう話をしますと予告し、実際に話をし、そして、こういう話をしましたとまとめます。プレゼンの要素で一番大事なのは内容を1行で言い表したbottom lineです。

▶ 小規模なプレゼンテーション Presentation for a Small Audience

Lesson 45　会社組織を説明する　Describing Corporate Structures

　プレゼンでは、自社の組織を説明する機会が多くあります。ダイアログは証券会社のケースで、株式部門を equity department、債券部門を fixed income department と称しています。株式は stock、債券は bond といった一般的発想とは異なる表現です。企業の事業部／部署の英文名には業界別の標準的言い方がありますので、調べておく必要があります。

Lesson 46　事業・業務を説明する　Describing a Business

　前回の続きで、自社の事業や業務内容を説明しています。事業内容、創業年、所在地、支店数などの基本的言い方のほか、provide a spectrum of...、our businesses include...、the areas where we excel...、the depth and breadth of our capabilities といった定型句的な言い回しが多用されています。

▶ **大規模なプレゼンテーション①** Presentation for a Large Audience ①

Lesson 47 業績アップを説明する Describing Good Corporate Performance

　アメリカの大手証券会社の株主総会での、会長によるプレゼンを基に作成しています。「記録的な純利益を計上」「過去2番目にいい数字」など、日本企業の決算発表でもよく耳にする、業績アップをアピールする表現が英語で次々に繰り出されています。総収益、純利益といった、業績発表に際してよく使われる用語に英語で慣れていきましょう。

Lesson 48 業績ダウンを報告する Describing Disappointing Corporate Performance

　このダイアログは、エンロン事件（米国エネルギー大手のエンロン社が、経営陣の指示で巨額の粉飾決算を行い、経営破綻した事件）を素材にしています（売上の前倒し計上はエンロンと関係なく、不正な会計処理としてよくある例です）。ややレベルが高くなりますが、後半に出てくる fiduciary duty「受託者責任」や conflict of interest「利益相反」は経営者の責任が問われる場面で頻出する言葉なので、押さえておく必要があります。

▶ **大規模なプレゼンテーション②** Presentation for a Large Audience ②

Lesson 49 業績変化の幅を伝える Describing Degree of Change in Company Performance

　投資銀行での M&A（合併・買収）についての研修です。自社の長期戦略に立って買収対象候補を選定し、対象企業の業務を分析し、投資方針を決め、企業価値を算定するという一般的枠組みを示し、その後具体例を挙げるというオーソドックスな展開です。業績が大幅低下した企業が、企業買収で業績の回復を図ろうとした例が紹介されています。

Lesson 50 実例を盛り込む Presenting a Real-Life Example

　前回の続きで、ここでは企業合併の失敗例がテーマとなっています。ダイアログでは、質問を受けたロングが、The question is, Why...と、自分で答えやすいように質問自体を再構成していますが、これは余裕を持って質問に答えるための重要なテクニックです。また明確に理解したい場合、Could you elaborate on that? と質問することもよくあります。

▶ **プロフェッショナルなプレゼンテーション** Presentation by a Professional

Lesson 51 顧客向けのプレゼンテーション① Presentation for a Company's Clients ①

　証券会社の投資家セミナーで実際に行われた、エコノミストによるプレゼンを素材にしています。あいさつに続いてプレゼンの目的を説明し、さらに所要時間の説明をからめて、そのプレゼンを聞き終えるとどういうメリットがあるのかと売り込んでから、プレゼンの構成を説明している点、まさにセオリーどおりの切り出し方です。

Lesson 52 顧客向けのプレゼンテーション② Presentation for a Company's Clients ②

　前回の続きで、7つの経済指標の話が行われます。7つ目の指標「株式市場」をAnd finally...（そして最後に…）と話し終えたあと、それまでの話を Right. To summarize... とまとめ、Now, let's move on to... と次の項目に移っていきます。この流れは、レッスン44で取り上げたBESTでのS-Summary、T-Transitionという図式どおりの展開です。

Lesson 43 ▶ プレゼンテーション入門 ①

Understanding Presentations

Rina Imura and Keito Yoda joined XYZ Securities fresh from college and are undergoing on-the-job training under the supervision of their designated mentor, Patricia Simmons.

Simmons: Today, I want to talk about giving a presentation. You'll learn how to plan a presentation and deliver it confidently. It won't take more than 40 minutes.

Yoda: Presentations?

S: As usual, just stop me if you have a question. And this, I'm telling you, is not for your benefit, but for the sake of better communication with the audience.

Imura: But don't questions disrupt the flow of the presentation?

S: Needless to say, some people prefer that questions be held until the end. But in my opinion, they make for a better presentation. And that goes double if it's a one-on-one presentation or a presentation to just a couple of people. Like the one we're doing here.

Y: Interesting. I was under the impression that "presentation" implies a large audience.

S: No, what I'm doing right now is one kind of presentation—a presentation to an audience of two people. Of course, things would be different if presentations were like press conferences held in the wake of a huge scandal. But presentations are not like that. You're not facing a mob of heckling reporters. What you have is an audience of decent businesspeople. Attentive at best, and bored at worst, perhaps wondering why they should be listening to you.

I: Bored!

S: Yes, bored. As a matter of fact, people are often there simply because their bosses told them to be there.

Y: All the more reason to jazz things up.

S: Jazz things up! That's a big no-no in this firm, I'm afraid. This firm is known for doing things with class. No jazz-ups, period. It simply isn't done here.

Translation

新卒で XYZ証券に入社した井村里奈と依田啓人が、指名された指導係パトリシア・シモンズの指導で、新人 OJT(職場内教育)を受けています。

シモンズ: 今日はプレゼンの話をします。プレゼンの計画を立て、自信を持って行うにはどうしたらいいのかを説明します。40 分もかかりません。

依田: プレゼンですか。

シモンズ: いつものように、質問があったらその場でどうぞ。これは親切で言っているのではなく、聴衆とのコミュニケーションをより良くする方法だからです。

井村: でも、質問は、プレゼンの流れを妨げませんか。

シモンズ: 当然、質問は最後にまとめてのほうがいいと言う人もいます。しかし、私はこのほうがより良いプ レゼンに結びつくと考えています。1 対 1 のプレゼン、あるいは相手が 2、3 人といったときは、特にそうです。今日みたいなときですね。

依田: なるほど。「プレゼン」といえば、大勢の聴衆がいるものって感じを持っていました。

シモンズ: そうじゃないんですよ。今、ここでこうしているのも一つのプレゼンです。相手が2人というプレゼンですよね。もちろん、とてつもないスキャンダルが起きたあとの記者会見というなら、話は別です。ただ、プレゼンはそうではありません。押し寄せる記者の一団に取り囲まれる、というのではないですから。相手は常識あるビジネスパーソンで、うまくいけば熱心に聴いてくれるし、悪くすると退屈して、なんでこれを聞かされなければいけないんだなんて思っている、そんな人たちです。

井村: 退屈ですって!

シモンズ: そう、退屈。実際、ただ上司に言われたからそこにいる、という人が結構いるものよ。

依田: それならなおのこと、あれこれ話を盛り上げなくちゃ。

シモンズ: 盛り上げるなんてとんでもない! あいにく、この会社では御法度ですからね。とにかく、この会社はあか抜けているということで知られているんですから。おもしろおかしく盛り上げるなんてのはダメですよ。絶対ダメです。ともかくそういうことはやらないの、うちでは。

Vocabulary

fresh from college 新卒で ＊fresh from the growers なら「産地直送の」

on-the-job training (OJT) 職場内教育[訓練]＊仕事現場で、業務の知識や技術を習得させる研修

supervision 監督、指揮

designate 指名する、指定する

mentor [méntər] 相談相手、指導員 ＊trainer →一定のスキルを教え込む人、mentor →あれこれ相談にのってくれる人

give a presentation プレゼンテーションを行う

deliver (スピーチやプレゼンなどを)行う

confidently 自信を持って

for one's benefit 〜のために ＊benefit「利益」

audience [ɔ́diəns] 聴衆

disrupt 妨げる

questions be held 質問を控える ＊要求や提案を表す動詞 (prefer) に続くthat 節なので原形 be が使われている

make for ~ 〜に役立つ、寄与する ＊前の主語 they は questions を指している

go double 2 倍になる ＊ここでは「なおさらそうだ」といった意味

one-on-one presentation 1 対 1 のプレゼンテーション

imply 〜の意味を含む

large audience 大人数の聴衆

things 状況、事態

press conference 記者会見

in the wake of ~ 〜のあとで

mob 大集団、群衆

heckle 質問攻めにする

decent まともな、上品な

attentive 熱心に聴き入っている

all the more reason to ~ なおさら〜しなくては ＊There is all the more reason to ~. の略

jazz ~ up 〜に変化をつけて盛り上げる

no-no 禁じられていること ＊元小児語

with class あか抜けて、スマートに ＊class「上品さ、スマートさ、気品」

jazz-ups ＊上記 jazz ~ up の名詞形

period 以上、もはや議論の要なし ＊間投詞

Lesson 43

Focus プレゼンテーションを始める

Key Phrase

Today, I want to talk about giving a presentation. You'll learn how to plan a presentation and deliver it confidently.

今日はプレゼンの話をします。プレゼンの計画を立て、自信を持って行うにはどうしたらいいのかを説明します。

プレゼンテーション［プレゼン］では普通、挨拶のあとに、テーマや内容構成、所要時間など、全体の概要を伝えます。次のような冒頭での決まり文句をおさえておきましょう。

❶ 挨拶をする

自社に人々を招いてプレゼンを行うときの言い方です。

I'm very pleased to be able to welcome you to our company. Thank you for making the effort to come today.
（皆さんを弊社にお迎えできて大変うれしく思います。本日は、わざわざお越しいただき、ありがとうございました）

次に、自分が他の会社に出向いてプレゼンを行うときの言い方です。

I'd like to thank you for asking me to give this presentation.
（プレゼンテーションの機会を与えてくださり、ありがとうございました）

❷ テーマを示す

Key Phrase の表現のほかに次のような言い方もあります。

I'm here today to talk about our latest global projects.
（本日は、私どものグローバル・プロジェクトの最近の様子をご紹介したいと思います）

The purpose of my presentation is to inform you about our initiatives in knowledge management.
（このプレゼンテーションでは、ナレッジマネジメントについてどういったイニシアティブを取っているかをご紹介いたします）

■ initiative「新しいプラン」 knowledge management (KM)「知識管理、ナレッジマネジメント」＊社員の知識や情報を会社全体で共有、有効活用して、業績を上げようという経営手法

前の文は主語が I ですが、後の文は主語に purpose という抽象的な名詞が使われており、その分、前の文よりフォーマルな感じがします。

❸ 全体の構成を示す

I'll begin by describing the background to the project, and then go on to explain the progress we've made so far, and end with a word on the project's future.
（まずはプロジェクトの背景をご説明し、それに続けて現在までの進捗状況をご報告し、そして将来の見通しの話で終えます）■ describe「説明する」 go on to do「続いて〜する」
※begin byの後には動名詞、go onのあとにはto不定詞がきます。

I have divided my talk into three parts. In the first part, I'll look at the history of our industry. In the second part, I'll outline the company's performance. And in the final part, I'll explain our plans for the future.
（話を3つに分けました。最初にこの業界の歴史をお話しし、第2に当社の業績のあらましをお話しします。そして最後に将来に向けての計画をご説明します）■ divide ~ into ...「〜を…に分ける」

❹ 所要時間を示す

I'll be speaking for about 30 minutes.
（話のお時間は30分ほど頂戴できればと思います）
※will be ~ingという未来進行形は「段取りとしてそういうことになっている」という意味です。

My presentation will last about 30 minutes.
（私のプレゼンテーションはおよそ30分を予定しています）■ last「続く」

MORE

129
🔊

テーマをアピールする

プレゼンテーションのテーマを示すのに先立ち、聴衆の関心をあらかじめ高め、熱心に聞いてもらうために、以下のようにアピールすることがあります。

● イントロ部分でアピールする

At the end of this presentation, you'll understand why corporate governance matters.
（今回のプレゼンをお聴きになれば、なぜコーポレートガバナンス［企業統治］が重要なのかがおわかりになります）

My presentation will help you understand why corporate governance matters.
（このプレゼンで、なぜコーポレートガバナンスが重要なのかが一層よくおわかりになるかと思います）

Over the next 30 minutes, you're going to hear about something that will change your ideas about cellular phones.
（この30分の間に、皆さんは、携帯電話に対する見方が変わるような話を耳にされるはずです）■ cellular [cell] phone「携帯電話」＊英国では mobile phone

● 最後にもう一度アピールする

プレゼンの締めくくりでも、改めてアピールすることを持ち出して印象づけると、より効果的です。

At the outset, I said that by the end of this presentation you will have changed your ideas about cellular phones. I hope I've managed to deliver what I'd promised you all.
（冒頭で、このプレゼンテーションを通じて皆さんの携帯電話に対する見方が変わると申し上げましたが、そのとおりお話しできていれば幸いです）

■ manage「なんとか成しとげる」 deliver「述べる、伝える」

Chapter 6

プレゼンテーションで使う言い回し

Lesson 44 ▶ プレゼンテーション入門 ②

Preparing for Presentations

130 🔊

Patricia Simmons is continuing her talk with the two trainees, Rina Imura and Keito Yoda.

Simmons: Okay, I'd like to talk about how you plan a presentation and how you deliver it. Now, here's how a typical presentation goes. You tell the audience what you're going to say, tell it to them, and then tell them what you said.

Yoda: I tell them what I'm going to say, tell them what I have to say, and then tell them what I said.

S: You've got it perfectly right. That's how it goes. But, in reality, it's not as easy as it sounds. It requires preparation, which I do with the acronym EETS in mind.

Imura: EETS? What does it stand for?

S: E is for expectations. Are they expecting to be informed, convinced or challenged? The next E is for experience. What do they already know about the subject or about your company? T is for time. And S is for the size of the audience.

Y: I like the acronym. It aids my feeble memory.

S: Okay, here's another one containing all the important ingredients in delivering your presentation. It's BEST.

Y: BEST! And it stands for ...?

S: B is for bottom line. State the conclusion at the very beginning. It's the message. It's what I want the audience to know when I'm finished. E is for evidence. Back up what you say with hard facts and figures. S is for summary. And T is for transition. "Having looked at bla bla bla, let's move on to yada, yada, yada." In this way, you make it clear when you're changing to another topic.

I: So, we use the EETS approach for preparation and the BEST approach for delivery.

S: Believe it or not, it works. End of lesson. We go out for a drink. And it's on me.

Translation

パトリシア・シモンズが2人の研修生、井村里奈と依田啓人に対するレクチャーを続けています。

シモンズ：それでは、プレゼンをどう計画し、どう行うかを説明しましょう。さて、プレゼンは普通、こんなふうに進めます。聴衆に、これから何の話をするのかを伝えてから、話をして、そのあと何の話をしたのかをまとめる、という具合です。

依田：これから自分が何の話をするのかを伝え、話すべき内容を伝え、そのあと、自分が何の話をしたのかを伝える、とこうですね。

シモンズ：完全におさえたじゃない。そういう感じで流れるんです。ただ、簡単そうに聞こえるけど、実際にはそうではありません。準備が必要になるわけで、その際、私は、EETSという頭文字を念頭に置いてやっています。

井村：EETSですか。何を表しているんですか。

シモンズ：Eは expectations（期待）のEです。聴衆は情報が欲しいのか、納得したいのか、あるいは自分の能力を試したい［勉強したい］のか。次のEは experience（経験）のE。聴衆はプレゼンのテーマあるいは当社についてどんな予備知識を持っているのか。Tは time（時間）のT。そしてSが聴衆の size（規模）のS。

依田：その頭文字、いいですね。記憶力が弱いので助かります。

シモンズ：それでは、プレゼンを行う上で重要な要素が入っているものがもう1つあります。BESTです。

依田：BESTですか。その意味は…?

シモンズ：Bは bottom line（結論）のBで、一番初めに結論を述べよということです。メッセージのことです。終わったときに聴衆の頭の中に残っているのはこれであって欲しいというものです。Eは evidence（根拠）のE。客観的な事実やデータで裏付けをせよということです。Sは summary（まとめ）のS。そしてTは transition（移行）のT。「何々について見てきたわけですが、次はこれこれを見ていきましょう」という具合に言えば、次のトピックに移行するタイミングをはっきりさせることができます。

井村：となると、準備に際しては EETS に従い、実行する段では BEST に即して進めるということですね。

シモンズ：信じられないかもしれないけど、ともかく使えるワザです。これで本日のレッスンは終了。飲みに行きましょう。私のおごりよ!

Vocabulary

trainee 研修生

deliver （スピーチやプレゼンなどを）行う *ほかに「配達する、子どもを産む」

how ~ go(es) ~がいかに進むか * go「(事が)運、進展する

audience [ɔ́diəns] 聴衆

get ~ right ~を正確に理解する

in reality 現実には、実際には

acronym [ǽkrənim] 頭字語 *いくつかの単語の先頭の文字を並べた語

stand for ~ ~を表す、意味する

expectation 期待

inform 情報を提供する、知識を与える

convince 納得させる

challenge ~ ~の技量［能力］を試す

subject テーマ

aid 助ける

feeble memory 記憶力が弱いこと *feeble「弱い」

contain 含む

ingredient [ingríːdiənt] 成分、構成要素

bottom line 結論

state 述べる *命令文なので文頭にある

message 趣旨、ねらい

I'm finished 終わった、済んだ * finished〈形〉「し終わった」

evidence 証拠、根拠

back up ~ with ... ~を…で裏付けする［補強する］

hard facts and figures 確かな事実や（統計上の）数値 *hard「動かしがたい、事実に基づいた」

transition 移行

yada, yada, yada これこれ、なんとかかんとか *yadda とも綴る。口語

believe it or not 信じようと信じまいと、こんなことを言っても信じないだろうが

work 有効に作用する

It's on me. それは私が支払います［おごります］。 *on ~「~の負担で」

Lesson 44

Focus　プレゼンテーションの手順

131

> **Key Phrase**
>
> **Okay, I'd like to talk about how you plan a presentation and how you deliver it.**
> それでは、プレゼンをどう計画し、どう行うかを説明しましょう。

　個々の項目について、スライド等を使って説明したり、項目のポイントをまとめたりするなど、だいたい決まった手順があります。要所で使う言い回しを押さえましょう。

❶ 個々の項目に入る

First of all, I'd like to look at our sales performance.
（まずは、私どもの販売実績を見てまいりたいと思います）
■ sales performance「販売実績、営業成績」＊ performance「成果」

Now, I'd like to talk about the current situation of our China operations.
（さて、私どもの中国における事業の現況をお話ししましょう）

❷ スライド等を使う

Let's take a look at the next graph. This shows that consumer spending increased significantly in 2006.
（次のグラフをご覧ください。2006 年には個人消費がかなり増加していることがわかります）
■ consumer spending「個人消」＊ consumer「消者」

You can see from this chart that output at our plant in Spain fell by 10,000 units last year compared with a year ago.
（このグラフからおわかりのとおり、スペイン工場での昨年の生産量は前年比で 1 万個減っています）
■ chart「図表、グラフ」＊ pie chart「円グラフ」、bar chart「棒グラフ」で、「折れ線グラフ」は (line) graph、「表」は table になる　output「（一定期間中の）生産高［量］」　fall by ~「~だけ減る」　compared with ~「~と比べて」

❸ 項目のポイントをまとめる

So, to sum up, it took five years to obtain government approval.
（というわけで、要するに、政府の認可を取得するのに 5 年かかったことになります）
■ to sum up「要約すると、結論として」＊ sum「集約する、合計する」　government approval「政府の認可」
※sum upはインフォーマルな言い方です。summarizeを使うと一般的表現になります。

In brief, we've looked at possible reasons for why this product failed to gain consumer acceptance.
（手短に言えば、この製品が消費者に受け入れられなかった原因と考えられるものを見てきたわけです）
■ in brief「手短に、要するに」＊ brief「概要」　possible reason「理由と考えられるもの」
fail to ~「~しそこなう」

292

❹ 次の項目へと移る

Now, let's turn to our operations in Taiwan.
（それでは、台湾での事業に目を向けてみましょう）

Next, we come to ongoing development efforts.
（次は、現在進められている開発作業を見ていくことにしましょう）

■ come to ~「～の話になる」 ongoing「進行中の」

MORE 　　　プレゼンテーションのまとめ方

132

プレゼンを終えるときには、一般にまず、概要をまとめます。次にこれで終わりにすることを告げ、清聴に感謝し、質問がないかどうか確認する、という流れになります。

● 内容をまとめる

Before I finish, I'd like to run through the main points again. Our proprietary software was developed by our founder, president Taro Yano, rapidly grew to become the market leader, and is being continuously upgraded to keep up with the advancement of technology.
（話を終える前に、もう一度要点を振り返らせていただきます。弊社独自のソフトは、創業者である社長の矢野太郎が開発したものであること、業界トップへと急成長したこと、それと技術進歩に合わせて絶えずアップグレードされている、とこうなります）

■ run through「ざっと振り返る」 proprietary「自社独自の」 founder「創業者」 upgrade「上級のものに変更する、アップグレードする」 keep up with ~「～と歩調を合わせる」

● 終わりを告げ、清聴に感謝する

Now, this brings me to the end of my presentation.
（それでは、これをもちまして、私のプレゼンテーションを終わります）

Thank you for your attention.
（ご清聴ありがとうございました）

● 質問を受け付ける

If you have any questions, I'd be happy to answer them now.
（ご質問があれば、この場でお答えしますので、どうぞ）

質疑応答が一段落したところで、改めて終了することを告げる場合は、例えば、以下のようになります。

Any more questions? No? Well, in that case, thank you again for your attention.
（他にご質問はありませんか。ないようでしたら、改めてご清聴に感謝いたします）

Chapter 6　プレゼンテーションで使う言い回し

発音も確認
してみよう

Focus 空欄を埋めて話してみよう

プレゼンテーションを始める／プレゼンテーションの手順

---

1. ❶ 皆さんを弊社にお迎えできて大変うれしく思います。本日は、わざわざ
お越しいただき、ありがとうございました。

128

I'_ v__ p_____ t_ b_ a_ t_ w_____ y_ t_ o_
c_____. T___ y_ f_ m____ t_ e___ t_ c___ t___.

---

2. プレゼンテーションの機会を与えてくださり、ありがとうございました。

I'_ l__ t_ t____ y_ f_ a____ m_ t_ g__ t__
p_____.

---

3. ❷ 本日は、私どものグローバル・プロジェクトの最近のようすをご紹介し
たいと思います。

I'_ h_ t____ t_ t_ a____ o_ l___ g___ p_____.

---

4. このプレゼンテーションでは、ナレッジマネジメントについてどういった
イニシアティブを取っているかをご紹介いたします。

T__ p_____ o_ m_ p_____ i_ t_ i_____ y__
a____ o_ i_____ i_ k_____ m_____.

---

5. ❸ まずはプロジェクトの背景をご説明し、それに続けて現在までの進捗状
況をご報告し、そして将来の見通しの話で終えます。

I'_ b___ b_ d_____ t_ b_____ t_ t_ p____,
a_ t__ g_ o_ t_ e____ t_ p____ w__ m__ s_
f_, a_ e__ w__ a w___ o_ t_ p_____ f___.

---

6. ❹ 話のお時間は 30 分ほど頂戴できればと思います。

I'_ b_ s_____ f_ a___ 30 m_____.

---

7. ❶ まずは、私どもの販売実績を見てまいりたいと思います。

F__ o_a_, I'_ l__ t_ l___ a_o_ s___ p_____.

8. さて、私どもの中国における事業の現況をお話ししましょう。

N__, I'_ l_ t_ t_ a____ t_ c_____ s_____ o_
o__ C____ o_____.

9. ❷ 次のグラフをご覧ください。2006 年には個人消がかなり増加していることがわかります。

L___ t__ a_ l_ a_t__ n_ g___. T_ s____ t__
c_____ s_____ i_____ s_____ i_ 2006.

10. このグラフからおわかりのとおり、スペイン工場での昨年の生産量は前年比で 1 万個減っています。

Y__ c_ s__ f___ t__ c___ t_ o____ a_o_ p___
i_ S___ f__ b_ 10,000 u___ l_ y__ c_____ w__
a y__ a__.

11. ❸ というわけで、要するに、政府の認可を取得するのに 5 年かかったことになります。

S_, t_ s___ u_, i_ t__ f__ y___ t_ o____
g_____ a_____.

12. 手短に言えば、この製品が消者に受け入れられなかった原因と考えられるものを見てきたわけです。

I_ b__, w__ l____ a_ p_____ r_____ f_ w__ t__
p_____ f___ t_ g__ c_____ a_____.

13. ❹ それでは、台湾での事業に目を向けてみましょう。

N__, l__ t___ t_ o_ o_____ i_ T____.

14. 次は、現在進められている開発作業を見ていくことにしましょう。

N__, w_ c___ t_ o_____ d_____ e____.

DIALOG 音声を聴き取ろう

127

Understanding Presentations

Rina Imura and Keito Yoda joined XYZ Securities fresh from college and are undergoing on- the-job training under the supervision of their designated mentor, Patricia Simmons.

Simmons: Today, I want to talk about _____ a _____.
You'll learn ____ _ ____ a presentation and _____ it _____. It _____ ____ more than __ _____.

Yoda: Presentations?

S: As usual, just ____ ___ if you have a question. And this, I'm telling you, is not __ ____ _____, but for the sake of _____ _____ with the _____.

Imura: But don't questions _____ the ____ of the presentation?

S: Needless to say, some people _____ that _____ be ____ until the end. But in my opinion, they _____ __ a better presentation. And that ____ _____ if it's a _____ _____ or a presentation to just a couple of people. ____ __ ___ we're doing here.

Y: Interesting. I was under the _____ that "presentation" _____ a ____ _____.

S: No, _____ __ ____ ____ ____ is one kind of presentation. A presentation to an _____ of two people. Of course, _____ would be different if presentations were like _____ _____ held __ the _____ _ a huge _____. But presentations are ___ ___ ___. You're not _____ a ____ of _____ reporters. _____ ___ ____ is an audience of decent _____. _____ at best, and _____ at worst, perhaps _____ why they should be _____ to you.

I: Bored!

S: Yes, bored. __ a _____ _ ____, people are often there _____ _____ their bosses told them __ __ _____.

Y: __ the ____ _____ to ___ things __.

S: Jazz things up! That's a big _____ in this firm, I'm afraid. This firm __ _____ __ doing things ____ ____. No _____, _____. It simply isn't done here.

130

Preparing for Presentations

Patricia Simmons is continuing her talk with the two trainees, Rina Imura and Keito Yoda.

Simmons: Okay, __ ___ to ___ ____ ___ you ____ a presentation and ___ you _____ it. Now, here's ____ a typical presentation ____. You tell the _____ what you're _____ __ say, tell it to them, and then tell them ____ ___ ___.

Yoda: I tell them ____ __ ____ __ __, tell them ____ I ____ __ __, and then tell them ____ I ___.

S: You've ___ it perfectly ____. That's ____ _ ____. But, __ _____, it's not as easy as it sounds. It _____ _____, which I do with the acronym EETS in mind.

Imura: EETS? What does it _____ __?

S: E is for _____. Are they expecting to be _____, _____ or _____? The next E is for _____. What do they already know about the _____ or about your company? T is for ____. And S is for the ___ of the _____.

Y: I like the acronym. It ____ my _____ _____.

S: Okay, here's another one _____ all the important _____ in _____ your presentation. It's BEST.

Y: BEST! And it stands for... ?

S: B is for _____ ___. ____ the _____ at the very beginning. It's the _____. It's ____ I ____ the audience to know _____ I'm _____. E is for _____. ____ __ what you say ____ ____ ____ and _____. S is for summary. And T is for _____. "_____ _____ at bla bla bla, let's ____ __ _ yada, yada, yada." In this way, you _____ _ ____ when you're _____ to another topic.

I: So, we use the EETS _____ for _____ and the BEST _____ for _____.

S: _____ it __ ___, it _____. End of lesson. We __ ___ __ a drink. And it's __ ___.

297

Lesson 45 ▶ 小規模なプレゼンテーション ①

Describing Corporate Structures

133 🔊

Patricia Simmons of XYZ Securities is explaining the company's structure to two college students working on internships, Jun Ohsugi and Sayuri Kato.

Simmons: Today, I'd like to explain the structure of our business. Now, as you can see from the organization chart, we're split into three operational divisions. The first of these is the Equity Department. We primarily serve corporate clients, executing their buy or sell orders. That's what we call "agency transactions." And we're also involved in principal transactions.

Kato: Principal transactions?

S: A principal transaction is when we execute trades in our own name and for our own account.

K: I see.

S: Then there's the Fixed Income Department, the one that deals mainly with bonds and other interest rate products, and the Investment Banking Department, which provides services such as capital raising and M&A advisory services.

Ohsugi: Are these three functions what you call "front office"?

S: Yes, they're commonly referred to as "front office" in the industry.

O: Does that mean there's a back office?

S: Yes. The operational functions of a financial firm are known by the term "back office." And nowadays, there's even a "middle office," which sees to risk management, among other things. Okay, as I was saying, we have three operational units and the heads of these departments report to the Executive Committee.

Translation

XYZ証券のパトリシア・シモンズがインターンとして勤務中の大学生、大杉純と加藤小百合に会社の組織を説明しています。

シモンズ：今日は、私どもの事業の体制を説明しましょう。さて、組織図からわかるとおり、**私どもの会社は3つの営業部門を持っています**。最初が株式本部。主として法人客にサービスを提供しており、法人客の売買注文を行っています。「委託売買」と呼んでいます。このほか自己売買も行っています。

加藤：自己売買とおっしゃるのは？

シモンズ：自己売買というのは、当社の名義で、また、当社の勘定で売買するのがこれに当たります。

加藤：なるほど。

シモンズ：次に来るのが債券本部です。主に債券その他金利連動商品を扱う部門です。そして投資銀行本部。ここは、資金調達やM&A（企業の合併・買収）の助言業務を行っています。

大杉：今の3つの業務を指して、いわゆる「フロントオフィス」と呼ぶのでしょうか。

シモンズ：そうです。業界では普通、こういった部門を指して「フロントオフィス」と言っています。

大杉：ということは、バックオフィスというのもあるのでしょうか。

シモンズ：ええ。金融関連の会社の業務管理部門は「バックオフィス」として知られています。また、近頃は、主としてリスク管理に当たる「ミドルオフィス」というものまであります。さて、先ほど言ったように、当社には3つの営業部門があり、それぞれの責任者は経営会議の指揮監督下に置かれています。

Vocabulary

company's structure 会社組織
internship 研修生［見習い］の身分
organization chart 組織図 *= organizational chart
operational division[unit] 営業部門、実働部隊 *operational unit の形が最後から2番目にある
equity department 株式部門 *「株式」は一般には stock/share で表すが、証券会社では equity [ékwəti] と言う
serve ~ ～にサービスを提供する
corporate client 法人客
execute an order 売買注文を実行する *execute「遂行する、執行する」
buy order/sell order 買い注文／売り注文
agency transaction 委託売買 *代理人（agency）としての売買の意で、顧客の委託を受けて売買する。brokerage「仲介業務」の同意語
principal transaction 自己売買 *principal は代理人に対する「本人」の意で、証券会社が自分の勘定で売買する。dealing「売買業」の同意語
account 勘定、収支計算
fixed income department 債券部門 *bond「債券」の正式名称は fixed income securities「確定利付証券」
bond 債券 *社債、国債、公債など
interest rate product 金利連動商品 *interest rate「利率、金利」
investment banking 投資銀行業務 *企業の資金調達や企業合併・買収の助言等を行う。banking「銀行業務」
capital raising 資金調達 *capital「資本（金）、元手」
M&A 企業の合併・買収 *mergers & acquisitions の略
advisory service 助言業務
refer to ~ as ... ～を…と呼ぶ［言う］
operational function 業務管理部門
see to ~ ～がうまくいくよう取り計らう
risk management リスク管理
as I was saying さっきも言ったように *話を元にもどすときによく使われる
report to ~ ～に報告する、～に属する、（上司の）指揮を受ける
executive committee 経営委員会

Lesson 45

Focus 　組織を説明する

134

We're split into three operational divisions.

私どもの会社は3つの営業部門を持っています。

　自分の所属組織の説明は、一定のパターンに従って行うとよいでしょう。必要なことを簡略に伝えれば、無駄なくコミュニケーションを進められるうえ、「てきぱきとビジネスを進める人」という印象を、相手に与えることができます。

❶ 概略を説明する旨を伝える

Let me explain how we're organized.
（当社がどのような組織になっているかを説明させてください）

I'd like to give you an overview of our operations.
（当社の事業の概略をお話ししたいと思います）

❷ 事業部門がどう分かれているかを説明する

「（組織が）分かれている」は、Key Phrase の be split into ~ のほか、次のような言い方が使われます。

The Company is organized into four business lines.
（当社は4つの事業部門に分かれています）

■ organize ~ into ...「～を…に（分けて）組織する」　business line「事業部門」*例えば、船舶、自動車といった事業部門を指す

This division is sub-divided into three geographic groups.
（この部門はさらに地域別に3つのグループに分割されています）

■ sub-divide「さらに分割する」* sub「下位」　geographic group「地理的［地域別の］グループ」

❸ 個々の事業部門について説明する

The private banking division serves high net worth clients in the domestic and international markets.
（プライベートバンク部門は、国内外の市場の富裕顧客にサービスを提供しております）

■ private banking「プライベートバンキング」*富裕顧客層向けの資産管理・運用サービス　net worth「資産」* worth「価値、財産」

The administrative division covers administrative services, human resources and premises.
（総務部門は、総務、人事、そして施設を担当しています）

■ administrative services「管理業務、総務 (= corporate affairs)」　human resources「人材、人事」　premise「土地、施設」

❹ 部門間の関係について説明する

All of these business units report to the Vice President for Finance.
（こうした個々の営業部門はすべて財務担当バイスプレジデントの指揮系統に属しています）

■ business unit 「（管理部門に対する）営業部門、事業部内の個々の組織」 report to ~ 「~に報告する、~に属する、（上司の）指揮を受ける」 vice president 「副社長、（金融機関の場合は、日本でいう）部長クラス」

These five operational divisions are backed up by two service divisions—the administrative division and the IT division.

（この5つの**フロントオフィス部門**は、総務とITという2つの**バックオフィス部門によりサポートされています**）

※金融関係の企業では、顧客と接する部門をフロントオフィスと言います。英語ではbusiness unitsと言います。フロントオフィスをサポートしているのがバックオフィス部門です。

MORE

135

組織の変更を説明する

現在の組織について、どのような変更を経て今の形になったのかを説明する必要が生じることもあります。最小限の言い回しを覚えておきましょう。

● 部門の改編

Legal & Compliance used to be two functions organized centrally, but last year it was reorganized into two units, the Legal Department and the Compliance Department.

（法務・コンプライアンスは**以前は**中核をなす1部門の中の2つのグループでしたが、昨年、独立した2つの組織、すなわち法務部とコンプライアンス部に**改組されました**）

■ organize centrally 「中枢部に集約して一元化する」 unit 「（組織上の構成）単位」

● 部門の統合

Until five years ago, each group function directed its business in its own discipline, such as corporate affairs, finance, purchasing, human resources and internal audit. But the turnaround artist combined these functions into one entity. He merged them into what is now the Corporate Services Department.

（5年前までは、総務、財務、購買、人事、内部監査という具合に、**各部門ごとに固有の業務を行っていました。しかし会社再建のプロはこうした業務を統合し、一元化しました。彼は、現在のコーポレート・サービス部にこれらをすべてまとめたのです**）

■ direct 「指揮する」 discipline 「規律、秩序」 corporate affairs 「総務（= general affairs）」 internal audit 「内部監査」 turnaround artist 「企業再建の専門家」 * turnaround 「方向転換→企業再建」 merge ~ into ... 「~を…に合体する」

● 部門の廃止

The Accounting Department was abolished and replaced by two separate organizations, the Comptroller's Office and the Treasurer's Office.

（経理部は**廃止され**、2つの独立した組織、経理本部と財務本部が**それに取って替わりました**）

■ abolish 「廃止する」 replace 「取り替える」 comptroller [kəntróulər]「経理担当役員、経理部長」 * controller とも書く treasurer 「財務担当役員、財務部長」

Lesson 46 ▶ 小規模なプレゼンテーション ②

Describing a Business

136 🔊

This is a continuation of the previous dialog. Patricia Simmons of XYZ Securities is explaining who they are and what they do to two interns, Jun Ohsugi and Sayuri Kato.

Simmons: Now, let me explain who we are and what we do. XYZ Securities provides a broad spectrum of products and services to institutional and retail clients. Our businesses include the sale and trading of securities, securities underwriting, investment banking services, investment advisory services, investment research, venture capital, asset management and online brokerage services. The company was founded in 1952 and our headquarters are located outside of Boston. Our global network of more than 5,000 investment professionals, in 300 branch offices, manages over $400 billion in client assets. Any questions so far?

Ohsugi: 400 billion! That's about the size of the GDP of Nigeria.

S: Nigeria's GDP! How come you have such mind-boggling, ah, I mean, interesting information at your fingertips?

O: Oh, I'm majoring in development economics and I'm currently writing a paper on African economics.

S: Development economics ... hmm, no wonder. Okay, picking up where I left off, let me brag a little about some of the areas where we excel. What sets us apart is the depth and breadth of our research capabilities. In fact, the quality of our research is demonstrated by our ranking in major analyst polls. For instance, in the prestigious Main Street Journal survey, we were ranked number one.

Kato: The Main Street Journal survey. That was no mean feat, I understand.

S: Indeed.

Translation

前回に引き続き、XYZ証券のパトリシア・シモンズが2人の研修生、大杉純と加藤小百合に対して、会社の事業と業務内容を説明しています。

シモンズ：さて、私どもがどういう会社であり、どういうことをしているかを説明しましょう。XYZ証券は、法人・機関投資家や個人客に対して幅広い金融商品やサービスを提供しています。事業内容は、証券の営業・売買、証券引受業務、投資銀行業務、投資助言業務、投資分析調査、ベンチャー投資、資産運用、それとオンライン証券取引業務といったところです。当社は1952年創業で、本社はボストン市郊外にあります。300支店に配置されている5000人以上の専門家を擁する世界的な営業網を通じて、4000億ドルを超える顧客資産のお世話をしています。ここまでで、何か質問は？

大杉：4000億ですか！ ナイジェリアのGDPと同じぐらいじゃないですか。

シモンズ：ナイジェリアのGDPとは！ どうしてまた、そんな突拍子もない、あ、いや、面白いデータがぱっと出てくるんですか。

大杉：いえ、ぼく、開発経済を専攻していまして、今、ちょうどアフリカ経済に関するレポートを書いているんです。

シモンズ：開発経済…道理で。ともかく、続けましょうか。うちの会社がずばぬけている点を少し自慢させてください。他社とどこが違うかというと、調査分析能力の高さと、その守備範囲の広さです。実際、うちの調査分析業務の水準の高さは、主だった人気アナリストランキングに表れており、例えば、あの有名なメイン・ストリート・ジャーナル紙の調査では1位になっています。

加藤：メイン・ストリート・ジャーナルの調査ですか。それはたいしたものですね。

シモンズ：そのとおりです。

Vocabulary

who they are and what they do
＊下項参照

intern 研修生 ＊= trainee

who we are 私どもがどういう会社か［会社の事業］＊定型表現

what we do 私どもがどういうことをしているか［業務内容］＊定型表現

spectrum of products and services 商品・サービスのラインナップ ＊spectrum「スペクトル、分布範囲」

institutional client 法人客、機関投資家（年金基金など大口の資金を運用する投資家）

retail client 個人客・個人投資家 ＊retail [ríːteil]「小口の、個人対象の」

securities underwriting 証券の引受業務 ＊株式や債券発行の世話。underwrite「引き受ける、署名する」

investment advisory service 投資助言業務 ＊資産運用関連の助言

venture capital service ベンチャー投資業務 ＊ベンチャー企業（venture/start-up）に資本を提供する

asset management 資産運用

online brokerage ネット証券取引

be founded in ~ ～年に設立されている

headquarters 本社 ＊必ず-sが付く。= head office

client assets 顧客からの預かり資産

have ~ at one's fingertips ～を熟知している、～が口をついて出てくる

mind-boggling 想像［理解］しにくい ＊bog「困惑させる（= confuse）」

pick up where ~ left off ～が中断する前の続きを行う ＊pick up「再開する」、leave off「やめる、中断する」

brag 自慢する

excel 傑出する

set ~ apart ～を区別する、きわ立たせる

research capabilities 調査分析能力

demonstrate 示す、表す

poll 投票、調査

prestigious [prestídʒ(i)əs] 名声のある

be no mean feat 至難の業である ＊mean「ささいな」、feat「妙技」

Lesson 46

Focus 事業・業務内容を説明する

Key Phrase

XYZ Securities provides a broad spectrum of products and services.

XYZ証券は、幅広い金融商品やサービスを提供しています。

　組織の事業や業務内容を説明する際には、以下のようなポイントをしっかり押さえておく必要があります。

❶ どういうモノ?サービスを提供しているのか

XYZ Inc. manufactures high-quality furniture.
（XYZ社は、高級家具のメーカーです）

ABC Inc. provides computer security to corporate customers.
（ABC社は、法人顧客向けにコンピューター・セキュリティーを提供する業務を行っています）
※Key Phraseのように、ABC Inc. provides computer security to ~.とも言えます。

❷ 顧客（層）を明らかにする

Our primary market is young people, especially students.
（私どもの主な購買者は若者、特に学生です）　■ market「市場、購買者層」

We primarily cater to manufacturing companies.
（私どもの主たる顧客は製造業の会社です）　■ cater to ~「~の要求を満たす」

❸ 他社との違いを述べる

We distinguish ourselves in the marketplace by focusing first on our customers' evolving needs.
（私どもは、お客様の変わりゆくニーズにいち早く焦点を合わせることで、市場での差別化を図っています）　■ distinguish ~「~を特徴づける、差別化する」　evolve「進化する、発展する」

We differentiate our services from those of our competitors in terms of speed of implementation.
（私どもは、受注業務完了のスピードで、他社のサービスとの差別化をしています）
■ differentiate ~ from ...「~を…と区別する、差別化する」　competitor「同業他社、ライバル企業」　in terms of ~「~の点で」　implementation「（計画などの）実行、履行」

❹ 実績をアピールする

Supported by 10 years of industry experience, our operations encompass the development, manufacture, marketing and sales of quality cosmetics in Japan and overseas.
（10年に及ぶこの業界での経験をもとに、私どもは日本国内外で高級化粧品の開発、製造、マーケティング、販売にわたる業務を行っております）
■ encompass「~を包み込む、網羅する」

We have over **20** years of industry experience **and** our operations are supported by a global network **of strategic contacts.**
（私どもはこの業界で 20 年以上の経験を持っており、業務面でも戦略的な提携先との**グローバル・ネットワークに支えられております**）

■ strategic「戦略的な」 contact「関係筋、連絡先」

MORE **自社の優位性を強調する言い回し**

　他社の製品やサービスを意識して自社のものが優れていると言いたい場合も、言い方はだいたい決まっています。次のような言い回しを押さえておきましょう。

● 他社より優れている点を強調する

We believe our product stands out from the rest because of **our care in design and packaging.**
（私どもは、製品のデザインとパッケージに細心の注意を払っている点で、**わが社の製品が抜きんでたものである**と確信しております）

■ stand out「傑出している、抜きんでている」

As we have our roots in distribution, we have an edge over **most of our competitors who have their origins in manufacturing.**
（私どもはもともとが流通業者ですから、製造業から出発している大多数の競争相手に対しては**一日の長があります**）

■ have an edge over ~「～に比べ一日の長がある、一歩先んじている」＊ edge「優勢（= advantage）、強み」

We have always been a trendsetter in our business and **thus always** one step ahead of the competition.
（私どもは常にこのビジネスでのトレンドセッター［流行の先頭に立つ者］であり、常に**ライバル企業の一歩先を行っています**）

■ be one step ahead of ~「～より一歩先んじている、一日の長がある」

● わが社がナンバーワンだと強調する

Our product is unmatched in **quality and precision.**
（私どもの製品は、品質と精密さにおいて**肩を並べるものがありません**）

Industry surveys consistently indicate that our service is **unparalleled in the industry.**
（業界の調査で、私どものサービスは**業界で並ぶものがない**との評価を一貫して得ています）

■ consistently「一貫して、常に」 indicate「示す、ほのめかす」

The flexibility of our service is unrivaled by any other **competitor.**
（私どもの柔軟性のあるサービスに**勝るライバル企業はありません**）

■ unrivaled「競争相手のない、無敵の」

発音も確認
してみよう

Focus 空欄を埋めて話してみよう

組織を説明する／事業・業務内容を説明する

---

1. ❶ 当社がどのような組織になっているかを説明させてください。

L_ m_ e____ h__ w__ o_____.

134

---

2. 当社の事業の概略をお話ししたいと思います。

I'_ l__ t_ g__ y__ a_ o_____ o_ o__ o_____.

---

3. ❷ 当社は 4 つの事業部門に分かれています。

T__ C_____ i_ o_____ i__ f__ b_____ l___.

---

4. この部門はさらに地域別に 3 つのグループに分割されています。

T__ d_____ i_ __-_____ i__ t___ g_____
g_____.

---

5. ❸ プライベートバンク部門は、国内外の市場の富裕顧客にサービスを提供
しております。

T__ p____ b_____ d_____ s____ h__ n_ w___
c____ i_ t_ d_____ a_ i_____ m____.

---

6. 総務部門は、総務、人事、そして施設を担当しています。

T__ a_____ d_____ c____ a_____
s_____, h_____ r_____ a__ p_____.

---

7. ❹ こうした個々の営業部門はすべて財務担当バイスプレジデントの指揮系
統に属しています。

A_ o_ t___ b_____ u__ r____ t_ t_ V__
P_____ f_ F_____.

---

8. MORE 法務・コンプライアンスは以前は中核をなす 1 部門の中の 2 つのグループでしたが、昨年、独立した 2 つの組織、すなわち法務部とコンプライアンス部に改組されました。

135 🔊

L___ & C_____ u___t_b_t__ f_____
o_____ c_____, b_ l___y___i_w_ r_____
i__ t__ u___, t_ L__ D_____ a__ t_
C_____ D_____.

---

9. ❶ XYZ 社は、高級家具のメーカーです。

137 🔊

X__ l__. m_____ h__-q_____ f_____.

---

10. ABC 社は、法人顧客向けにコンピューター・セキュリティーを提供する業務を行っています。

A__ l__. p_____ c_____ s_____ t_ c_____
c_____.

---

11. ❷ 私どもの主たる顧客は製造業の会社です。

W_ p_____ c___ t_ m_____ c_____.

---

12. ❸ 私どもは、受注業務完了のスピードで、他社のサービスとの差別化をしています。

W_ d_____ o_ s_____ f___ t___ o_ o__
c_____ i_ t____ o_ s____ o_ i_____.

---

13. ❹ 私どもはこの業界で 20 年以上の経験を持っており、業務面でも戦略的な提携先とのグローバル・ネットワークに支えられております。

W_ h___ o__ 20 y___ o_ i_____ e_____ a__
o__ o_____ a_ s_____ b_ a g_____ n_____ o_
s_____ c_____.

Chapter 6

プレゼンテーションで使う言い回し

DIALOG 音声を聴き取ろう

133 🔊

Describing Corporate Structures

Patricia Simmons of XYZ Securities is explaining the company's structure to two college students working on internships, Jun Ohsugi and Sayuri Kato.

Simmons: Today, I'd like to explain the _____ of our _____.

Now, __ ___ ___ ___ from the _____ ____, **we're** ____ ___

three _____ _____. The ___ of these is the _____

_____. We primarily ____ _____ _____, _____

their ___ or ___ _____. That's what we call "_____ _____."

And we're also involved in _____ _____.

Kato: _____ _____?

S: A principal transaction is when we _____ _____ in our ___

_____ and for our ___ _____.

K: I see.

S: Then there's the _____ _____ _____, the one that _____

mainly with _____ and other _____ ___ _____, and the

_____ _____ Department, which _____ _____ such

as _____ _____ and __&_ _____ _____.

Ohsugi: Are these three functions ____ ___ ___ "front office"?

S: Yes, they're commonly _____ __ __ "front office" in the _____.

O: Does that mean there's a ____ _____?

S: Yes. The _____ _____ of a _____ ___ is known by the

term "back office." And nowadays, _____ even a "_____ _____,"

which ___ to ___ _____, among other things. Okay, __ I

___ _____, we have three _____ ____ and the _____ of

these departments _____ __ the _____ _____.

136

Describing a Business

This is a continuation of the previous dialog. Patricia Simmons of XYZ Securities is explaining who they are and what they do to two interns, Jun Ohsugi and Sayuri Kato.

Simmons: Now, let me explain ____ __ __ and ____ __ __. **XYZ Securities** _____ a broad _____ of _____ ___ _____ to _____ and ____ _____. Our businesses _____ the sale and trading of _____, securities _____, _____ _____ services, _____ _____ services, investment research, _____ _____, ____ _____ and online _____ _____. The company ___ _____ in ____ and our _____ are _____ outside of Boston. Our _____ _____ of more than ____ investment _____, in ___ _____ _____, _____ over \$___ billion in _____ _____. Any questions so far?

Ohsugi: ___ billion! That's about the ____ of the _____ GDP of _____.

S: Nigeria's GDP. How come you ____ such _____-_____, ah, I mean, interesting information __ ____ _____?

O: Oh, I'm _____ in _____ _____ and I'm currently _____ a _____ on African economics.

S: Development economics ... hmm, __ _____. Okay, _____ __ where I ___ __, let me ____ a little about some of the areas where we _____. What ____ us ____ is the _____ and _____ of our _____ _____. In fact, the _____ of our research is _____ by our _____ in major analyst ____. For instance, in the _____ Main Street Journal _____, we were _____ number one.

Kato: The Main Street Journal survey. That ____ __ _____ ___, I understand.

S: _____.

Lesson 47 ▶ 大規模なプレゼンテーション（1）-①

Describing Good Corporate Performance

139

Jacob Churchill, President and CEO of XYZ Securities, is giving a presentation on the company's results at the annual shareholders meeting.

Churchill: In a word, XYZ has created its own worldwide web of intellectual capital-investment bankers in London, commodities brokers in Chicago, research analysts in Hong Kong, and portfolio managers in Switzerland.

Now, let's turn to the next topic. The third theme I wanted to touch on is how this global expansion of new products and services is translating into meaningful numbers.

As you can see from the chart, for the first six months of 2006, XYZ earned a record net income of $400 million, up 42% from the comparable six-month period in 2005. The Company's Equities Group earned record pretax profits of $279 million, 60% higher than a year ago, while the Fixed Income Group saw its pretax income nearly triple, rising to a record $143 million. The Investment Banking Group enjoyed its second-best six-month performance as its pretax profits increased 23% to $250 million.

Total revenues for the first half of Fiscal Year 2006 grew 47% to a record $4.9 billion and net revenues rose 34% to $3.4 billion as XYZ achieved record levels in most revenue categories.

Not bad I'd say. Not bad at all. And that's not just my opinion. Yesterday, Googillionaire magazine voted us the number one, best-performing financial services company.

That's where we are. Now, where are we going? As we look ahead, we have our eyes on some clear targets and major initiatives. Barring any extended disruptions in global capital markets, we plan to improve pretax margins by 5 percentage points in two years, from 18% to 23%, to produce double-digit earnings growth and to achieve a minimum return on equity in the range of 16 to 18%.

Translation

XYZ証券の社長兼 CEO、ジェイコブ・チャーチルが年次株主総会で業績のプレゼンテーションを進めています。

チャーチル: 要するに XYZ は独自に、知的資本のワールドワイド・ウェブを築き上げているのです。ロンドンのインベストメント・バンカーたち、シカゴの商品ブローカーたち、香港のアナリストたち、そしてスイスのポートフォリオマネジャーたちという具合にです。

それでは、次の話に移りましょうか。3つ目のテーマとして取り上げたいのは、こういった世界的規模で新型の金融商品・サービスの提供を拡大してきた結果が、どのように数字に表れてきているかという点です。

チャートからおわかりのとおり、2006年上期は、4億ドルと記録的な純利益を計上し、前年同期比42パーセント増となりました。株式部門の税引き前利益も記録的で、2億7900万ドル、前年比60パーセント増となります。債券部門の税引き前利益は3倍近く、1億4300万ドルと記録を塗り替えています。投資銀行部門は、半期業績としては過去2番目にいい数字で、税引き前利益は23パーセント増の2億5000万ドルです。

2006年度上期の総収入は47パーセント増の49億ドルと、記録を更新し、純収入も34パーセント増の34億ドルとなり、この間、XYZ はほとんどの事業部門において記録的業績を達成しています。

悪くない数字です。いや、予想以上です。これは私だけの見方ではありません。昨日、私どもはグーギリオネア誌に「最も業績のいい金融サービス企業」の第1位にランクされました。

私どもの現在位置をおわかりいただけたかと思いますが、そうなると、この先はどう動くのかとお考えのことでしょう。将来に向け、私たちは明確な目標を持ち、積極的にイニシアチブをとって参ります。世界の資本市場に混乱が起き、それが長期化するといったことがなければ、2年間で税引き前利益ベースでの利益率を5ポイント改善し、18パーセントから23パーセントにまで引き上げることで、2桁台の増益率を確保する一方、株主資本利益率も最低でも16パーセントから18パーセントは達成したいところです。

Vocabulary

corporate performance 企業業績

results 業績 *= performance

annual shareholders meeting 年次株主総会

intellectual capital 知的資本 *社員の知識・経験など無形の経営資源

investment banker インベストメント・バンカー、投資銀行業務の専門家 *investment bank「投資銀行」

commodities broker 商品取引での売買仲介業者

portfolio manager ポートフォリオマネジャー（資産運用の専門家）*「ポートフォリオ」は金融資産の組み合わせ

touch on ~ ～にちょっと触れる

translate into ~ ～に転化する

chart 図表、グラフ

record ~ 記録的な～

net income 純利益 *net profit(s)/net earnings とも言う。売上［収益］－費用=純利益

up ~% from より～パーセントの上昇

pretax profits 税引き前利益

triple 3倍

(total) revenues 総収入、総収益

first half 上期 *年度の前半

net revenues （主として金融機関の）純収入、純収益 *総収入から支払利息を引いたもの

have one's eyes on ~ ～に目を付けている、追求している

initiative 先を見越した施策、積極的な手

barring ~ ～がなければ *= without ~。bar「横木で閉ざす」

disruption 混乱、分裂

capital markets 資本市場 *株式市場・債券市場の総称

margin 利益率 *収益に対する利益の割合

percentage point ポイント *%で表した2つの数の差を表すときに使われる

double-digit 2桁台の

earnings growth 増益率、利益成長率

return on equity 株主資本利益率 *株主が出した元手に対する利益の割合

311

Lesson 47

Focus　業績アップの表現を使い分ける 🔊 140

> ### Key Phrase
>
> **Total revenues for the first half of Fiscal Year 2006 grew 47 % to a record \$4.9 billion.**
> 2006 年度上期の総収入は 47 パーセント増の 49 億ドルと、記録を更新しました。

今回は、業績アップに関する言い回しを見てみましょう。

❶ 業績アップ一般

「上昇する」は、rise や show a rise など、rise を使います。なお、「業績」はここでは sales「売上」で表しますが、performance「営業成績」、results「決算[結果]」、earnings「利益」などで表されることもあります。

Sales rose at a double-digit rate.
（売上が2桁台の伸び率を示しました）■ digit「桁」＊ single-digit「1桁」、double-digit「2桁」

This division showed only a single-digit rise in sales.
（この部門の売上は1桁台の伸び率にとどまりました）

動詞 grow「伸びる」やその名詞 growth「増加」もよく使われます。

Sales grew 30% in this quarter.
Sales showed a 30% growth in this quarter.（売上は今期30パーセントアップしました）
※30パーセント伸びた結果を示す場合には、Sales grew 30% to 450 million yen.「売上は30パーセント伸びて4億5000万円になった」などと言います。

❷ 小幅な段階的アップ

「小幅に上昇する」場合は、edge [inch] up を使います。

Our U.S. sales edged up last month.
（先月の当社のアメリカでの売上は小幅な増加でした）

Our overseas sales inched up to 40% of total sales from about 38% in the previous quarter.
（海外売上は総売上に占める割合が 40 パーセントと、前四半期の約 38 パーセントに比べて小幅な増加でした）
■ from ~「~と比べて」 previous quarter「前四半期」＊ quarter「四分の1→四半期（3カ月）」

❸ 中程度のアップ

業績を語る場合、「~を記録した」という意味を表す動詞 record/post などと、「上昇」を表す語 rise/growth/gain を組み合わせた形もよく使われます。「中程度の上昇」は、形容詞 modest/moderate を使って表すことができます。

Our sales recorded a modest growth of 5%.
（売上の増加は 5 パーセントという、まあまあのものでした）

Our sales posted a moderate gain.（売上の増加はそこそこという程度でした）

❹ 大幅アップ

「大幅アップ」は soar/surge/skyrocket などの動詞1語で表すことができます。rise sharply や show a sharp rise など、動詞と副詞／形容詞＋名詞の組み合わせも使われます。

Our camera phone sales skyrocketed in 2003.
（カメラ付き携帯電話の売上が 2003 年は飛躍的に伸びました）

Our sales soared to 17 trillion yen for the fiscal year ended March 31, 2006, and our profits hit 1 trillion yen.
（2006 年3月期の売上は 17 兆円と急上昇し、利益も1兆円に手が届きました）
■ fiscal year ended March 31, 2006「3月31日をもって終わる 2006 年事業年度 → 2006 年3月期」

MORE　　　**業績拡大の局面を語る言い回し**　　141

● **上昇傾向にある**
Sales have been on the upswing lately.（売上は最近上昇トレンドに乗っています）
■ be on the upswing「上昇している」＊ upswing「上昇局面」

● **急激に上昇する**
Sales remained unchanged during 2003, fluctuated widely from 2004 to 2005, and eventually took a sharp upturn in early 2006.
（売上は 2003 年は横ばいで、2004 年から 2005 年にかけてひどく不安定な動きを続けたあと、2006 年初めについに急反発しました）
■ remain unchanged「横ばいを続ける」 fluctuate「小刻みに上下する」 take a sharp upturn「急上昇する」 upturn「上昇」＊＝ upswing

● **ピークに達する**
Sales reached a record high of 6 million units in 2005.
（売上は 2005 年に 600 万台という記録的高水準に達しました）
■ reach a record high「最高水準に達する」 record high「最高水準、最高値」

● **ピークを越えて下降している**
Sales reached a peak of 300,000 units in 2003, then plunged to 74,000 units the following year.
（売上は 2003 年に 30 万台でピークに達したあと、翌年は7万4000台へと急落しました）
■ plunge「急落する」

動詞 top「ピークに達する」を使って次のようにも言えます。

Sales topped out at 300,000 units in 2006.
（売上は 2006 年に 30 万個でピークアウトしました）
■ top out「ピークアウトする」＊反対は bottom out

Chapter 6　プレゼンテーションで使う言い回し

Lesson 48 ▶ 大規模なプレゼンテーション (1)-②

Describing Disappointing Corporate Performance

Shoko Kanda, Director of Treasury Operations of Japan Gizmos, is about to finish her presentation to the Board about Global Folderols Inc. Japan Gizmos has an interest in this company as a shareholder.

Kanda: So, to recap, Global Folderols' third quarter results were another record performance. Net income was $731 million, up 22% quarter over quarter. However, yesterday, **we were stunned with a July-September quarter loss of $638 million.** Folderols restated its results. Let me assure you that we won't be left holding the bag. They need to accept responsibility. Heads will roll. If there any questions, I'll take them now.

Director A: About the restatement, what was the reason given?

K: Management conceded that its executives had launched year-end incentive campaigns with distributors to boost sales and meet quarterly targets.

Director A: Meaning?

K: Meaning the company prematurely booked revenue from sales upon delivery to these distributors, when they should have waited until the goods were actually sold to a third party. That's the consumer, of course.

Director B: Another case of creative accounting! Where were the directors? Haven't they heard of fiduciary duty? Aren't they supposed to watch out for the shareholders?

Director A: What about their outside auditors? Aren't they supposed to rat out such accounting irregularities?

K: Folderols' auditor is Jespersen & Associates, which was also a Folderols consultant to the tune of 27 million.

Director A: How could this be anything but a textbook case of a conflict of interest!

Translation

ジャパン・ギズモズの財務の責任者、神田祥子が、取締役会で、グローバル・フォルデロルズ社についてのプレゼンを終えようとしています。ジャパン・ギズモズは、グローバル・フォルデロルズに株主として出資しています。

神田：そこで、まとめておきますと、グローバル・フォルデロルズの第3四半期決算はまたもや記録を更新するものでした。純利益は7億3100万ドルで、前年比22パーセント増だったのです。ところが、昨日になって、7月-9月期の損失が6億3800万ドルと聞かされ、肝をつぶしました。同社が業績の修正再表示をしたためです。損失を押し付けられたままで済ますようなことはしません。ご安心ください。責任を取ってもらう必要があります。クビになる人も出てくるでしょう。何かご質問があれば、どうぞ。

取締役A：修正再表示とのことですが、理由は？

神田：経営陣は、重役たちが販売店向けに決算期を控えての販売強化キャンペーンを行ったことを認めています。売上を伸ばし、四半期の目標を達成しようとしたわけです。

取締役A：と言いますと？

神田：つまり、同社は販売店に商品が引き渡されるや、売上による収益を所定の時期より早く帳簿に計上していたのです。本来なら第三者に実際に商品が売り渡された時点で計上すべきだったのにです。もちろん消費者にという意味です。

取締役B：またですか、創造的な会計処理というやつですな！　一体取締役は何をしていたんだ。受託者責任というものを知らないのか。株主のために目を光らせているべきなんでしょうか。

取締役A：フォルデロルズの外部監査人はどうなんだ。こういった経理上の不正を見つけ出すのが仕事でしょうが。

神田：フォルデロルズの外部監査人はジェスパーセン・アンド・アソシエイツで、同時にフォルデロルズのコンサルタントとしても、2700万にもなる報酬を得ていました。

取締役A：利益相反の典型例としか言いようがないじゃないか！

Vocabulary

gizmo [gizmou]　なんとかいうもの ＊widget と同じく架空のものに使われる
have an interest　出資している ＊interest「利害関係」
shareholder　株主 ＊＝ stockholder
recap　要約する、繰り返す
third quarter　第3四半期 ＊営業年度を4区分したうちの3番目。この場合7-9月期
results　業績 ＊＝ performance
quarter over quarter　前期比で ＊前の四半期に比べてという意味
be stunned with ~　～に愕然とする
restate　言い直す ＊ここでは一度公表した財務データを修正再表示すること
be left holding the bag　全責任を取らされる、貧乏くじを引かされる
Heads will [would] roll.　ただでは済まない。クビがとぶ。 ＊roll「転がる」
concede　認める
year-end　年度末の、決算期
incentive campaign　販売強化キャンペーン ＊incentive「刺激、誘因」
boost sales　売上を伸ばす [増やす]
meet quarterly targets　四半期別目標を達成する
prematurely　所定の時期より早く
book ~　～を計上する
upon delivery　納品されるとすぐに
creative accounting　創造的会計、きわどい [違法すれすれの] 会計処理
fiduciary duty　受託者責任、忠実義務 ＊株主の利益を優先すべしという義務
watch out for ~　～を見張る、気をつける
outside auditor　業務・会計監査を担う社外の者 [企業]
rat out ~　～を見付け出す
accounting irregularities　経理上の不正行為
to the tune of ~　～もの (高) 額で ＊「～の曲 (tune) に合わせて」の意味もある
How could this be anything but ~　～としか言いようがない ＊反語。anything but ~「～以外のこと」
conflict of interest　利益相反 ＊委託者のために受託者が追求すべき利益と、受託者の利益がぶつかることで、法的にも道義的にも問題視される

315

Lesson 48

> ### Key Phrase
>
> **We were stunned with a July-September quarter loss of $638 million.**
> 7-9 月期の損失が 6 億 3800 万ドルと聞かされ、肝をつぶしました。

業績アップの場合と同様、一口に業績ダウンと言っても、徐々に悪化する場合もあれば、急激な悪化もあるので、言い方をきちんと使い分ける必要があります。

❶ 業績ダウン一般

「下落する、ダウンする」は fall/decline/drop/slip などの動詞で表します。show a decline/take a fall など、動詞と下落を表す名詞の組み合わせもよく使われます。

Sales declined from a year earlier to 442 billion yen.
（売上が前年よりダウンし、4420 億円となりました）
■ from a year earlier「前年比で」＊ from ~「〜と比べて」= from the previous year

Sales showed a decline from previous year levels.
（売上が前年比でダウンとなりました）

Key Phrase にもあるように、loss「損失」を使って業績ダウンを表すこともあります。

XYZ Corp. announced a net loss of $1.5 million.
（XYZ 社は 150 万ドルの純損失を発表しました）■ net loss「純損失」＊ net profit「純利益」

❷ わずかな段階的ダウン

「わずかな［小幅な］段階的アップ」は edge [inch] up で、「わずかな段階的ダウン」は edge [inch] down です。drift は「（価格などが）ゆるやかに変動する」意味で、drift up/drift down「ゆるやかに［わずかに］上昇する／下落する」となります。

Sales edged down last month but were slightly higher than a year ago.（先月の売上はわずかに減少したものの、対前年比では若干高めとなりました）
Sales drifted down last month.（先月の売上はわずかな減少となりました）

❸ 小幅ダウン

dip は「（物を）ちょっとつける［浸す］」を基に「わずかに減少する」意味を表します。ease は「ゆるむ、小幅下落する」。

Sales dipped 1% in August to a total of 180,000 units.
（8 月の売上は 1 パーセントの小幅ダウンとなり、18 万台の水準でした）

Sales eased 0.8% last week following a 1.2% pop the week before.

（売上は先週 0.8 パーセントの**小幅な減少となりました**が、その前の週は 1.2 パーセントの一時的上昇でした）
■ ease「（水準が小幅に）低下する」 pop「ポンとはじけること、一時的な上昇」

❹ 大幅ダウン、急落

「大幅にダウンする、急落する」を一語で表す動詞として、plunge/plummet/dive などがあります。これらは株価や為替などのように相場との関係でも使われる語です。ほかに、fall sharply/show a sharp fall などの形で表すこともあります。

XYZ first-quarter sales plunged 50%.
（XYZ 社の第 1 四半期の売上は 50 パーセントの**急激な減少となりました**）

We watched in horror as our sales plummeted from thousands of dollars to less than a few hundred a day.
（売上が**急激に落ちて**、1 日当たり数千ドルだったのが数百ドルを割り込んでいくのを、血の気が引く思いで見ていました） ■ in horror「ぞっとする思いで」 less than ~「~を下回る」

ABC's second-quarter sales fell sharply.（ABC 社の第2四半期の売上は**急落しました**）
※日本では、企業の事業年度は一般に4月始まりですが、米国では1月始まりが多く、その場合「第2四半期」は4~6月になります。上場企業の場合、四半期ごとに業績発表を行うのが一般的。

MORE

業績転換の局面を表現する言い回し

144

● 下降局面に入る

   Sales have entered a downswing.（売上が下降局面に入りました）
   Sales have taken a downturn since they peaked towards the end of 2005.
   （売上は 2005 年の終わりにかけて天井をつけて以来、**下降局面に入っています**）
   ※swing（振り）/turn（転換）にupが付けばupswing/upturnで「上昇局面」、downが付けばdownswing/downturn で「下降局面」を表します。

● 低水準に落ち込む

   Sales reached a low point in 1999.（ 売上は1999 年に**最低水準に達しました**）
   Sales hit a low in 2006 with only 20,000 units being sold.
   （2006 年の売上は販売数が2万台止まりと、**最低水準に達しました**）
   ※ reach [hit] a (record) lowで「記録的低水準 [最低水準] に達する」になります。

● 底を打ち、上昇に転じる

   topped out / peaked で「ピークアウトした、下降に転じた」（peaked out とはあまり言いません）、その反対が bottomed out「底を打った、上昇に転じた」になります。

   XYZ car sales bottomed out at 323,000 in 2005.
   （XYZ 社の自動車販売台数は 2005 年に 32 万 3000 台で**底を打った [上昇に転じた]**）

発音も確認
してみよう

Focus 空欄を埋めて話してみよう

業績アップの表現を使い分ける／業績ダウンの表現を使い分ける

---

1. ❶ 売上は今期 30 パーセントアップしました。

S___ g___ 30% i_ t___ q_____.

140 🔊

---

2. ❷ 先月の当社のアメリカでの売上は小幅な増加でした。

O__ U.S. s___ e____ u_ l__ m____.

---

3. ❸ 売上の増加は 5 パーセントという、まあまあのものでした。

O__ s___ r_____ a m_____ g_____ o_ 5%.

---

4. ❹ カメラ付き携帯電話の売上が 2003 年は飛躍的に伸びました。

O__ c_____ p____ s___ s_____ i_ 2003.

---

5. 2006 年 3 月期の売上は 17 兆円と急上昇し、利益も 1 兆円に手が届きました。

O_ s___ s____ t_ 17 t_____ y__ f_ t__ f___ y__
e____ M___ 31, 2006, a_ o_ p____ h_ 1 t_____ y__.

---

6. MORE 売上は 2003 年は横ばいで、200 年から 2005 年にかけてひどく不安定な動きを続けたあと、2006 年初めについに急反発しました。

S___ r_____ u_____ d____ 2003, f_____
w____ f___ 2004 t_ 2005, a__ e_____ t__ a
s____ u____ i_ e___2006.

141 🔊

---

7. 売上は 2006 年に 30 万個でピークアウトしました。

S___ t_____ o_ a_ 300,000 u___ i_ 2006.

---

8. ❶ 売上が前年よりダウンし、4420 億円となりました。

S___ d_____ f___ a y___ e____ t_ 442 b____ y__.

143 🔊

---

9. ❷ 先月の売上はわずかに減少したものの、対前年比では若干高めとなりました。

S___ e___ d___ l__ m___ b_ w__ s_____ h____
t___ a y__ a__.

---

10. ❸ 8月の売上は1パーセントの小幅ダウンとなり、18万台の水準でした。

S___ d_____ 1% i_ A_____ t_ a t___ o_ 180,000 u___.

---

11. ❹ XYZ社の第1四半期の売上は50パーセントの急激な減少となりました。

X__ f___-q_____ s___ p_____ 50%.

---

12. 売上が急激に落ちて、1日当たり数千ドルだったのが数百ドルを割り込んでいくのを、われわれは血の気が引く思いで見ていました。

W_ w_____ i_ h____ a_ o__ s___ p_____ f___
t_____ o_ d_____ t_ l__ t___ a f__ h_____ a d__.

---

13. MORE 売上は2005年の終わりにかけて天井をつけて以来、下降局面に入っています。

144 🔊

S___ h__ t____ a d_____ s___ t__ p_____
t_____ t_ e__ o_ 2005.

---

14. 2006年の売上は販売数が2万台止まりと、最低水準に達しました。

S___ h_ a l__ i_ 2006 w__ o___ 20,000 u___ b____
s___.

---

15. XYZ社の自動車販売台数は2005年に32万3000台で底を打ちました［上昇に転じました］。

X__ c_ s___ b_____ o__ at 323,000 i_ 2005.

DIALOG 音声を聴き取ろう

139 🔊

Describing Good Corporate Performance

Jacob Churchill, President and CEO of XYZ Securities, is giving a presentation on the company's results at the annual shareholders meeting.

Churchill: In a word, XYZ has _____ its own worldwide web of
_____ _____ _____ in London,
_____ _____ in Chicago, research _____ in Hong Kong,
and _____ _____ in Switzerland.

Now, let's ____ __ the next topic. The third _____ I wanted to
_____ __ is how this _____ _____ of new products and
services is _____ ____ meaningful numbers.

As you ___ ___ from the _____, for the ___ __ _____ of 2006,
XYZ earned a _____ ___ _____ of $400 million, __ 42__ _____ the
_____ six-month period in ____. The Company's Equities
Group _____ record _____ _____ of $___ million, __% _____
than a year ago, while the Fixed Income Group ___ its _____
_____ nearly _____, _____ to a record $___ million. The
Investment Banking Group _____ its second-best _____
_____ as its pretax profits _____ __% to $___ million.
____ _____ **for the ___ __ of Fiscal Year ___ ____**
___ to a record $__ _____ and ___ _____ ___ __% to $__
billion as XYZ _____ record levels in most revenue categories.
___ ___ __ __. Not bad at all. And that's ___ ___ __ _____.
Yesterday, Googillionaire magazine _____ us the number one,
_____ _____ _____.

That's where we are. Now ... _____ ___ __ ____? As we look
ahead, we ____ our ____ __ some clear targets and major
_____. _____ any extended _____ in global _____
_____, we plan to _____ pretax _____ by _ _____
points in two years, from __% to __%, to produce _____
_____ _____ and to _____ a minimum _____
__ _____ in the range of __ to __%.

142 🔊

Describing Disappointing Corporate Performance

Shoko Kanda, Director of Treasury Operations of Japan _____, is about to finish her presentation to the Board about Global Folderols Inc. Japan Gizmos ___ __ _____ in this company as a shareholder.

Kanda: So, to _____, Global Folderols' ____ _____ _____ were another _____ _____. ___ _____ was $___ million, __ __% _____ over _____. However, yesterday, **we ____ _____ ____ a July-September** _____ ___ **of $__ million.** Folderols _____ its _____. Let me _____ you that we won't __ __ _____ the ___. They need to _____ _____. _____ ___ ___. If there any questions, I'll ____ ____ ___.

Director A: About the _____ , what was the _____ ____?

K: Management conceded that its executives had launched _____ _____ _____ with distributors to ____ ____ and ____ _____ targets.

Director A: Meaning?

K: Meaning the company _____ _____ revenue from sales ____ _____ to these distributors, when they _____ ____ _____ ____ the goods were actually sold to a ____ ____. That's the _____, of course.

Director B: Another case of _____ _____! Where were the _____? Haven't they heard of _____ ___? Aren't they supposed to _____ __ for the _____?

Director A: What about their _____ _____? Aren't they supposed to __ __ such _____ _____?

K: Folderols' auditor is Jespersen & Associates, which was also a Folderols _____ __ the ____ __ __ million.

Director A: ____ ____ ___ be _____ but a textbook case of a _____ of _____!

Lesson 49 ▶ 大規模なプレゼンテーション（2）-①

Describing Degree of Change in Company Performance

145 🔊

Irene Long, an investment banker with XYZ Securities, is explaining M&As to a group of trainees.

Long: Good morning, everyone. My name's Irene Long and I'm with the investment banking department. Today, I'd like to talk about how a company selects a candidate for acquisition and how we help such a company. It won't take longer than 15 minutes. And do stop me if you have any questions.

Now, firstly, to select an acquisition candidate, you need to have a strategy, or long-term objectives, and the courses of action to achieve them. From that strategy, you identify a company that'll help you achieve your objectives, and then you proceed to analyze that company. Secondly, you need to determine how you'll invest in it upon completing the acquisition. And finally, you work out the target company's worth.

Let me use a real-life example: Global Thingies Inc. The Super Thingy, launched in the summer of 1998, was an instant success. Over the following two years, innovation after innovation kept on adding momentum to its popularity. In 2001, however, the tide turned. Net sales declined sharply after peaking at $1.8 billion. What happened? The company missed out on the innovation of portable thingies. In response, management decided to pursue growth through acquisitions. That's when we were engaged as an M&A advisor. Now, what they set their eyes on was rather ...

Translation

XYZ証券の投資銀行部門の職員アイリーン・ロングが、研修生の一団にM&Aの説明をしています。

ロング:おはようございます。皆さん。アイリーン・ロングと申します。投資銀行部門で働いています。今日は、企業が買収対象をどのように選定し、私たちがそういった会社をどのようにお手伝いするのかをお話ししたいと思います。15分以上はかかりません。質問があるときはその場で言ってください。

さて、買収対象を選定するにあたっては、まずは、戦略、つまり長期目標を立てることが必要です。それと、これを達成するための手段が必要です。一定の戦略から出発して、目標達成に役立つ企業を選び出すということです。それからその会社を分析します。次のステップとして、買収後、どのように投資を進めていくかを決めます。そして最後に、対象企業の価値を算定することになります。

実際の例で見ていきましょう。グローバル・シンギーズ社です。1998年夏にリリースされたスーパー・シンギーは瞬く間に成功を収め、その後の2年間は、次々画期的モデルが出され、人気を押し上げ続けます。ところが2001年になって、流れが変わりました。**売上は18億ドルでピークに達したあと、大幅に低下したのです。**何が起きたと思いますか。携帯型シンギーという新たな展開に乗り遅れたのです。これに手を打つべく、経営陣は、企業買収によって成長を図ることにしたのです。そこで私どもがM&Aのアドバイザーに依頼されたわけです。さて彼らの関心を引いていたのは、いささか…

Vocabulary

M&A 企業の合併・買収 ＊mergers & acquisitions の略

candidate [kǽndədèit] 候補者、(…に)なりそうな人 [企業]

acquisition [ækwizíʃən] 買収、獲得

do stop me ＊doは強意の助動詞

strategy 戦略

long-term objective 長期目標 ＊short-term objective「短期目標」

course(s) of action (何かを達成するための)手順、手続き、目標への道筋

achieve 達成する

identify 認定する、見分ける

proceed to ~ 次に~する ＊proceed「続ける」

analyze [ǽnəlàiz] 分析する、分析して調べる ＊英国式には analyse

determine [ditə́rmin] 決定する、確立する

upon ~ing ~したらすぐ

work out ~ ~を算出 [算定、計算] する

worth 価値 ＊ここでは「企業価値(株価に発行株数をかけた時価総額などのこと)

real-life example 実例、実際の例

thingy [θíŋi] 何とかというもの [人] ＊= thingamajig

launch [lɔːntʃ] (新製品を)発表する、市場に投入する

instant success 瞬く間の成功

innovation 刷新、新基軸

momentum (加速的に高まる)勢い

popularity 人気

tide turns 流れが変わる ＊tide「潮流」

net sales 売上 ＊netが付いていてもsales「売上高」と同じものになる

decline 減少する

peak ピークに達する

miss out on ~ ~をしそこねる、~の機会を逃す

in response これに対し

pursue growth 成長を進める ＊pursue「追い求める」

be engaged 雇われる、仕事を依頼される

Lesson 49
Focus 業績変化の幅を表現する

Key Phrase

Net sales declined sharply after peaking at $1.8 billion.
売上は 18 億ドルでピークに達したあと、大幅に低下したのです。

経済指標や企業決算の数字を取り上げる場合、数字がどのように変化したかを表す一定の表現があります。今回は、「大幅に」「小幅に」など、変化の「幅」を説明する表現を見ていきます。

❶ きわめて大幅な変化

「きわめて大幅に」という意味では、dramatically「劇的に、めざましく」やKey Phrase にある sharply「激しく」がよく使われます。形容詞 dramatic、sharp を使った形とともに見ておきましょう。

Sales increased dramatically.(売上が**劇的**に増えました)

There was a dramatic increase in sales.(**劇的**な売上の増加がありました)
※dramatic → dramatically のように、-icで終わる形容詞を元にした副詞は、public → publicly を例外として、-icallyの形になります。

Sales dropped sharply in the third quarter.(売上が第3四半期に**急激**に落ちました)

XYZ reported a sharp drop in profit.(XYZ社は**急激**な利益の落ち込みを報告しました)　■ drop「下落(する)、低下(する)」＊動詞ではfall、decline などの同義語

❷ 大幅な変化

「大幅に」「大幅な」の場合、significantly/significant「著しく／著しい」、considerably/substantially などがよく使われます。

Sales improved significantly.(売上が**大幅**に改善されました)

We have achieved a significant improvement in sales.
(**大幅**な売上増を達成しました)

❸ 中程度の変化

「そこそこ」といったニュアンスでは modestly/modest がよく使われ、それに次いで moderately/moderate も使われます。

Sales increased modestly.(売上が**そこそこ**伸びました)

We anticipate a modest increase in sales.
(売上は**そこそこ**伸びるだろうと見込んでいます)

❹ 小幅な変化

「小幅に／小幅な」は、slightly/slight や marginally が使われます。

Sales declined slightly.（売上がやや落ちました）

XYZ Inc. reported a slight decline in sales.
（XYZ 社は売上が**小幅**減少と発表しました）

MORE	前期・前年との比較	147

日本語で「前の年の同じ月と比べて」は「前年同月比」と短く言うように、英語でもほぼ決まった言い方があります。

● 前月比

Sales were down 30%, month over month.（売上は**前月比**30パーセント減でした）

※month over monthはm/mあるいはmomと表記する場合もあります。「前月比」はほかにfrom [over] the monthで表すこともあります。

● 前期比

Sales were up 10%, quarter over quarter.（売上は**前期比**10パーセント増でした）

● 前年比

Sales were down 10% from a year ago [earlier].
（売上は**前年比** 10 パーセント減となりました）■ from ~「〜と比べて」

Sales were up 8% year over year [year to year].
（売上は**前年比**8パーセント増でした）

※year over yearはyoyと、year to yearはytyと表記する場合もあります。「前年比」はほかにfrom[over] the yearで表すこともあります。

● 前年同月比

前年同月比は「前年の同じ月と比べて」なので、次のように表します。

Sales plunged nearly 60% in September from the year-earlier month.
（9 月の売上は**前年同月比**で 6 パーセント近くの大幅下落となりました）

Sales in March were up 20% from the year-ago month.
（3 月の売上は**前年同月比**で 20 パーセントの上昇となりました）

● 年初来

「年初来」は「年度の初日から今まで」の意味で、下記のように表現します。

Sales in the year to date rose 5% to 8 trillion yen.
（**年初来**の売上は5パーセント増の8兆円となりました）

Lesson 50 ▶ 大規模なプレゼンテーション (2)-②

Presenting a Real-Life Example

148
🔊

Irene Long continues her talk on the company's M&A activities.

Long: To summarize, we've seen some aspects of successful mergers. But, of course, mergers and acquisitions do not always have happy endings, which brings me to the next topic: mergers that fail. As a matter of fact, studies show that more than 60 % of mergers fail to benefit acquiring companies. The case of the XX and YY bank merger speaks for itself.

Trainee 1: Excuse me. About the XX and YY bank merger ... could you elaborate on that? What goes to show that it was a failure?

L: The question is, "Why is the XX and YY bank merger considered a failure?" And that brings me nicely into what I was going to say. You can't call a merger successful unless the combined entities deliver better returns to the shareholders than they would separately. Seen in this light, the merger between XX and YY fails the test, because the shares of XX Bank, the acquiring company, have been underperforming the S&P 500 by 30% over the past three months.

Trainee 2: Will the recent management reshuffle change things?

L: Will the management reshuffle change things? I very much doubt it, and in my opinion, it's just another sign of XX's slow and steady demise under the stewardship of James Cromwell. Insiders tell me that the bank's ailments can all be traced back to Cromwell's imperious management style.

Translation

前回に引き続き、アイリーン・ロングが会社の
M&A業務の説明をしています。

ロング：以上、成功した合併の例を、いくつか
の角度から見てきました。しかし、当然のこ
とですが、合併や買収が必ずしもハッピーエ
ンドを迎えるわけではありません。これが次
のトピックです。つまり、合併が失敗に終わ
るケースです。実際、合併案件のうち60パー
セントを超えるものが、買収側企業にメリッ
トをもたらさずに終わっている、という研究
結果があるぐらいです。XXとYYの銀行合
併のケースなどは説明するまでもないでしょ
う。

研修生1：失礼ですが、XXとYYの銀行合併に
ついて、もう少し詳しい話をしてくださいませ
んか。何をもって失敗例とされているのでしょ
うか。

ロング：ご質問は、「なぜXXとYYの銀行合併
が失敗とみなされるのか」ということですね。
うまい具合に、次に申し上げようとしていたこ
とにつながるのですが。別の組織のままでい
るのに比べて、合併後の会社による株主へ
のリターンが多くならない限り、合併は成功
したとは言えません。こうした見地からする
と、XXとYYとの合併は条件を満たしていま
せん。というのも、買収した側のXX銀行
の株は、ここ3カ月、S&P500株価指数を
30パーセント下回った状態にあるからです。

研修生2：先ごろの経営陣の入れ替えで何か変
わるでしょうか。

ロング：経営陣の入れ替えで状況が変わるか。
それはおおいに疑問ですね。私に言わせれ
ば、それは単に、ジェームズ・クロムウェル
の経営下で、緩やかながら確実に進んでい
るXX銀行崩壊の兆しの一つというだけの
話です。内部関係者が言うには、この銀行
を苦しめている問題はすべてクロムウェルの
専制的経営手法に端を発しているのです。

Vocabulary

real-life example 実例 ＊real-life
「現実の」

M&A 企業の合併・買収 ＊mergers
& acquisitions の略

summarize 要約する ＊= sum up

merger 合併

acquisition 買収、獲得

fail to ~ ～しそこなう、～できない

benefit ~ ～に利益を与える

acquiring company 買収する側
の企業 ＊買収される側は acquired
company

speak for oneself 自明のことだ

elaborate on ~ ～について詳しく説
明する

~ go(es) to show ... ～で…がわかる
＊慣用句。go to「～するのに役立つ」

combined 〈形〉結合した、合併した

entity [éntəti] 組織体、独立性を備
えた団体

deliver 届ける

return(s) 利益、利潤、リターン

shareholder 株主 ＊= stockholder

seen in this light この点から見て

fail the test 試験に落ちる、条件を
満たしていない

underperform ~ ～の基準に達しな
い、～を下回る

S&P 500 S&P 500 種株価指数 ＊the
Standard & Poor's 500 stock index
の略で、米国の主要株式 500 銘柄の
動きを表す指標

management reshuffle 経営陣の
入れ替え ＊reshuffle「組織改革、人
事異動」

demise [dimáiz] 消滅、終焉、死亡

stewardship 経営、管理、支配 ＊
steward [stjúːərd]「乗客係、執事、支
配人」

insider 内部関係者、インサイダー

ailment [éilmənt] 病気 ＊ここでは
「経営状態を悪くしている問題」

be traced back to ~ ～にさかのぼ
る、～に端を発する

imperious management style 専
制的経営手法［スタイル］＊imperious
[impíəriəs]「尊大な、ごう慢な」

327

Lesson 50

Key Phrase

It's just another sign of XX's slow and steady demise.

緩やかながら確実に進んでいるＸＸ銀行崩壊の兆しの一つというだけの話です。

前回は変化の「幅」を語る表現でしたが、今回は変化の「速度」を語る表現です。変化の「幅」と「速度」の言い方を両方覚えて、初めて業績変化を自在に語れるようになります。

❶ コンスタントに

日本語でいう「着実に、コンスタントに」は steadily で表します。constantly を使うと「絶えまなく、しょっちゅう」という感じになってしまいます。steadily の元の形容詞は、Key Phrase の文でも使われている steady です。

Profits have been declining steadily for the past five years.
（利益は過去5年の間、**コンスタントに**減少しています）

The company has seen a steady decline in profits over the past five years.
（同社は過去5年にわたって利益が**コンスタントに**減少しています）

❷ 徐々に、漸次

「徐々に」は gradually で表すのが一般的ですが、gradual ~ と、形容詞を使った形も英語ではよく使われます。

The economy has been recovering gradually for over two years now.
（景気はここ2年以上にわたり**徐々に**回復してきています）

We have seen a gradual recovery in revenue growth.
（売上の伸びが**徐々に**回復してきています）■ revenue「収益、売上」 growth「成長、伸び」

❸ 緩やかに

gradually/gradual ~ と似た語感ですが、slowly/slow ~ もよく使われます。

Retail sales have been improving slowly.
（小売売上高が**緩やかに**回復しています）
■ retail「小売り」＊ wholesale「卸売り」 improve「改善する」

The manufacturing sector is experiencing a slow recovery.
（製造業が**緩やかな**回復を見せています）

❹ 突然に

「突然に」は suddenly の代わりに abruptly を使うと意外性が強調されます。

abruptly はどちらかというと fall、drop などネガティブな言葉と組み合わされます。

House prices dropped abruptly.
（住宅価格が**突然**下落しました）

形容詞 abrupt（突然の）と名詞の組み合わせで表すと、次のようになります。

There was an abrupt drop in house prices.
（住宅価格が**突然**下落しました）

MORE

150

売り上げ、利益の増減を述べる

日本では「増収増益」などと、売上［収益］の増減の後に、利益の増減を言いますが、英語では higher earnings on higher sales（higher earnings → higher sales「増収」）のように語順が逆になります。

● **増収増益**

売上［収益］が増え、利益も増えたというケースです。「売上（収益）」は製造業や販売業では sales、サービス業では revenue を使う傾向があります。「売上（収益）」から諸費用を引いた残りが「利益」で、これは profit(s)、earnings、income などでも表しますが、以下に見るようなパターンではもっぱら earnings が使われます。

XYZ had higher earnings on higher sales.
（XYZ 社は**増収増益**となりました）

● **増収減益**

せっかく売上［収益］が増えても、原価その他の経費が前年度よりかさめば、利益は以前より減ってしまいます。「増収減益」と称されるケースです。

XYZ had lower earnings on higher sales.
（XYZ 社は**増収減益**となりました）

● **減収増益**

売上［収益］が減っても、原価やその他のコストをカットできれば、利益が前回より上回ることもあります。これが「減収増益」のケースです。

XYZ reported higher earnings on lower sales.
（XYZ 社は**減収増益**となりました）

● **減収減益**

売上［収益］も減り、利益も減るという最悪のケースです。

XYZ had lower earnings on lower sales.
（XYZ 社は**減収減益**となりました）

Focus 空欄を埋めて話してみよう

業績変化の幅を表現する／変化のスピードを表現する

---

1. ❶ 売上が劇的に増えました。

S___ i_____ d_____.

146

2. ❷ 売上が大幅に改善されました。

S___ i_____ s_____.

---

3. ❸ 売上がそこそこ伸びました。

S___ i_____ m_____.

---

4. ❹ XYZ社は売上が小幅減少と発表しました。

X__ I__. reported a s____ d_____ i_ s___.

---

5. MORE 売上は前月比 30 パーセント減でした。

S___ w__ d___ 30%, m____ o__ m____.

147

---

6. 売上は前年比 10 パーセント減となりました。

S___ w__ d____ 10% f___ a y___ a__.

---

7. 売上は前年比 8 パーセント増でした。

S___ w__ u_ 8% y___ o__ y__.

---

8. 9 月の売上は前年同月比で 60 パーセント近くの大幅下落となりました。

S___ p_____ n____ 60% i_ S_____ f___ t__
y___-e_____month.

---

9. 年初来の売上は 5 パーセント増の 8 兆円となりました。

S___ i_ t__ y__ t_ d___ r___ 5% t_ 8 t_____ y__.

10. ❶ 利益は過去 5 年の間、コンスタントに減少しています。

P_____ h__ b___ d_____ s_____ f_ t__ p__ f__
y____.

149 🔊

11. ❷ 景気はここ 2 年以上にわたり徐々に回復してきています。

T_ e_____ h_ b___ r_____ g_____ f_ o__
t__ y____ n__.

12. ❸ 小売売上高が緩やかに回復しています。

R___ s__ h___ b__ i_____ s____.

13. ❹ 住宅価格が突然下落しました。

H____ p____ d_____ a_____.

14. MORE XYZ社は増収減益となりました。

X__ h__ l____ e_____ o_ h____ s___.

150 🔊

15. XYZ社は減収増益となりました。

X__ r_____ h____ e_____ o_ l____ s___.

PRESENTATION 音声を聴き取ろう

145

Describing Degree of Change in Company Performance

Irene Long, an investment banker with XYZ Securities, is explaining M&As to a group of trainees.

Long: Good morning, everyone. My name's Irene Long and ___ ____ the investment banking department. Today, I'd like to talk about ____ a company _____ a _____ for _____ and how we help such a company. It _____ ____ longer than __ _____. And __ ___ __ if you have any questions.

Now, _____, to select an _____ candidate, you need to have a strategy, or _____ _____, and the _____ of _____ to _____ them. From that strategy, you _____ a company that'll ____ you _____ your _____, and then you _____ to _____ that company. _____, you need to _____ how you'll _____ in it ____ _____ the acquisition. And _____, you ____ ___ the target company's _____.

Let me use a _____ _____: Global _____ Inc. The Super Thingy, _____ in the summer of ____, was an _____ _____. Over the following two years, _____ after innovation ____ __ adding _____ to its _____. In ____, however, the ___ _____. __ ____ _____ **sharply after** _____ at $__ billion. What happened? The company _____ __ __ the innovation of portable thingies. __ _____, management decided to _____ _____ through acquisitions. That's when we ____ _____ as an ____ _____. Now, what they __ their ____ on was rather ...

149

Presenting a Real-Life Example

Irene Long continues her talk on the company's M&A activities.

Long: To _____, we've seen some _____ of successful _____. But, of course, _____ and _____ do not always have _____ _____, which brings me to the next topic: mergers _____. As a matter of fact, _____ _____ ____ more than 60 % of mergers ____ to _____ _____ _____. The case of the XX and YY bank merger _____ ___ _____.

Trainee 1: Excuse me. About the XX and YY bank merger ... could you _____ ___ that? What _____ __ _____ that it was a _____?

L: The question is, "_____ _ the XX and YY _____ merger _____ a failure?" And that _____ me nicely ____ _____ I was going to say. You can't ____ a merger _____ unless the _____ _____ _____ better _____ to the _____ than they would _____. ____ __ ___ _____, the merger between XX and YY ____ ___ _____, because the _____ of XX Bank, the _____ _____, have been _____ the S&P 500 ___ ____ over the past three months.

Trainee 2: Will the recent _____ _____ change things?

L: Will the management reshuffle _____ _____? I very much _____ it, and in my opinion, **it's just** _____ ____ **of XX's slow and** _____ _____ under the _____ of James Cromwell. _____ tell me that the bank's _____ can all be _____ ____ to Cromwell's _____ _____ ____.

Lesson 51 ▶ プロフェッショナルなプレゼンテーション ①

Presentation for a Company's Clients ①

151 🔊

XYZ Securities' Chief Economist, John Francis Drake, is about to deliver a keynote speech at a seminar for the company's clients.

Moderator: Ladies and gentlemen, if I may have your attention? On behalf of XYZ Securities, I welcome you to the Investors' Forum. Today we have as our speaker, Dr. John Francis Drake, our chief economist.

[applause]

Drake: Good morning, everyone. The purpose of this presentation is to identify seven key measures to understand how the economy is doing. By the end of this presentation, in 30 minutes, you'll have gained a better sense of direction and focus.

　I've divided my talk into two parts. First, what indicators to look for. And second, how each of them impacts your investments.

　Now, of all the seven indicators we're going to look at, the undisputed king is gross domestic product, or "GDP" for short. It's the total value of all goods and services produced during a given period. Tracing the quarterly GDP, we get a comprehensive sense of where the economy is heading. GDP also serves as an overall framework for understanding the implications of other major economic indicators.

　The second gauge is the inflation rate, which means the change in the prices of goods and services. Too much inflation is bad, because it erodes your purchasing power; deflation is worse, because falling prices mean companies have to sell their goods for less in the future, while incurring costs in the present. That eats away at margins and earnings and may result in a recession.

1 Seven Key Indicators
2 Impact on Investments

Translation

XYZ証券チーフエコノミストのジョン・フランシス・ドレイクが、同社の顧客向けの投資セミナーで、基調講演を始めようとしています。

司会者： 皆さん、それではよろしいでしょうか。本日は投資家フォーラムに足をお運びくださり、ありがとうございます。XYZ証券を代表してお礼申し上げます。本日は私どものチーフエコノミスト、ジョン・フランシス・ドレイク博士を講演者に迎えております。［拍手］

ドレイク： 皆さん、おはようございます。今回のプレゼンテーションは、経済の動きをつかむために大事な7つの指標がどのようなものであるかを見ていきます。このお話が終わる頃、30分後になりますが、進むべき方向性や焦点がより確かなものになっておられることでしょう。

　お話しする内容は2つに分けさせていただきます。最初は、どんな指標に着目すればいいのか。そして2つ目は、そういった個々の指標が皆さんが運用していらっしゃる資産にどう影響するかです。

　さて、これから見ていく7つの指標の中で疑いなく王座にあるのは、国内総生産、略してGDPです。一定の期間内に生産・提供されたモノ・サービスの総額です。四半期ごとに発表されるGDPを追っていくことで、経済がどこに向かっているかを大体つかめるものです。GDPはまた、他の主要な経済指標の意味を分析するに当たっての包括的枠組みとなるものでもあります。

　指標の2つ目は、インフレ率（物価上昇率）、すなわちモノ・サービス価格の変化です。インフレの行き過ぎは困ります。われわれの購買力が目減りするからです。デフレはもっと困ります。物価が下落すると、企業は、コストは現在負担するのに、先々、今より安い価格で製品を売らざるを得なくなるからです。そうなると利益率が悪化し、景気後退を招くことにもなりかねません。

Vocabulary

deliver （スピーチやプレゼンなどを）行う

keynote speech 基調演説

moderator 司会役

on behalf of ~ ～を代表して

Investors' Forum 投資家フォーラム ＊forum「公開討論の場、討論会」

identify 確認する、識別する

measure （比較や判断の）基準、尺度 ＊ここでは indicator「指標」と同意

gain 得する、得る ＊get とほぼ同意

sense of direction 方向感覚

indicator 指標 ＊ここでは economic indicator「経済指標（経済や景気動向を見る上で目印［基準］となる統計）」

impact 影響を与える

investment 投資 ＊ここでは「運用している金融資産」のこと

undisputed 異論がない、誰もが認める ＊dispute「論争する」

GDP [Gross Domestic Product] 国内総生産 ＊一定期間に国内で生産されたモノ・サービスの付加価値額の合計

goods and services モノとサービス ＊基本的経済用語

comprehensive sense 包括的印象［感じ］

head ~ ～へ向かう

serve as ~ ～として機能する

overall framework 包括的枠組み

implication 含意、意味するもの

gauge [géidʒ] 基準、指標 ＊ここでは indicator や measure と同意

inflation rate インフレ率、物価上昇率

prices 物価、価格水準

erode [iróud] 目減りさせる、浸食する

purchasing power 購買力

deflation デフレーション ＊物価下落が続く

for less より安い価格で

incur costs コスト［費用］を負担する ＊incur「（費用などを）負担する」

eat away at ~ ～をむしばむ、徐々に減少させる

margin 利益率、利幅

earnings 利益、収益 ＊= profits

recession 景気後退 ＊アメリカではGDP 伸び率が2期連続で低下した場合を言う

335

Lesson 51

Focus 可能性に応じて見通しを語る

Key Phrase

That eats away at margins and earnings and may result in a recession.

そうなると利益率が悪化し、景気後退を招くことにもなりかねません。

ネイティブ・スピーカーは、予測や推測を語る場合、実現の可能性の高い場合から低い場合まで、可能性の程度に応じて言葉を使い分けています。よく使われる次の言い回しを覚えましょう。

❶「間違いなくそうなるだろう」

確信を表すとき certain/certainly が多く使われます。I'm certain that ~ に代えて I'm sure [convinced] that ~ なども使われます。

I'm certain that overseas sales will increase.
（私は必ず海外売上が増えると見ています）

Overseas sales will certainly increase.
（海外売上は必ず増えるでしょう）

❷「おそらく～となるだろう」

likely や probable を使った表現が多く使われます。

Overseas sales are likely to increase.
（海外売上が増えそうです［おそらく増えるでしょう］）
※強めるならvery likelyと、veryを前に置きます。

It's probable that overseas sales will increase.
（海外売上が増えそうです［おそらく増えるでしょう］）

❸「五分五分で～だろう」

五分五分の確率は、確率の高低を表す一つの基準線となります。Key Phras の文でも使われていますが、may を使って表すことができます。

Overseas sales may or may not increase.
（海外売上は増えるかもしれません／増えないかもしれません）

❹「おそらく～とならないだろう」

❷の否定文では be unlikely to ~/improbable that ~ になります。「おそらく～とならないだろう」と比べてみましょう。

Overseas sales are unlikely to increase.
（海外売上は増えそうもありません［おそらく増えないでしょう］）

It's improbable that overseas sales will increase.
（海外売上は増えそうもありません［おそらく増えないでしょう］）

❺ まずはあり得ないだろう

❶の「間違いなくそうなるだろう」の項と同じく確信を表しますが、内容が否定形です。

I'm certain that overseas sales won't increase.
（私は海外売上はまず増えないと見ています）

Overseas sales certainly won't increase.
（海外売上はまず増えることはないでしょう）

MORE

頻度を語る表現

あくまで目安ですが、頻度を表す副詞には、以下のような頻度の幅があります。使い分けを意識してみてください。

● **毎回と言っていいほど** nearly always、almost always

Our customers nearly always return, because the taste of our meat is exceptional.
（私どもの肉の味は特別ですから、お客様は**必ずと言えるくらい**、またいらっしゃいます）

● **9割方** usually、normally、generally

Our customers generally have a love of the outdoors.
（私どものお客様は**大方**アウトドア志向です）

● **7割方** often、frequently

Our customers often set very high requirements for us.
（私どものお客様は**しばしば**非常に厳しい要求をされます）

● **5割程度** sometimes

The needs of our customers sometimes change over time.
（お客様のニーズは時間の経過につれて**時には**変化します）

● **4回に1回程度** occasionally、rarely、seldom

The company seldom hires entry-level professionals.
（その会社は、経験の浅い専門家は**たまにしか**採用し**ません**）

● **10回に1回以下** hardly、scarcely ever

The footnotes are printed in such small letters that the average consumer hardly bothers to read them.
（注記は、あまりに小さな印字なので平均的消費者は**ほとんど**読んだり**しない**）

Lesson 52 ▶ プロフェッショナルなプレゼンテーション ②

Presentation for a Company's Clients ②

154 🔊

John Francis Drake, Chief Economist of XYZ Securities, continues his presentation about how to predict the economy using seven key indicators.

Drake: The third indicator is called "interest rates," meaning the cost of borrowing money. Low interest rates encourage borrowing and this stimulates growth—but it should be noted that if too much growth occurs, inflation accelerates and spoils the party.

The fourth is the Index of Leading Economic Indicators. Generally, three consecutive rises are considered a sign of growth, and three drops, a sign of decline. Since the components are reported separately before this index is released, **the numbers are generally within expectations.**

Indicator number five is the unemployment rate: the percentage of the workforce without a job. Unless there are inflation fears, the lower, the better.

The sixth is a measure of how much money is in the system at any given time and is called "money supply." The Federal Reserve Board controls this by buying and selling Treasury securities. When it wants to increase the money supply, for example, it buys Treasurys and thus injects funds into the system.

And finally, there's the stock market, which mirrors investors' expectations of corporate earnings. When investors buy stocks, they're making a bet on what tomorrow's corporate earnings will be. In this regard, it's worth noting that half of all bear markets immediately precede recessions.

Right. To summarize, the seven key indicators are GDP, inflation rate, interest rates, leading indicators, unemployment rate, money supply and the stock market.

Now, let's move on to the next topic, which is ...

Translation

XYZ証券チーフエコノミストのジョン・フランシス・ドレイクが、7つの主要指標を用いて景気予測をどう行うかのプレゼンを続けています。

ドレイク：3つ目の指標は「金利」、つまりお金を借りる際のコストです。低金利は借り入れを容易にし、経済成長を促します。しかし、銘記しておきたいのは、過度の経済成長となると、インフレが進み、好景気が台無しになってしまうことです。

4つ目は、景気先行指数です。一般に3期連続のプラスは景気拡大の兆しで、3期連続のマイナスは景気減速の兆しとされます。中身を構成する個々の指標が先に発表されていることから、通常、発表される数字は予想の範囲内に収まるものです。

指標の5つ目は、失業率、つまり労働力人口に占める失業者のパーセンテージです。インフレ懸念がない限り、低ければ低いほどいいということになります。

6つ目は、ある時点で経済システムの中にどれだけのカネがあるかという基準で、「マネーサプライ」と呼ばれるものです。（米）連邦準備制度理事会が財務省証券（国債）の売買を通じてこれをコントロールしています。例えばマネーサプライを増やしたいというのであれば、財務省証券を買い取り、システム内に売買代金を注入します。

そして最後に、企業収益に対する投資家の期待を反映する株式市場です。投資家が株を買う際は、将来の企業収益がどうなるかを予想して賭けをしているわけです。この点について、注目しておく価値があるのは、これまでの下げ相場の半分が景気後退期の直前に起きているという事実です。

それでは、まとめておきましょう。7つの主要指標は、GDP、インフレ率、金利、景気先行指数、失業率、マネーサプライ、そして株式市場です。

さて、次のトピックに移りましょうか。次は…

Vocabulary

interest rates 金利（水準）
encourage [enkɔ́:ridʒ] 促進する、助長する
stimulate [stímjəlèit] 刺激する、促す
growth 成長 ＊ここでは economic growth「経済成長、景気拡大」
it should be noted that ~ ～は銘記しておくべきだ ＊note「注目する」
accelerate [əksélərèit] 加速する
spoil the party せっかくの景気を台無しにする ＊the party はここでは「楽しんでいる状況→好景気」
Index of Leading Economic Indicators 景気先行指数 ＊景気の先行きを示す指標をたばねた総合指数。leading「先行した」
consecutive rises 連続した上昇 ＊consecutive [kənsékjʊtiv]「連続した」
drop 下落 ＊同意語に decline
decline 下落、減退 ＊ここでは「景気の減速」
component 構成要素、内訳項目 ＊「景気先行指数」の構成要素は新規求人数、機械受注など
unemployment rate 失業率
workforce 労働力（人口）
inflation fears インフレ懸念
measure （比較や判断の）基準、尺度 ＊ここでは indicator「指標」と同意
the system ここでは economic system「経済システム[制度]」
money supply マネーサプライ、通貨供給量
Federal Reserve Board [FRB] 連邦準備制度理事会 ＊米国の中央銀行の意思決定機関
Treasury securities 米財務省証券、米国債 ＊treasury [tréʒəri]「金庫」、the Treasury (Department)「財務省」
inject 投入する、注入する
stock market 株式市場
mirror ～を映す、反映する
corporate earnings 企業収益
make a bet 賭けをする ＊bet「賭け(る)」
it's worth noting that ~ ～に注目する価値がある
bear market 相場が下げている市場、弱気相場 ＊「強気相場」は bull market
precede ~ ～に先行する ＊[prisí:d]
recession 景気後退、(一時的)不景気

Chapter 6 プレゼンテーションで使う言い回し

339

Lesson 52

Focus　予想と結果を比較する

155

> **Key Phrase**
>
> **The numbers are generally within expectations.**
> 通常、発表される数字は予想の範囲内に収まるものです。

企業業績や経済見通しなどにはエコノミストやアナリストの予想がつきものですが、日本語でも「業績予測」より「業績予想」と言い、逆に「景気予測」とは言うのに「景気予想」とは言わないのと同じで、英語にも決まった組み合わせがあります。

❶ 予想と結果を比較する

エコノミストやアナリストの「予想」で活躍する語は expectations です。

The jobless rate dipped to 5.6%, compared with economists' expectations for an unchanged 5.7%.
（失業率は、エコノミストたちの変わらずの 5.7 パーセントという予想に対し、5.6 パーセントと小幅低下しました）
■ jobless rate「失業率」　dip「小幅に下落する」　unchanged「変わらずの、変化のない」

XYZ Inc. announced disappointing earnings, with profits up 32% against analysts' expectations of 34%.
（XYZ 社は、アナリストたちの予想増益率 34 パーセントに対して、32 パーセントと失望を呼ぶ事業収益［決算］を発表しました）
■ with profits up ~ %「利益が～パーセントアップして」＊ with profits up [down] ~ は業績発表などでよく使われる形

❷ 予想の範囲内に収まる

The 0.6% advance in retail sales for February matched economists' expectations.
（0.6 パーセント増という 2 月の小売売上高は、エコノミストたちの予想と一致するものでした）
■ ~% advance「～パーセント増」　retail sales「小売売上高」＊ retail「小売り、小売業」

XYZ Inc. said its full-year results would be within analysts' expectations.
（XYZ 社は、通期決算はアナリストたちの予想の範囲内に収まるだろうとしています）
■ full-year results「通期決算」＊「半期決算」は half-year results

❸ 予想を上回る

The GDP growth rate far exceeded economists' expectations of about 3%.
（GDP 成長率は、エコノミストたちの約 3 パーセントという予想をはるかに上回るものでした）

XYZ Corp's results beat analysts' expectations by two cents a share and its stock price rallied more than 5% before midday.
（XYZ の決算は 1 株益益ベースでアナリスト予想を 2 セント上回るものとなり、同社の株価は前場［ぜんば＝午前中］で 5 パーセントを超す上昇を見せました）

■ by two cents a share「1株当り2セント（だけ）」* by は「〜だけ」と差・程度などを表す rally「（株価が）反発する、停滞していた株価が上昇し始める」 midday「正午」

❹ 予想を下回る

American Widget's sales fell short of analysts' expectations and marked the first time the company has missed the estimates.
（アメリカン・ウィジッツの売上高はアナリスト**予想を下回った**が、予想がはずれたのは今回が初めてです）
■ fall short of ~「〜に満たない」 mark the first time (that) ~「初めて〜した」 miss estimate「予想を外す」

Global Widget's earnings came in far below analysts' expectations and its share price dropped more than 7%.
（グローバル・ウィジッツの利益はアナリスト予想を大きく**下回り**、同社の株価は 7 パーセントを超す下落となりました）■ come in below ~「〜を下回る結果となる」

MORE

156

予想のロジックあれこれ

● 〜に立脚した、基づいた　based on ~

We believe our expectations are based on reasonable assumptions.
（私どもの**予想**は合理的な前提条件に**基づいた**ものであると考えております）
■ reasonable「合理的な、妥当な」 assumption「仮定、前提（条件）」* assume「仮定する」

● 前提条件　assumption

The key assumptions underlying our projections are that markets are liquid and investors are rational.
（私どもの**予想**の根底にある主要な**前提条件**は、市場に流動性があること［売り手もいれば、買い手もいる状態］、並びに投資家が合理的考え方をするということです）
■ underlying「〜の下に横たわっている、背景にある」* underlie の現在分詞

● 確率Xパーセントで（〜になる）　with an X-percent probability

Our economic research department is predicting a sluggish recovery with a 70% probability.
（当社の経済調査部門は、**確率** 70 パーセントで景気回復は非常にペースが遅いものになるだろうと**予想**しています）■ predict「予想する」 sluggish「不振な」

● 基本［最善／最悪］のシナリオ　a base-case [best-case/worst-case] scenario

Assuming a "worst-case scenario" of a 50% drop in sales across the Asian market, we expect our global vehicle sales to fall by 10%.
（アジア市場全体での売上減が 50 パーセントという「最悪のシナリオ」を想定した場合、当社の世界全体での自動車販売は 10 パーセント減少すると**予想されます**）■ vehicle sales「自動車販売」

Focus 空欄を埋めて話してみよう

可能性に応じて見通しを語る／予想と結果を比較する

---

1. ❶ 私は必ず海外売上が増えると見ています。

I'_ c_____ t__ o_____ s__ w_ i_____.

152

---

2. ❷ 海外売上が増えそうです。［おそらく増えるでしょう］

I_ p_____ t__ o_____ s__ w_ i_____.

---

3. ❸ 海外売上は増えるかもしれません。/海外売上は増えないかもしれません。

O_____ s__ m_ i_____.
O_____ s__ m_ n_ i_____.

---

4. ❹ 海外売上は増えそうもありません。［おそらく増えないでしょう］

I_ i_____ t__ o_____ s__ w_ i_____.

---

5. ❺ 私は海外売上はまず増えないと見ています。

I'_ c_____ t___ o_____ s__ w__ i_____.

---

6. MORE 私どもの肉の味は特別ですから、お客様は必ずと言えるくらい、またいらっしゃいます。

O__ c_____ n___ a____ r____, b_____ t__
t__ o_o_ m__ i_e_____.

154

---

7. 私どものお客様は大方アウトドア志向です。

O__ c_____ g_____ h__ a l__ o_ t__ o_____.

---

8. 私どものお客様はしばしば非常に厳しい要求をされます。

O__ c_____ o___ s_ v__ h__ r_____ f__
u_.

---

9. お客様のニーズは時間の経過につれて時には変化します。

T__ n____ o_ o__ c_____ s_____ c_____ o__
t___.

10. その会社は、経験の浅い専門家はたまにしか採用しません。

T__ c_____ s_____ h__ e____-l___ p_____.

11. 注記は、あまりに小さな印字なので平均的消者はほとんど読んだりしない。

T__ f_____ a_ p_____ i_ s___ s___ l_____ t__
t__ a_____ c_____ h____ b_____ t_ r___ t___.

12. ❶ XYZ社は、アナリストたちの予想増益率 34 パーセントに対して、32 パーセントと失望を呼ぶ事業収益［決算］を発表しました。

155 🔊

X__ I__. a_____ d_____ e_____, w__
p_____ u_ 32% a_____ a_____' e_____ o_ 34%.

13. ❷ 0.6 パーセント増という 2 月の小売売上高は、エコノミストたちの予想と一致するものでした。

T__ 0.6% a_____ i_ r___ s___ f__ F_____
m_____ e_____' e_____.

14. ❸ GDP成長率は、エコノミストたちの約 3 パーセントという予想をはるかに上回るものでした。

T__ G__ g_____ r_ f__ e_____ e_____'
e_____ o_ a____ 3%.

15. ❹ アメリカン・ウィジッツの売上高はアナリスト予想を下回ったが、予想がはずれたのは今回が初めてです。

American Widget's s___ f__ s___ o_ a_____'
e_____ a__ m_____ the f__ t___ t__ c_____
h__ m_____ t__ e_____.

DIALOG / PRESENTATION 音声を聴き取ろう

151

Presentation for a Company's Clients (1)

XYZ Securities' Chief Economist, John Francis Drake, is about to deliver a keynote speech at a seminar for the company's clients.

Moderator: Ladies and gentlemen, if I ____ ____ your attention? __ _____ _ XYZ Securities, I welcome you to the _____ _____. Today we have __ ___ _____, Dr. John Francis Drake, our ____ _____.

[applause]

Drake: Good morning, everyone. The _____ of this presentation is to _____ seven ___ _____ to understand ____ the economy is _____. __ __ ___ _ this presentation, in __ minutes, you'll have _____ a better _____ of _____ and focus.

I've _____ my talk ____ two parts. First, what _____ to ____ __. And second, how each of them _____ your _____.

Now, __ __ ___ seven _____ we're going to look at, the _____ ____ is ____ _____ _____, or "____" for short. It's the ____ ____ of all _____ and _____ produced during a _____ _____. _____ the quarterly GDP, we get a _____ ____ of where the economy is _____. GDP also _____ __ an _____ _____ for understanding the _____ of other _____ economic _____.

The second _____ is the _____ ___, which means the change in the _____ of _____ ___ _____. Too much inflation is bad, because it _____ your _____ _____; _____ is _____, because _____ _____ mean companies have to sell their goods __ ___ in the future, while _____ ____ in the present. **That ____ ____ at _____ and _____ and may ____ in a _____.**

154

Presentation for a Company's Clients (2)

John Francis Drake, Chief Economist of XYZ Securities, continues his presentation about how to predict the economy using seven key indicators.

Drake: The third indicator is called "_____ ____," meaning the cost of _____ _____. Low interest rates _____ borrowing and this _____ _____—but _ _____ be _____ ____ if too much growth occurs, inflation _____ and ____ the ____.
The fourth is the _____ of _____ _____ _____. Generally, three _____ ____ are considered a ___ of _____, and three _____, a sign of _____. Since the _____ are _____ separately before this index is _____, **the numbers are generally** _____ _____.

Indicator numbe five is the _____ ___: the percentage of the _____ _____ a ___. Unless there are _____ ____, the ____, the _____.
The sixth is a _____ of ____ ____ money is in __ _____ at any ____ ____ and is called "_____ _____." The _____ _____ _____ _____ this by buying and selling _____ _____. When it wants to _____ the money supply, for example, it ____ Treasurys and thus _____ ____ into the system.

And finally, there's the ____ _____, which _____ investors' expectations of _____ _____. When investors ___ _____, they're _____ a ___ on ____ tomorrow's corporate earnings ___ __. In this regard, __ ____ _____ ____ half of all ____ _____ immediately _____ _____.

Right. __ _____, the _____ ___ _____ are ___, _____ rate, _____ rates, _____ indicators, _____ rate, _____ _____ and the ____ _____.
Now, let's _____ __ _ the next topic, which is ...

英語文化はローコンテクスト

会社勤めしている人たちがぼやいたり、嘆いたりしているのを聞いていると、おおざっぱに言って、部下に対する不満では「いちいち言わないとわからんのか」という趣旨の ものが多く、上司に対する不満としては「わかってくれないんだよなあ (言わなくてもわかるはずなのに)」というのが多いと感じています。こうした傾向は、外国人社員がいたり、役員が外国人の会社だったりするとより強調されるようでもあります。

この種の話を耳にするたび、これが近頃よく言われる「社会のローコンテクスト化」なのか、本当なんだと改めて思います。 ローコンテクストについては、後で見ていきますが、とりあえずここでは「言語化」と読み替えるとわかりやすいです。

ローコンテクストは言語化

日本人どうしは一般に暗黙知を共有している度合いが多い分、言語化しなくて済む部分が大きいハイコンテクト文化だとされますが、それも年代によって濃淡が違うので、共有されている (あるいは共有されているとされる」) 暗黙知の領域がずれているのに、その部分を明示的な言語で補うことを忘れると、当然、「いちいち言わないとわからんのか、そんなこともわからんでどうする!」といった衝突に結びつくのでしょう。

つまり、ハイコンテクスト型の上司から見たローコンテクスト型の部下はいちいち言わないとわからない気の利かないやつと映り、ローコンテクスト型の部下から見たハイコンテクスト型の上司は、100作業分の仕事なのに、10作業分の指示しかしない言葉足らずの人間です。

特に大企業の場合は、こういった問題が顕在化します。組織の中では横との連携を確保しつつ、組織の上下間で、いわゆるホウレンソウつまり報告・連絡・相談を欠かさないようにして情報のやり取りをするわけですが、言語でのやり取りがあっても、その部分が実は「氷山の一角」で、本当に大事な所は水面下の部分 (コンテクスト) だというのでは、みんながみんなそういう文化を共有しているならともかく、そうでないと、いわゆる「風通し」が悪くなってしまいます。

こうしたことから、近頃、大企業では、あえてローコンテクスト化、つまり、今までだっ たらいちいち言葉にしていなかった部分まで顕在化させ、言語化することに努めているのでしょう。

この点、英語を使うとおのずと何から何まで言語化する必要があるのを

受けて、業務を英語化してしまう例が目を引きます。日産のようにフランス人社員との意思疎通の必要がある所ならともかく、すごいと思ったのは、楽天などこれまで基本的にはドメスティックな会社だったのが海外進出を意識して、英語で朝会をやるようになったという話です。

ロー／ハイコンテクストとコミュニケーションスタイル

　ローコンテクスト文化とハイコンテクスト文化がコミュニケーションスタイルの違いとしてどう表れるかについては、Haru Yamadaが*Different Games Different Rules (Oxford University Press)*で言っている、英語は「話し手責任」の世界、日本語は「聞き手責任」の世界という枠組みがわかりやすいと思います。ローコンテクスト文化では言語がすべてというアプローチなので、会話を通じて授受されるコンテンツも、もっぱら話し手の責任で形成され、伝えられます。一方、ハイコンテクスト文化では、言語化されている部分の背後にコンテクストという要素があり、その部分は話し手としては言語化して伝えたりしないので、聞き手の責任が重くなります。聞き手は言語化された部分を受け取ると同時に「暗黙の了解部分」を解読することが当然とされる世界です。

こうした違いから、英語の場合、話し手は、state and prove（何か言ったら、どうしてそう言えるのかも説明する）というアリストテレス以来の論法を念頭に、わかりやすく話すよう心がけることが求められ、その延長線上では、that's why ...、what's more ...などと「ロジックの流れがわかる標識」を要所要所で入れ、また、certainly、probablyといった、「これから話す内容や感じがわかる標識」を先に出しながら話を進めていきます。ひとことで言えば、英語で話す場合は、discourse management（やり取りを統御するスキル）が要求されるのです。

　対照的に日本語の場合は、聞き手が「察して」くれるはずだという甘えないし依存が許されるので、一から十まで言わなくてもいいとか、いちいち言葉にすると角が立つといった感覚があり、この結果、曖昧で多義的な表現が好まれたり、論理の飛躍があっても互いになあなあで済ましてしまうことにもなります。

　話し手のほうも聞き手による「察し」を助けるため、いきなり結論を打ち出したりはせず、聞き手が「ははあ、この話はこういう話で、こういう方向へと流れるのか」とわかるよう、前座的なやり取りをするものです。このようにそこでの話が何の話かについての理解を深めるための話をYamadaは、"talk about talk"と呼び、これは聞き手の便宜のため、最大限の解釈の余地（maximum listener interpretability）を確保するため

に重要だと説いています。

Is that a yes or no? はローコンテクストの象徴

こうした日本流のコミュニケーションスタイルが裏目に出たのが、少し前の話になりますが、2010年の米議会での豊田社長の話し方でした。委員長が、オーバーライド（アクセルとブレーキが両方踏まれた場合、ブレーキを優先する機能）を全車種に取り付けるつもりはないのかとただしたのに対して、豊田社長、おもむろに「この問題には4つの要因がありまして……」と始めたものですから、ストレートなYesまたはNoを予想していた委員長、「えーっ、その答えは何なの」という感じで、身を乗り出して、こう言っていました。

Is that a yes or no? . . . I'm trying to find out, is that a yes or no?

この"Is that a yes or no?"という言い方は、ひどくきつい感じも受けますが、コンテクストをすべて捨象し、言葉という形式だけでものごとを決めようとするローコンテクスト文化の象徴みたいな言い回しであり（ですから、法廷ドラマものでよく見聞きします）、こうした見地からすると、あの委員会での話のかみ合わなかった場面も、ハイコンテクスト型の人間がローコンテクスト文化の牙城に引っ張り込まれているのに、日本の流儀で臨んだための悲喜劇と見ることもできます。しかも困ったことに、文化の違いによるコミュニケーションスタイルの違いにまで頭がいかない人々には、「質問をはぐらかしている」と映ってしまうことにもなります。

コンテクストというもの

そもそもハイコンテクスト、ローコンテクストというものを言い出したのはEdward T. Hallという文化人類学者です。そのHallが言うには、コンテクストというのは、こういうことです。

> Context refers to the fact that when people communicate they take for granted how much the listener knows about the subject under discussion.
>
> コンテクストというのは、人はコミュニケートする際、聞き手がそこでのやり取りにつきどの程度知っているかにつき一定の前提を設けるという事実を言う。

もっと簡単に言ってしまえば、"how much the listener knows about the subject under discussion"つまり、「そこでのやり取りについてどの程度聞き手がわかっているのか」ということであり、ハイコンテクスト文化に根差すコミュニケーションでは、聞き手は contexted されており、いちいち細かい説明をしなくても済むのに対して、ローコンテクスト文

型のコミュニケーションでは、聞き手は何もわかっていないので、一から十まですべて説明を要するということになります。このことをHallは、*Beyond Culture*の中で、こう説明しています。

> A high context (HC) communication or message is one in which most of the information is already in the person, while very little is in the coded, explicit, transmitted part of the message. A low context (LC) communication is just the opposite; i.e., the mass of the information is vested in the explicit code.
>
> ハイコンテクスト型のコミュニケーションないしメッセージというものは、対象となっている情報のほとんどが関与している当事者本人に内在している。他面、メッセージということで言葉に置き換えられ、顕在化されており、かつ、伝達されるものの中身は薄い。これに対してローコンテクスト型のコミュニケーションは正反対となる。つまり、情報の本体部分が顕在化された言葉に織り込まれている。

そして、Hallは、このことは互いにわかり合っているがゆえにハイコンテクスト型のコミュニケーションを行う双子と、他のローコンテクスト型の人々、例えば、法廷での弁護士同士、法案を起草する2人の政治家などと対比するとわかりやすいとしています。

ハイ／ローはどこから来たのか

そもそも、なぜこういう分化が生じたかについては、Hallは直接説明していませんが、知っている限りでは、まず日本のような同質的社会だとハイコンテクストになるという説明があります。しかし、よくローコンテクスト文化の典型として持ち出される北欧諸国など、同質社会ですから、説得力がありません。

農耕文化の歴史のある所がハイコンテクストになり、狩猟文化の歴史を持つところがローコンテクストだという説明もあります。なんだかわかったような気持ちになる説明ではありますが、何百年、あるいは何千年も前の話が現代のわれわれに影響しており、われわれのコミュニケーション・スタイルまで直接左右しているとは、これまた考えにくいことです。

してみると、親の教育がこういったコンテクストの捉え方を左右するのだという見方が一番説得力があります。つまりローコンテクスト文化ではコミュニケーションがもっぱら言葉に託されるのに対して、ハイコンテクスト文化では非言語的要素が大きな割合を占めるわけですが、それぞれ30人の日本人とアメリカ人の幼児（3カ月から4カ月）に対して母親がどう接しているかを調べた研究では、アメリカ人の母親がもっぱら話しかけて

いたのに対して、日本人の母親は、なでたり、あやすために（言葉でない）声を出したりしていたと言います。*[Morikawa, Hiromi, Nancy Shand, and Yoriko Kosawa. "Maternal speech to prelingual infants in Japan and the United States: Relationships among functions, forms and referents." Journal of Child Language 15 (1988): 237-256]* 日本人の母親は非言語的要素にウェイトをかけているということです。

　また、子どもがいけないことをした場合、どう対応するかを調べるべく、日本人とアメリカ人の母親各10人（子どもは3歳から6歳）を比較した研究では、アメリカ人が I don't like the way you're speaking. といった形で、母親としての意見を言語化していたのに対して、日本人のほうは傾向として、「自分はこう思う」というものを言葉に託すのではなく、「大人にそんな口を聞いたら駄目でしょう」（Speaking that way to agrown-up won't do.）といった形で、「世間がどう見るか」を伝えていたと言います。*[Loveday, Loe. Language Contact in Japan. Oxford, Eng: Clarendon Press. 1996. Matsumori, A. "Hahaoya no kodomoe no gengo ni yoru koodoo kisei." Gengo shuutoku no shosoo [Aspects of language aqcuisition]. Hiroshima, Japan. Bunka Hyoron, 1981. 320-339]* つまり、こうすべしと言葉で言うのでなく、間接的にそれじゃまずいでしょ、と伝えていたということです。たしかに、こういうプロセスが繰り返されれば、こういうことをすると「世間」はこう受け止めると言ったシミュレーションになるわけで、自分の行動が他の人々にどう映るのかという非言語情報を意識させられることでしょう。

　言い換えれば、限られた実証実験ではあり、また、今もそうかとなると疑問もありますが、ひとまず、ハイコンテクスト文化とされる日本社会は、母親たちによる、非言語的要素が大きなウェイトを占めている「コミュニケーション教育」に負う所大と言えるようです。

英語の世界に見るローコンテクスト文化

　こういったハイコンテクスト／ローコンテクストが英語によるコミュニケーションにどう現れるのかを考えた場合、一番大事なのは、以上のことから明らかなとおり、ともかく英語の世界では何から何までいちいち言葉にするということです。個人的にこのことを感じるのは英語圏の人と食事するときです。私自身は口下手なほうなので、正直辛いのですが、会食の際は、英語の流儀にしたがって、どうですか、そのステーキの味は？　胡椒などいかが？　と甲斐甲斐しく世話を焼き、さらに、話が途切れたり、しらけたりしないよう、おおいに気を使うからです。

第二は、英語のロジックというのか、話の運び方が独特だということです。日本語の場合なら、何かを論じるような場合、こうも言える、ああも言えると、ボワーンと全体を提示し、その中で互いの「こんな感じがする」という気持ちを語り合うのが普通かと思いますが、英語の場合は、きわめて直線的で、「まずはAである、そうとすればBであり、その結果Cと言えるが、そうとすればDである」といった感じで話が論理の節目である点を結ぶための直線であるかのごとく進められます。したがって、この直線ルートを外れ、脇道に入ろうものなら、すぐ、I'm not following you.（話が見えない）とか、Could you come to the point?（で、言いたいのは何？）と注意が飛びます。

　ここでちょっと思い出したのが、大昔、大学院の授業で体験したアフリカ人の論法。指導教授が懇意にしているロンドン大学の先生のお弟子さんという触れ込みだったと覚えているのですが、ともかくその人が教室に招かれ、アフリカ政治の歴史、現状、見通しを簡単に説明してくださいという「お題」に対して、その人が何をしたかと言うと、やおらタバコを取り出し、火をつけ、「皆さん、ご覧になりましたか？　今、皆さんは、ひとつの歴史を見たのです」と意味不明のことを言い出し、一同呆然。その時は何が起きたのかすらわかりませんでしたが、今にして思えば、あれは、英語文化の直線スタイル（linear style）ではなく、コンテクスト中心のスタイルでのプレゼンだったのです。英語なら、アフリカの過去、現在、未来と話がストレートに進むのに対して、コンテクスト中心の場合は、過去、現在、未来を理解するために必要な視点を得るための背景事情ないしストーリーが滔々たる大河のごとく語られるのです。

　ま、何であれ、大事なのは、どちらがいいという話ではなく、英語の場合は、（世界的には少数派ながら）ストレートな展開が普通とされ、そのことと表裏一体をなすこととして、話の筋道も明確に相手に示されることです。英語で話す際は、ロジックの節目で、What's more...、First, ...Second...といった決まり文句が入りますが、日本語感覚からすれば、いちいち、「その上」「第一、第二」とやるのは書き言葉的であり、違和感があるものの、これが英語だと、言葉がすべてとあって、話の「作り」までいちいち言葉に出して示すのだと解されます。加えて、currently（現時点では）、incidentally（偶然にも）と、これまた予測可能性を確保するため、これから言おうとしていることがどういう内容か、話の流れがどちらに向かうかを示す言葉もやたら会話の中に入れます。

　してみると、ローコンテクストというのは英会話のあり方を理解する上でも結構大事な視点だと言えそうです。

話し言葉のコンテクスト

　文法や単語だけわかっても、英語が話せるようにはならないといつも強調していますが、そのあたりを左右する最大の要因はコンテクストに対する認識ではないかと思っています。実際、皆さん、常識人だからこそ、「これでいいのかなあ、あの言い方でよかったのかな」という不安が頭をよぎり、その場その場は切り抜けることができても、いつまでも自信を持てないのではないでしょうか。

　コンテクストは、言葉がコミュニケーションの用に供される場面での、「誰が、誰に対して、いつ、どこで、何のために」といった非言語要素の総体ですが、それが言葉でのやり取りを理解するうえでどれほど大きな要因かがわかる格好の例があるのでご紹介しましょう。

　Michael McCarthy の *Discourse Analysis for Language Teachers (Cambridge University Press)* で取り上げている例です。ある漫才コンビの一方が、相方から「おい、今日の話［出し物］、皆さんに説明しなよ」と言われて、以下の 3 文を続けて言います。

Have we got a show for you tonight folks! [1]
Have we got a show for you! [2]
（相方に向かって ）
Have we got a show for them? [3]

　文法形式から言えば、[1] から [3] まですべて動詞が主語の前に出ている倒置文であることにおいて、本質的には同じです。

　このように、統語法とか構文と訳される syntax においては同一のものが、（いつ、どこで、という点では同じなのに）話の目的と相手が違ってくるだけで、その表現の意味内容が違ったものになっています。そこにコンテクストの面白さと怖さがあると思います。

　疑問符や感嘆符で区別できるじゃないかと思われるかもしれませんが、話し言葉の世界ではそういったものは聞こえてきませんから、役に立ちません。

　せいぜい手がかりと言えるのが、[1][2] では "show" にアクセントが置かれるのに、[3] では、Have にアクセントがあり、語尾がしり上がりという違いがありますが、それだけでは [3] が疑問文とは断定できません。というのも、もっぱら「しり下がり」という疑問文などいくらでもあるから

です。

　つまり、イントネーションの違いに基づいて言っていることの性質が違うという結論は見いだせず、そこにコンテクストを考える意味があるということです。

　そのコンテクスト、[1][2] は相手が目の前の聴衆であるわけで、ここでは、倒置法による感嘆文とわかるのに対して、[3] は話している相手が相棒であることから、[1][2] の場合と違って、不安が頭をかすめているコンビの一方から相方への質問であることがわかり、しかも、それが聴衆に聞こえているのがわかったうえでのものであることから、おかしさがあるのです。以上を踏まえて、ちょっと訳してみます。

　Have we got a show for you tonight folks! [1]
　―みんな、今日の話は面白いよ！
　Have we got a show for you. [2]
　―みんな、喜ぶと思うよ、今日の話。
　ところが、相方に向かっての
　Have we got a show for them? [3] は、
　―おい、客が喜ぶって、何だよ⁉
　と、まるで違っています。

　このように話し言葉の世界では、形式だけからは解釈が難しいもので、コンテクストをくみ取って、それとの兼ね合いで使われている言葉を眺めると何を言っているのか、何を言いたいのかがよくわかるのです。

　こうした視点に立ち、「こういうコンテクストでは、普通、こういう言い方をする」ということを拾っていくと、同じコンテクストで英語を話そうという場合、おおいに助けになります。

　この点、既存のシチュエーション別フレーズ集はコンテクストに合わせた言い方を紹介しているようでもありますが、実は違います。「電話で」「レストランで」「うっかりしていましたと言いたい場合」「気をつけてと言う」といったその種の本の見出しを見ればわかるとおり、そこでは単に「言葉を使って何かをする―謝る、あいさつをする―ときの言葉の使い方、言い回しの使い方」を示しているのであり、コンテクストに応じて異なりうる言葉の組み合わせ方は守備範囲外です。

　たとえば、シチュエーション別英会話というジャンルで、「今晩、食事に誘いたいという場合、何と言えばいいのか」については、たいてい、

I' d like to invite you to dinner tonight.

　と言えばいいとしています。しかし、何の脈絡もなく、こんなことを切り出されたら当惑するのではないでしょうか。単に「食事に誘いたい場合の言い方」というくくりで考えた場合は、これで合格でしょう。しかし、いきなり単体でそれを使うのは「人間関係を円滑にするためのコミュニケーション」という視点からはまずいと考えます。

　コミュニケーションのためには、やはりコンテクストを考える必要があり、それに応じた段取りを考慮に入れるべきではないでしょうか。自分のセリフだけ一生懸命覚えるのはある意味、自己中心的なやり方です。相手があるわけですから、「そういった状況でこう言われたらこう感じるだろうな」ということまで考えに入れたうえで、相手とのやり取りの普通のパターン、つまりはスキーマ（全体像を把握するための枠組み）を理解したうえで、どういった言い方をしたらいいのか、こう言ったら、こう返してくるだろうなといったことを考えるのがごく自然だと私は思います。

英語の切れ目

話すときのポイントは意味上のかたまり＋休止符

　普段から英語を話している人はいちいち意識しませんが、英語を話すときには「切れ目」があります。簡単に言ってしまえば、英語を話すということは、英語独特の「強弱強弱」というリズムに乗せながら、言いたいことをひと固まりずつ区切って、相手に伝えるという作業です。そして、ひとつの固まりから次のかたまりへと移るところでは、かすかな間を置くという意味で「休止符」が入ります。ところが、英語と縁の薄い人々にとっては、この意味上の固まりなるものが、感覚的にまるでつかめないようです。

　たとえば、以前、しょっちゅう海外旅行に行っているような下町の富裕層のための英会話クラスはどうだろうという企画があり、関係者にお会いしたことがあるのですが、そのとき、まるで英語に触れたことのない人々は、テキストにHow do you do?と書いてあれば、一生懸命、How, do, you, doと1単語ずつ口に出して覚えようとするので、「意味上のかたまりとしては1個なのだから、これをひと息で発音しろ」と言われても、合点がいかないのではないかと言われてしまいました。合点がいかないと言われても、英語自体がそういう話し方をする言語なのですから、困ります。

　それはさておき、本題に戻って、英語を発音する際の「切れ目」ですが、一番わかりやすいのはテキストに入っているカンマやピリオドです。しかし、話し言葉では、もっと細かく区切られ、しかも、どこで切るかがだいたい決まっています。

　第1に、主語と動詞と目的語を並べるにあたっては、主語グループと動詞・目的語グループとの間が切れ目となります。たとえば、「日本人は野球が好きだ」と言いたい場合、当然、

The Japanese love baseball.

になりますが、これを口に出して言う際に切るとすれば、普通は

The Japanese / love baseball.

となります。

The Japanese love / baseball.

とは普通なりません。The Japanese loveまでをひと息で発音してから、ちょっと間を置き、baseballで受けるパターン。つまり、loveのうしろに休止符が入っているかのように言うのは何か違和感があるからです。というのは、英語で、普通、動詞と目的語は一体として扱われるのが普通だからです。

このように動詞とその目的語はひと固まりにして発音せよというルールは、目的語が1個の名詞ではなく、名詞の代わりのto不定詞のときにも当てはまりますから、「日本人は贈り物をするのが好きだ」と言いたい場合、次のように、やはり動詞の前に切れ目が来ます。

× The Japanese love / to give gifts.
○ The Japanese / love to give gifts.

以下のとおり、to不定詞が少々長くなっても同じです。

× The Japanese love / to talk about "kokusaika."
○ The Japanese / love to talk about "kokusaika."

結局、The Japanese love something.という基本パターンにおいては、love somethingがひと固まりなのだから、somethingの部分がto不定詞のあるいはthat節などで置き換えられても、理屈は変わらず、動詞のうしろに休止符を打つものではないということです。

第2に、名詞と形容詞はやはりひと固まりですから、これも切り離せません。単純なところでは、上場企業という意味のpublic companyは、以下のとおり、まるで1単語のように、一体として発音しなければなりません。

× a public / company
○ a public company

これの応用で、名詞のうしろに限定用法の形容詞節（形容詞の役目を果たす単語のグループで、主語と述語動詞がそろっているもの）がくっついているときは、その形容詞節の部分まで取り込んでひと息で発音する必要があります。例えば、「当社の名古屋工場は月産1万台だ」と言いたいとしましょう。これは次のように関係詞節の部分を一体化してひと息で発音し

なければなりません。

× Our factory / which is located in Nagoya / turns out 10,000 units monthly.

○ Our factory which is located in Nagoya / turns out 10,000 units monthly.

ここで、上の例、つまりwhich is located in Nagoyaの前後に休止符を入れる形で読むと非限定用法の形容詞節のように聞こえてしまうので、この区別は重要です。

おさらいをしておきますと、限定用法の形容詞節とは先行する名詞（ここではfactory）を特定するために不可欠の情報を含んでおり、したがって削除できないものを指します（書き言葉の場合は、前後にカンマを入れないことで示します）。こういった限定用法の形容詞節があることから、この会社の場合、工場がいくつかあることが見てとれます。

これに対して、書き言葉なら、前後にカンマを入れることで示す非限定用法の関係詞節は削除可能な付加的な情報であることを示します。たとえば、Our factory, which is located in Nagoya, turns out 10,000 units monthly.という1文からは、この会社には工場が1つしかないことが見て取れるわけです。ですから、上の例文で、

Our factory / which is located in Nagoya / turns out 10,000 units monthly.

というふうに、which is located in Nagoyaの前後に休止符が入っているかのような話し方をすると、非限定用法の形容詞節として響き、誤解を招きます。限定用法であることを示すためには、ここはぜひとも、Our factory which is located in Nagoyaと、ひとまとめにして発音する必要があるわけです。

このように、名詞を特定し、限定するための修飾部分はその名詞と一体化して発音するというルールは形容詞節が「圧縮」される場合も変わりませんから、which is located in Nagoyaの部分を、（むしろ、こちらが普通の言い方ですが）located in Nagoyaとするときも同じです。つまり

× Our factory / located in Nagoya / turns out 10,000 units monthly.

○ Our factory located in Nagoya / turns out 10,000 units monthly.

こうした切れ目は、言葉を変えて言えば、意味上の固まりと意味上の固まりとの項目ということになりますが、それでは、何をもって「意味上の固まり」とするかが問題となります。まず、重文のようなセンテンス同士がつながる場合は、当然、個々のセンテンスがひと固まりとして扱われ、また、複文のように節で構成されるものも、どれとどれが固まりかは簡単にわかります。要はカンマとピリオドがひとつの目安となります。

つまり、カンマで区切られる、Last year we ...のような副詞的部分あるいは、If I were a bird, I would ...のような冒頭の従属節はひと固まりのものとして扱われ、したがってひと息で発音します。上で取り上げた、書く際に、左右をカンマで区切る非限定用法の形容詞節も同じです。

しかし、カンマがない部分につき、センテンスの中でどことどこを区切りひとまとめにするかとなると、結構難しくなってきます。Geoffrey LeechとJan Svartviの*A Communicative Grammar of English (Pearson Education)*では、伝えようとしているメッセージをどう区切るかは話す際のスピードによりけりだし、どの部分を特に強調したいかでも変わってくるとしています。

ただ一般的な手がかりはあります。たとえば、主語が長めの名詞節の場合は、主語と動詞を一気に発音せず、長い主語の後で、休止符を打つものです。つまりひと固まりのグループとして扱います。この本はこんな例を挙げています。

What we need / is plenty of time.（われわれが必要としているのは十分な時間の確保だ）

結局、ひとつの情報としてまとまっている限り、それをひと固まりのものと扱い、境目に休止符を打つべしということです。このことは、自分が話すときのみならず、リスニングにおいても重要なヒントとなります。立て板に水といった調子でしゃべっているケースは別ですが、本を読み上げている音声では、やはりプロのナレーターが吹き込んでいるだけに、このあたりの切れ目ははっきりわかり、いい勉強になります。

INDEX

A

362

H

INDEX

日向清人 Hinata Kiyoto

慶應義塾大学大学院修了。桝田江尻法律事務所（現西村あさひ法律事務所）、プルデンシャル証券東京支社などを経て、慶応義塾大学講師、和洋女子大学特任教授を務め2020年3月に退任。ケンブリッジ英検（Cambridge ESOL）元試験委員。著書に『新装版 即戦力がつくビジネス英会話2』（共著）『最新版 ビジネス英語スーパーハンドブック』（以上アルク）『「GSL」最頻出1000語完全マスター』（日本経済新聞出版）『国際標準の英単語 初級』（秀和システム）『英語はもっとイディオムで話そう』（語研）など多数。

新装版 即戦力がつくビジネス英会話

発行日　2024年7月17日（初版）

著者：日向清人
編集：株式会社アルク 出版編集部
編集協力：大塚智美
校正：Peter Branscombe
ナレーション：Dominic Allen ／ Howard Colefield ／ Karen Haedrich ／
　　Vinay Murthy ／ Jennifer Okano ／ Jenny Shima
ブックデザイン：長尾和美（Ampersand Inc.）
イラスト：岸 潤一

DTP：株式会社秀文社
印刷・製本：シナノ印刷株式会社
録音：一般財団法人 英語教育協議会（ELEC）
発行者：天野智之
発行所：株式会社アルク
　　　〒141-0001 東京都品川区北品川6-7-29 ガーデンシティ品川御殿山
Website：https://www.alc.co.jp/

地球人ネットワークを創る

アルクのシンボル
「地球人マーク」です。